岡部 造史 著

フランス第三共和政期の子どもと社会

統治権力としての児童保護

昭和堂

Children and Society in the Third Republic France:
The Child Protection as a Power

Enfance et société en France sous la IIIe République :
La protection de l'enfance comme un pouvoir

by (par)
OKABE Hiroshi

Showado publisher, Kyoto

目次

序　論

一八世紀末の大革命によって近代社会への歩みを開始したフランスは、その後約一世紀にわたる革命と動乱の時代を経て、第三共和政（一八七〇〜一九四〇年）の時代にようやく共和国としての自己を確立する。この時代はフランス国民国家の確立期であると同時に二〇世紀の福祉国家（社会国家）への歩みが開始された時期であり、外交面でも植民地進出が本格化し、さらに大衆社会あるいは大量消費社会の萌芽がみられ始めるなど、近代から現代への一大転換期であったが[1]、「子ども」という領域においてもそれは例外ではなかった。一九〜二〇世紀転換期のヨーロッパ諸国では出生率の低下に伴う人口問題が顕在化しつつあったが、特にフランスではすでに一九世紀前半からその傾向がみられ、さらに一八七一年の普仏戦争の敗北による国際的地位の低下によって、子どもの教育や保護の問題は当時における喫緊の課題であった。一八八〇年代のフランスにおいて無償化・義務化・世俗化（非宗教化）を柱とする初等教育制度の整備がおこなわれたことはよく知られているが、子どもの保護についてはすでに一八七〇年代から数多くの政策が整備され、彼らの精神的・物質的境遇や法的地位の改善が図られてきたのである[2]。

本書は、このフランス第三共和政、特にその前期（一八七〇〜一九一四年）における児童保護 protection de l'enfance の展開に関する歴史的研究である。以下ではまず、なぜ本書がこのテーマを取り上げて研究するのかについて述べておきたいと思う。

歴史学において、「子ども」というテーマが注目される大きな契機となったのは、よく知られているように、フランスの歴史家アリエスによる一九六〇年刊行の著作『アンシャン・レジーム期の子どもと家族生活』である[3]。

彼はこの研究において、西洋社会においておおよそ一七世紀頃に、子どもに対して大人と異なる特別の配慮が必要であるという認識が誕生し、このいわゆる「子ども期の発見」によって、子どもを中心とした近代家族の形成と学校における子どもの規律化という二つの動きが進展していったことを明らかにした。アリエスの研究は、「子ども（期）」という観念が歴史上の産物というだけでなく、それが社会そのものを日常的なレヴェルで変容させていったことを示すものであり[4]、歴史における「子ども」の重要性を広く世に知らしめることになった。彼の所説はその後多くの批判を受けたものの、歴史学界に多大な影響を与え、その後家族と学校という二つのテーマを中心に、西洋子ども史研究は大きく進展していくことになった[5]。

ところで、本書で主に扱うフランスの第三共和政前期は、この「子ども期の発見」が民衆層を含めた社会全体に拡大していった時期とされている[6]。しかしこの時期において「子ども」という存在、さらに彼らをめぐる社会的関心の拡大は、近代家族の形成や学校における規律化をもたらしただけではない。それは、児童保護という営為を通じても、社会に大きな影響を与えるものであった[7]。それでは、児童保護は具体的に社会に対してどのように作用したのか。これについてフランス近現代史研究の泰斗ペローは、一九世紀において子どもこそが、国家の家族への干渉がなされる「きわめつけの領域」であったと述べている[8]。彼女によれば、当時の子どもは家族の中心を占めていただけでなく、将来の市民、労働者、母親として、社会的にも重要な存在とみなされており、公私の「境界領域」である彼らの存在は、民間の博愛主義者や医師、さらに国家といった外部の第三者による私的領域への介入をいわば媒介するものであった[9]。つまりここでは、児童保護とは国家や支配階層が「子どもの利益」の名のもとにそれまで不可侵とされてきた人々の私的領域に介入し[10]、場合によってはそれを再編・規格化するものとして理解されているのである。たとえばフランスで一八八九年に成立した児童保護法（児童虐待などに対して親の親権剥奪を定めたもの。後述）は、一九世紀初めのナポレオン法典における親権の不可侵の原則に対する初めての本格的な変更であり、この時期の私的領域への介入を代表する政策のひとつということができる。
もちろん、児童保護という営為をそのような側面のみによって捉えることについては、さまざまな異論があるだろう。しかしフランスの哲学者フーコーが述べるように、近代における権力が、人びとの「生」を保護・管理するという性格を持つものであるとするならば、[11] 児童保護もまた、子どもの「生」の改善を目指し、そのために彼らを取り巻く私的領域に対してもさまざまな形で介入・管理をおこなう、近現代社会における「統治権力」のひとつとして捉えることが可能であろう。[12] 本書はフランス第三共和政期の児童保護の展開を考察するにあたり、この「統治権力」という側面に着目し、それが当時の社会に対してどのように作用したのかという点を問題とする。

本書が児童保護のこうした側面を取り上げる理由としては、第一に、日本の西洋近現代史研究において近年、制度や権力・統治といった問題に対して少なからず関心が寄せられていることがある。[13] このことはフランス近現代に関しても例外ではなく、[14] 特に第三共和政前期は国民統合の上での大きな画期とされ、これまで主に教育や祝祭、シンボルなどによる統合の様相が明らかにされてきた。[15] しかしこうした研究においては権力や統治の問題が画一的な国民意識の浸透や国民の同質化といった側面に還元される傾向があるように思われる。一方、第三共和政期はさまざまな福祉政策を通じて民衆層の掌握がおこなわれた時期でもあるが、こうした分野における権力・統治のありかたに関しては、いまだ十分に明らかにされているとは言いがたい。本書は児童保護に関してその作業をおこなうことを意図している。

第二に、人々が直面するさまざまなリスクに対する保護と引き換えにその私的領域へのさまざまな介入をおこなう国家（福祉国家あるいは社会国家[16]）の存在を現代社会のひとつの特徴とみなすならば、統治権力としての児童保護とは、そうした社会への最初の道筋を切り開いたものとして評価できることが挙げられる。[17] 事実、フランス近現代において児童保護は福祉政策の中でも最も早期に制度化されたものであり、また先行研究においても指摘されているように、家族手当や母子保護、労働政策といった他の福祉政策が成立するひとつの契機となるものであった。[18] つまり、フランス児童保護の展開過程を検討することは、単なる子ども史研究の枠組みを越えて、福祉国家(社会国家)の形成過程、さらに近代から現代への社会の変容そのものについて考察する際に無視できない作業と考えられるのである。

そして最後の理由として、現在の日本において、子どもの貧困や虐待といった問題がひとつの大きな社会問題として認識され、従来の児童保護のありかたが問い直されていることがある。[19] 第三共和政期のフランスと現代の日本の状況を同列に論じられないことはいうまでもなく、また他国の事例に学ぶ場合、当然ながらその制度やシステムの優れた部分に関心が集まることが多い。しかし児童保護による私的領域への介入の問題、そしてそれをめぐる西洋の歴史的経験に学ぶこともまた、日本において今後どのような児童保護を構築すべきかについて考える際に重要な示唆を含むものと考えられる。

それでは、近現代フランスの児童保護というテーマは、これまで国内外においてどのように研究されてきたのか。まず、アリエス以降のフランス子ども史研究は、近現代についてもすでに多くの業績が存在する。[20] 児童保護についてもすでに取り上げられており、[21] 特に捨て子の問題に関しては近年においても多くの研究が刊行されている。[22] しかしこの分野の研究では、子どもの状況そのものに関心が向けられるため、彼らの保護のありかたに関してそれほど考察が深められてきたとは言えない。

次に、フランスの福祉史研究については、一九七〇年代以降の「福祉国家の危機」と呼ばれる状況下で新たな福祉のありかたが模索される中、貧困や福祉といったテーマが日本の西洋史研究におけるひとつの潮流を形成しつつある。[23] かつて日本における西洋福祉史といえば、イギリスの事例が取り上げられる傾向が強かったが、現代福祉国家をめぐる類型論[24]が広く知られるようになった今日、東欧・ロシアなども含めた各国の福祉史の詳細な検討が求められていると言える。本書が対象とするフランスに関しても、かつてはイギリスやドイツに対する福祉の遅れが指摘されてきたが、近年、フランス本国における福祉史研究の進展は誠にめざましく、日本でもすでにいくつもの著作がみられる[25]。そこで特に指摘されているのは家族福祉（子どもや女性への福祉も含む）の先進性であり[26]、たとえば日本でもよく知られている家族手当制度の歴史に関しては、すでに多くの研究がみられる[27]。しかし児童保護に関してはこれまで十分な歴史的検討がなされてきたとは言い難く、歴史家による基本的な概説書すらいまだ存在しない状況にある[28]（ちなみに、日本において西洋児童福祉（保護）史の研究書が刊行されているのは管見の限り二〇一六年の時点において、イギリスとアメリカに関してのみである[29]）。

以上のように、国内外においてフランス児童保護史の研究がこれまで十分になされていない理由としては、まず、子ども史研究においては前述のように、アリエスの影響もあってか、研究者の関心が子どもを取り巻く家族や教育の問題に向かう傾向がみられ、その一方で彼らの保護や福祉にはそれほど関心が向かなかったことが考えられる[30]。さらにフランス史に関しては、子どもに関する政策が独自の領域としてよりも家族政策の一環として論じられる傾向があることも指摘しておかなければならない[31]。たとえばノードは、フランスにおける福祉国家の起源をめぐる研究動向論文の中で、一八七〇年から一九一四年においてフランスが先進的な家族福祉を展開していた点を指摘するが、そこでは女性や子どもに関する政策がまとめて「家族改革」として扱われている[32]。また、フランスの児童保護は歴史的に個別の問題に対してその都度法律が制定されるという経緯をたどっており、その結果、イギリスのような総合的な「児童法」が成立しなかったため、そもそもテーマ自体が捉えにくいという事情もあるように思われる。

しかしフランス近現代の歴史において、児童保護という営為はそれ自体として決して軽視されるべきものではない。すでに述べたように、それは他の福祉政策に先駆けて私的領域への介入を可能にすることで、第三共和政期の社会のありかたに対して少なからず影響を及ぼすものであった。また、人びとの私的領域への介入自体は他の福祉政策においてもみられるが、児童保護におけるそれは、家族関係や親子関係といった、人びとにとって最も親密な領域に直接かかわるという点でも、特に重要なものと考えられる(33)。このように、子ども史・家族史と福祉史との狭間でこれまで十分な考察がなされてこなかった児童保護というテーマは、フランスの近代から現代への移行期における権力・統治の問題を考察する際にも、きわめて示唆に富む事例を提供するものなのである。

本書がフランス第三共和政期の児童保護、特にその統治権力としての問題を取り上げる理由は以上の通りであるが、次に、本書における具体的な検討課題を設定しておきたい。先行研究の状況については第一章において詳述しているが、ここでその結論を先取りするならば、一九八〇年代以降、実証研究の進展によって児童保護のさまざまな具体相が示されているものの、その統治権力の内実は十分に明らかにされていないということである。では、こうした状況に対して、我々はどのような検討課題を設定すべきだろうか。

ここで西洋福祉史の一般的な研究動向についてみておくならば、一九七〇年代以降、貧民の側の主体性やその生存戦略、福祉において民衆層の日常に作用する微細な権力実践の把握、そして公的福祉と民間実践との組み合わせの具体的な解明といったテーマへの関心がみられるという(34)。これらのテーマ自体、西洋福祉史研究における問題意識の進展を示すものと言えるが、ここから示唆される、民衆層の対応ないし主体性、権力実践の具体的内容、そして担い手相互間の関係といった問題は、児童保護の統治権力としての内実を明らかにする際にも重要な論点をなすものと言える。すなわち、ここでの統治権力とはどのようなものであり、どのような形で担われ、そして受け手の側はどう反応したのか、という問題である。ただし民衆層の対応などについては史料上の制約などから十分に分析できなかったため、本書では残りの論点にかかわる検討課題を、以下に三つ設定することにしたい。

第一の検討課題は、児童保護の形成過程に関するものである。児童保護による人びとの私的領域への介入が具体的にどのような性質のものであったのかを明らかにするためには、まずこの問題を解明する必要があるが、児童保護の形成過程における議論自体、これまで十分に検討されてこなかった。そもそも議論において児童保護の論理はどのような形で構築されたのか。そこに問題点や矛盾ははらまれていなかったのか。本書ではこの課題に関して、第一部において主に為政者の議論を素材として分析する。

第二の課題は、児童保護政策の具体的な展開過程の分析である。児童保護の統治権力としての側面を明らかにするためには、政策の論理の分析にとどまらず、それが実際に地域レヴェルにおいてどのように実施されたのかについても解明する必要がある。しかし先行研究はこの問題について、為政者の意図が貫徹したか否かといった問題に重点を置く傾向があり、政策が具体的にどのような変容を被ったのかという点についてはあまり注目してこなかった。第二部の各章では、フランス北部ノール県を事例として、この課題を考察する。なお、本書で十分検討できなかった一般民衆層の態度についても、若干ではあるが取り上げている。

そして最後の検討課題は、統治権力としての児童保護が国家や地方自治体、民間事業などによって、具体的にどのように担われていたのかというものである。高田によれば、近年の西洋福祉史の研究では、福祉の歴史を救貧法から福祉国家といった単線的なプロセスとみなすのではなく、国家や民間団体、地方自治体、企業、相互扶助団体といった多様な担い手が織りなす関係が時代を通じてどのように変化していくのかという、「福祉の複合体」史のありかたに注目が集まっているという[35]。フランス近現代の児童保護に関しても、とりわけ一九世紀末以降の民間事業（団体）に関する個別研究がすでに数多く出版されており、それらの活動についてかなり詳細に明らかにされている[36]。しかし国家との関係の具体相については、いまだ検討の余地があるように思われる。また県や市町村といった地方自治体の役割についても、これまであまり注目されてこなかった。しかし児童保護政策においては、国家だけでなく自治体や民間事業にも相応の役割が付与されていたのであり、統治権力としての児童保護の実態を明らかにするためにも、この三者の関係について具体的に検討する必要があろう。本書の第三部及び第二部第四章ではこの課題について考察している。

ここで、本書のテーマである「児童保護」の語の内容について若干説明を加えておきたい。ここでは「児童福祉」の語の方がふさわしいかもしれないが、フランス語には英語の child welfare のようにこれに明確に対応する語が存在しない。一方、「児童保護」という語は当時の史料においてもみられるものであるが、前述のようにフランスではイギリスのような児童保護に関する体系的な法律が存在しないため、その内容についても、実は明確な定義が存在しているわけではない。また必ずしも「児童保護」という語が用いられているわけではなく、たとえば「児童政策 politique de l'enfance」や「児童社会政策 politique sociale de l'enfance」といった語も存在する。さらに後述するように、一九五〇年代以降は「児童社会扶助 aide sociale à l'enfance」という語が公的に用いられている。このうち、「児童社会政策」に関してデセルティーヌは一九九〇年代に「子どもの安寧をよりよいものにするために実行される戦略の総体」と定義しているが[37]、こうした定義もまた、研究者の間で共有されてはいないようであり、フランスにおける「児童保護」の語の内容を明確に定義することには困難を伴うのが現状と言わざるを得ない。

こうした状況の中で、フランス第三共和政期の児童保護に関して、我々は具体的にどの施策を検討対象とすべきか。本書第一章の表1－1からうかがえるように、その具体的な内容はきわめて多岐にわたっており、それらをすべて検討するのは不可能である。しかし一方で、これまでの実証研究においては捨て子の保護などの個別の施策が取り上げられる場合が多く、児童保護の全体像がみえにくいという問題点もまた指摘できる。本書ではこうした点を考慮して、第三共和政の最初の約二〇年間に立法作業がおこなわれ、共和政の児童保護の主要な部分をなしていたと考えられる諸施策、すなわち捨て子や虐待された子どもなどの保護、乳幼児の保護、そして児童労働の規制の三つを主要な検討対象とした。

最後に、本書で使用する史料について、その概略を述べておきたい。史料は大きく三つの種類に分けられる。ひとつは法令集[38]や議会史料（『フランス共和国官報 *Journal Officiel de la République française*』[39]）といった全国レヴェルでの公式の史料である。議会史料には議会に提出された法案や報告書、議会議事録、大臣通達などが含まれる。次に地方での児童保護政策の実施を監督した視察官などによる報告、県知事報告、県議会議事録といった地方レヴェルでの公式史料である。本書では主にノール県文書館 Archives départementales du Nord 所蔵の県議会資料（série 1N）に含まれているものを用いたが[40]、視察官の報告についてはフランス国立文書館 Archives Nationales に手稿史料として所蔵されているものや、あるいは報告集として刊行されたものも存在する。そして最後に、現地の地方文書館や図書館に所蔵されている、民間の児童保護団体に関する史料群である。以下の各章においては、これらの史料を用いて、フランス第三共和政期における児童保護の論理、地方レヴェルでの展開過程、そして児童保護のそれぞれの担い手が切り結んだ関係の諸相などについて、できるだけ具体的に浮かびあがらせていきたい。

注

（1）本書での「近代」、「現代」という時期区分は、基本的にイギリスの歴史家ホブズボームのいう「長い一九世紀」（一七八〇年代～一九一四年）と「短い二〇世紀」（一九一四～一九九一年）にそれぞれ対応している（エリック・ホブズボーム著、河合秀和訳『二〇世紀の歴史　極端な時代』（上）、三省堂、一九九六年（原著一九九四年）、五～二八頁）。彼の時代区分は現在の日本の西洋史学界においておおむね受け入れられているようであるが、近年では二〇世紀の起点を一九世紀末頃に求める議論（いわゆる「長い二〇世紀」）もみられる（たとえば、木畑洋一『二〇世紀の歴史』岩波書店、二〇一四年、序章「長い二〇世紀」など）。本書ではこうした動向も踏まえて、「長い一九世紀」と「長い二〇世紀」とが重なる一八七〇年から一九一四年の時代を、近代から現代への転換期として捉えている。この時代の転換期としての性格については、たとえば福井憲彦『世紀末とベル・エポックの文化』山川出版社、一九九九年などを参照。また、この時代の概要については、杉本淑彦／竹中幸史編『教養のフランス近現代史』ミネルヴァ書房、二〇一五年所収の拙稿「「ベル・エポック」から第一次世界大戦へ」、一五七～一七一頁も参照。

（2）この時期の具体的な施策の内容については、本書第一章の表1－1を参照。

（3）ARIES, Philippe, *L'enfant et la vie familiale sous l'Ancien Régime*, édition abrégée, Paris, Seuil, 1975（1960, 1973）（杉山光信・杉山恵美子訳『〈子供〉の誕生　アンシァン・レジーム期の子供と家族生活』みすず書房、一九八〇年）。なおアリエスの所説については以下の論稿からも示唆を受けた。宮澤康人「アリエスの近代と子ども・家族・学校　―『〈子供〉の誕生』を超えるまえに」同編『社会史のなかの子ども　アリエス以後の〈家族と学校の近代〉』新曜社、一九八八年所収、一～九八頁。

（4）Cf. 天野知恵子『子どもと学校の世紀　一八世紀フランスの社会文化史』岩波書店、二〇〇七年、二～三頁。

（5）一九九〇年代以降の西洋子ども史研究については、『フランス歴史人口学年報』の特集号に掲載された以下の二本の研究動向論文を参照。ROLLET, Cathrine, « Période contemporaine », *Annales de démographie historique*, n.102（numéro spécial : Enfances, Bilan d'une décennie de recherche）, 2001, pp.32-46 : LETT, Didier, ROBIN, Isabelle et ROLLET, Catherine, « Faire l'histoire des enfants au début du XXIe siècle : De l'enfance aux enfants », *ibid.*, n.129, 2015, pp.231-276. なお、日本におけるフランス子ども史研究の近年の成果としては、天野前掲書の他に教育史に関する以下の研究などを参照。前田更子『私立学校からみる近代フランス　一九世紀リヨンのエリート教育』昭和堂、二〇〇九年、上垣豊『規律と教養のフランス近代　―教育史から読み直す―』ミネルヴァ書房、二〇一六年。

（6）ARIES, Philippe, « L'enfant dans la famille » in Id., *Histoire des populations françaises et de leurs attitudes devant la vie depuis le XVIIIe siècle*, Paris, Seuil, 1971（1948）, pp.338-343（フィリップ・アリエス、森田伸子訳「家族のなかの子ども」同著、中内敏夫・森田伸子

編訳『〈教育〉の誕生』新評論、一九八三年所収、一〇七～一一四頁）; CRUBELLIER, Maurice, *L'enfance et la jeunesse dans la société française, 1800-1950*, Paris, A. Colin, 1979, p.69. なお近年、イギリスの子ども史研究などにおいては、アリエスのいう一七世紀の「子ども期の発見」よりも一九世紀末から二〇世紀初頭における「子ども期」の全般的普及を子ども史上の画期とする見方が一定のコンセンサスを得ているという（岩下誠「現代の子ども期と福祉国家 ―子ども期に関する近年の新たな展開とその教育学的意義―」『教育研究』〈青山学院大学〉第五三号、二〇〇九年、四三～五五頁、Cf. 同「福祉国家・戦争・グローバル化 ―一九九〇年代以降の子ども史研究を再考する」橋本伸也・沢山美果子編『保護と遺棄の子ども史』昭和堂、二〇一四年、四六～五六頁）。

（7）「子ども期の発見」あるいは「子ども期のイデオロギー」が児童保護政策の成立に寄与した点については、たとえば以下の研究を参照。ARMENGAUD, André, « L'attitude de la société à l'égard de l'enfant au XIXe siècle », *Annales de démographie historique*, 1973, pp.306-310 ; CUNNINGHAM, Hugh, *Children and Childhood in Western Society since 1500*, 2nd Edition, Harlow, Pearson Education Limited, 2005（1995）, ch.6-7（北本正章訳『概説　子ども観の社会史　ヨーロッパとアメリカにみる教育・福祉・国家』新曜社、二〇一三年、第六～七章）。

（8）ミシェル・ペロー「私生活と政治 ―家族・女・子供―」同著、福井憲彦／金子春美訳『フランス現代史のなかの女たち』日本エディタースクール出版部、一九八九年所収、一七頁。

（9）PERROT, Michelle (dir.), *Histoire de la vie privée*, t.4 : *De la Révolution à la Grande Guerre*, Paris, Seuil, 1999 (1987), pp.134-135. なお、ペローはこの点について、子どもの保護だけでなくその教育にも言及しているが、本書では教育よりも子どもの養育全般にかかわると考えられる子どもの保護について特に取り上げている。なお、第三共和政の初等教育政策における私生活介入の問題に関して、筆者は以前若干分析したことがある（拙稿「フランス義務教育における家族介入の論理（一八八二―一九一四年）」『日仏教育学会年報』第一五号、二〇〇九年、九三～一〇二頁）。

（10）本書において「私的領域」という場合、基本的には私生活の場としての「家庭」を想定しているが、児童労働規制を扱う第五章では「家庭」と「職場」の双方を指すものとしてこの語を用いている。なお、「私生活」の語を用いる場合は、「家族」のみを指すものとする。

（11）彼はそのような権力を「生―権力 bio-pouvoir」と呼ぶ（FOUCAULT, Michel, *Histoire de la sexualité I :La volonté de savoir*, Paris, Gallimard, 1976, ch.V（渡辺守章訳『性の歴史Ⅰ　知への意志』新潮社、一九八六年、第五章）。

（12）なお、本書が単なる「権力」ではなく、「統治権力」の語を採用したことについては、フーコーの「統治性」の議論からも影響を受けている（ミシェル・フーコー「統治性」同著、小林・石田・松浦編『フーコー・コレクション6　生政治・統治』筑摩書房、二〇〇六年（原著一九九四年）、二三八～二七七頁）。なお、権力・統治という観点から児童保護の問題を考える際には、その対象となる子ども自身の規律化や管理・統合の問題も無視できないが、本書は児童保護が家庭や職場といった私的領域への介入・管理という形で社会に作用する点に着目しているため、こうした問題そのものを考察の対象としていない。なお、児童保護のこうした側面に関しては、たとえばアメリカ合衆国に関する以下の文献を参照。アンソニィ M・プラット著、藤本哲也・河合清子訳『児童救済運動―少年裁判所の起源―』中央大学出版部、一九八九年（原著一九七七（初版一九六九）年）。またフランスに関しても近年、郊外の若者問題の高揚などを受けて、捨て子など児童保護の対象となる子ども・若者の統合の歴史が注目されている（JABLONKA, Ivan, *L'intégration des jeunes : Un modèle français (XVIIIe-XXIe siècle)*, Paris, Seuil, 2013 (2010)）。

（13）小田中直樹『歴史学のアポリア　ヨーロッパ近代社会史再読』山川出版社、二〇〇二年、四九～五二頁。

（14）おおむね一九世紀全般に関してこの問題を扱った日本の研究として、小田中による以下の二編の著作を参照。小田中直樹『フランス近代社会　一八一四～一八五二―秩序と統治―』木鐸社、一九九五年、同『一九世紀フランス社会政治史』山川出版社、二〇一三年。

（15）第三共和政前期の国民統合については、とりあえず WEBER, Eugen, *Peasants into Frenchmen : The Modernization of Rural France, 1870-1914*, Stanford University Press, 1976 を参照。また日本での研究として、教育に関しては、桜井哲夫『知識人の運命　主体の再生に向けて』三一書房、一九八三年、第一章「民主主義と公教育」及び同『近代の意味　制度としての学校・工場』日本放送出版協会、一九八四年、第一章「近代的学校制度の成立」、原聖「ブルトン語の抑圧と擁護―フランス第三共和制期の公教育体制と少数派言語運動―」『思想』第六九七号、一九八二年、二七～四四頁、祝祭については工藤光一『近代フランス農村世界の政治文化―噂・蜂起・祝祭』岩波書店、二〇一五年、第七章「一九世紀末第三共和政下の共和主義的祝祭」、シンボルについては、阿河雄二郎「共和国と「彫像狂」―フランス第三共和政前半期における政治文化の一側面―」松田武・阿河雄二郎編『近代世界システムの歴史的構図』渓水社、一九九三年所収、三四〜五九頁などをそれぞれ参照。

（16）こうした福祉国家（社会国家）の持つ二面性については、ドイツの社会国家に関する以下の二編の著作から示唆を得た。川越修『性に病む社会　ドイツ　ある近代の軌跡』山川出版社、一九九五年、同『社会国家の生成　二〇世紀社会とナチズム』岩波書店、二〇〇四年。

（17）ドイツ史家の川越は、二〇世紀初頭のヨーロッパにおいて、「まさに子どもをめぐる問題が」「生成期の社会国家の制度化の突破口となった」と述べている（川越修「社会国家の世紀」同・辻英史編『社会国家を生きる　二〇世紀ドイツにおける国家・共同性・個人』法政大学出版局、二〇〇八年所収、一八頁）。

（18）この点については、特に本書第五章、第八章、第九章を参照。

（19）この問題に関する文献は近年かなり多くみられるが、ここでは浅井春夫・松本伊智朗・湯澤直美編『子どもの貧困　子ども時代のしあわせ平等のために』明石書店、二〇〇八年などを参照。

（20）総説的な研究としては、以下のものを参照。CRUBELLIER, *op.cit.* ; PIERRARD, Pierre, *Enfants et jeunes ouvriers en France*（*XIXe-XXe siècle*）, Paris, Les Editions ouvrières, 1987 ; HEYWOOD, Colin, *Childhood in Nineteenth- Century France ; Work, health and education among the 'classes populaires,'* Cambridge University Press, 1988 ; Id., *Growing up in France : From the* Ancien Régime *to the Third Republic*, Cambridge University Press, 2007; ROLLET, Catherine, *Les enfants au XIXe siècle*, Paris, Hachette, 2001 ; 天野知恵子『子どもたちのフランス近現代史』山川出版社、二〇一三年。

（21）ちなみに、ロレは子どものための公私による介入、特に国家の介入を一九九〇年代から二〇〇一年までの子ども史研究の四つの主要領域のひとつとして位置づけている（ROLLET, « Période contemporaine », *art.cit.*, pp.32, 40-43）。

（22）たとえば、以下の諸研究が存在する。JABLONKA, Ivan, *Ni père ni mère : Histoire des enfants de l'Assistance publique*（*1874-1939*）, Paris, Seuil, 2006 ; BRUNET, Guy, *Aux marges de la famille et de la société :Filles-mères et enfants assistés à Lyon au XIXe siècle*, Paris, Harmattan, 2008; LE BOULANGER, Isabelle, *L'Abandon d'enfants : L'exemple des Côtes-du-Nord au XIXe siècle*, Rennes, PUR, 2011 ; Do, *Pupilles de l'Assistance : Destins croisés de pupilles de l'Assistance publique des Côtes-du-Nord*（*1871-1914*）, Rennes/Saint-Brieuc, PUR/SECA, 2013.

（23）日本における西洋近現代福祉史研究の近年における成果としては、何よりもまず以下の論集が参照されるべきである。高田実・中野智世編『近代ヨーロッパの探究一五　福祉』ミネルヴァ書房、二〇一二年。

（24）G・エスピン―アンデルセン著、岡沢憲芙・宮本太郎監訳『福祉資本主義の三つの世界　比較福祉国家の理論と動態』ミネルヴァ書房、二〇〇一年（原著一九九〇年）。

（25）このうち、近現代フランスの福祉全般、及び本書の内容にかかわるものとして、以下の文献を参照。廣澤孝之『フランス「福祉国家」体制の形成』法律文化社、二〇〇五年、田中拓道『貧困と共和国　社会的連帯の誕生』人文書院、二〇〇六年。齊藤佳史『フランスにおける産業と福祉　一八一五―一九一四』日本経済評論社、二〇一二年、福島都茂子『フランスにおける家族政策の起源と発展　第三共和制から戦後までの「連続性」』法律文化社、二〇一五年、河合務『フランスの出産奨励運動と教育　「フランス人口増加連合」と人口言説の形成』日本評論社、二〇一五年。またアンシャン・レジーム期及び革命期に関しては、林信明『フランス社会事業史研究　―慈善から博愛へ、友愛から社会連帯へ―』ミネルヴァ書房、一九九九年も参照。

（26）NORD, Philip, « The Welfare State in France, 1870-1914 », *French Historical Studies*, v.18, n.3, 1994, pp.821-838.

（27）家族手当制度の歴史に関する古典的な研究としては、以下のものを参照。CECCALDI, Dominique, *Histoire des prestations familiales en France*, Paris, Comité d'histoire de la Sécurité sociale, 2005（1957）; TALMY, Robert, *Histoire du mouvement familial en France*（*1896-1939*）, 2 vols, Paris, Union nationale des caisses d'allocations familiales, 1962. また近年の日本における研究としては、深澤による以下の一連の論稿及び福島前掲書を参照。深澤敦「フランス家族政策の歴史的展開　家族手当を中心に」『経済』第一七〇号、二〇〇九年、一四一～一五九頁、同「フランスにおける家族手当制度の形成と展開　―第一次世界大戦後のパリ地域補償金庫を中心として―」（上）（下）『立命館産業社会論集』第四三巻第四号、二〇〇八年、二三～四六頁、第四四巻第二号、二〇〇八年、一三～四六頁、同「フランスにおける人口問題と家族政策の歴史的展開　―第一次世界大戦前を中心として―」（上）（下）、『立命館産業社会論集』第五〇巻第三号、二〇一四年、八三～一〇一頁、第五〇巻第四号、二〇一五年、五三～七四頁。

（28）ただし、管見の限りにおいてであるが、古代から現代までのフランスの児童保護を概略的に論じたものとして、以下の二つの著作が存在する。VASSEUR, Paul, *Protection de l'enfance et cohésion sociale du IV*^{e} *au XX*^{e} *siècle*, Paris, L'Harmattan, 1999 ; TIGREAT, Hervé, PLANCHE, Pascale et GOASCOZ, Jean-Luc, *L'aide sociale à l'enfance de l'Antiquité à nos jours : Regards juridiques, philosophiques et psychologiques sur les enfants sans famille*, Boulogne-Billancourt, Tikinagan, 2010.

（29）とりあえず、筆者が管見の限り把握しえたものを挙げておく。桑原洋子『英国児童福祉制度史研究 ―足枷から慈悲そして福祉へ―』法律文化社、一九八九年、秋元美世『児童青少年保護をめぐる法と政策 イギリスの史的展開を踏まえて』中央法規出版、二〇〇四年、田澤あけみ『二〇世紀児童福祉の展開 イギリス児童虐待防止の動向から探る』ドメス出版、二〇〇六年、平体由美『連邦制と社会改革 二〇世紀初頭アメリカ合衆国の児童労働規制』世界思想社、二〇〇七年。

（30）ただしアリエス自身は前述の著作において、近代家族の主要な関心が子どもの教育だけでなく、その健康や衛生の問題にも向けられていたことを指摘している（ARIES, *op.cit.*, pp.303-305（前掲訳書三七六～三七八頁））。また日本での研究においては、近年、子どもの保護や福祉に対する関心が教育社会史の領域などでみられ始めている。その代表的な例としては、橋本・沢山編前掲書を参照。

（31）そうした例として、たとえば以下の研究を参照。KSELMAN, Claudia Scheck, *The Modernization of Family Law : The Politics and Ideology of Family Reform in Third Republic France*, Ph.D. diss., University of Michigan, 1980, Ch. 4 ; ANTOMARCHI, Véronique, *Politique et famille sous la IIIe République, 1870-1914*, Paris, L'Harmattan, 2000, Ch.3. なお、同様の傾向はドイツ現代史研究においてもみられるようである（白川耕一「子どもに注がれる視線 ―一九六〇～七〇年代の西ドイツにおける子育て」辻英史・川越修編『歴史のなかの社会国家 二〇世紀ドイツの経験』山川出版社、二〇一六年所収、二二四～二二五頁）。

（32）NORD, *art.cit.*, pp.827-829, 832, 836.

（33）この点については、ドイツ児童福祉史に関する以下の著作から示唆を受けた。DICKINSON, Edward Ross, *The Politics of German Child Welfare from the Empire to the Federal Republic*, Harvard University Press, 1996, p.3.

（34）田中拓道「ヨーロッパ貧困史・福祉史研究の方法と課題」『歴史学研究』第八八七号、二〇一一年、一～九、二九頁、長谷川貴彦「メイクシフト・エコノミー論の射程 ―「福祉」への全体史的アプローチ―」『歴史と経済』第二二六号、二〇一五年、三三～三九頁。

（35）「福祉の複合体」については、高田による以下の一連の論稿を参照。高田実「「福祉国家」の歴史から「福祉の複合体」史へ―個と共同性の関係史をめざして―」社会政策学会編『「福祉国家」の射程』ミネルヴァ書房、二〇〇一年所収、二三～四一頁、同「「福祉の複合体」史が語るもの」『九州国際大学経営経済論集』第一三巻第一・二合併号、二〇〇六年、八三～一二一

頁、同「「福祉の複合体」の国際比較史」高田・中野編前掲書所収、一〜二三頁。

（36）児童保護団体に関する個別研究はかなりの数にのぼるが、ここでは以下のものを挙げておく。PARENT, Annick, *Cent ans d'action et de réflexion en faveur de l'enfance*, Paris, Union Française pour le Sauvetage de l'Enfance, 1988 ; GUILLAUME, Pierre, *Un siècle d'histoire de l'enfance inadaptée : L'O.R.E.A.G. 1889-1989*, Paris, Expansion scientifique française, 1989 ; DESSERTINE, Dominique, *La Société lyonnaise pour le sauvetage de l'enfance*（*1890-1960*）*: Face à l'enfance en danger, un siècle d'expérience de l'internat et du placement familial*, Toulouse, Erès, 1990 ; BECQUEMIN, Michèle, *Protection de l'enfance : l'action de l'association Olga Spitzer, 1923-2003*, Ramonville Saint-Agne, Erès, 2003 ; KNIBIEHLER, Yvonne, *La Sauvegarde de l'enfance dans les Bouches-du-Rhône*, Rennes, Presses de l'EHESP, 2009; PETER, Mathieu, *Les orphelinats du Tarn sous la Troisième République*, Albi, Presses du centre universitaire Champollion, 2012.

（37）DESSERTINE, Dominique, «L'émergence de la politique sociale de l'enfance : Des enfants trouvés à l'enfance assistée（1780-1940）», *Cahiers de la Recherche sur le Travail Social*, 1990, n.3-4, p.43.

（38）本書では以下、法律に関しては特に明記しない限りすべてDUVERGIER, J.B., *Collection complète des lois, décrets, ordonnances, règlements et avis du Conseil d'Etat* に記載されているものを参照した。

（39）この官報については、一八八〇年代以降、下院 Chambre des députés と上院 Sénat ごとにいくつかのシリーズに分かれて刊行されている。本書では以下、注などにおいてこれらを表記する際に、官報を *J.O.* と略記した後、下院を *Chambre*、上院を *Sénat* と表記し、「議会議事録 *Débats parlementaires*」は *Déb. parl.*、「議会資料集 *Documents parlementaires*」は *Doc. parl.* と略記する。また議事録に関しては会議の年月日とページ数、資料集については年度とページ数も記載する。なお、官報にはその他に上院下院の区別のない「法令集 *Lois et décrets*」や「補遺 *Annexe*」のシリーズも存在するが、これらについては *J.O.* の後にそのまま表記し、さらに法令集については刊行年月日、補遺については年度のみを記載する。

（40）この県議会資料に含まれているノール県知事報告 *Rapport du préfet du Nord* とノール県議会議事録 *Procès-verbaux des délibérations du Conseil général du Nord* について、本書では以下、それぞれ *RPN*、*PVCGN* と略記する。

第Ⅰ部　児童保護政策の形成

パリ 14 区にあるテオフィル・ルーセルの記念碑
（ジャン＝バティスト・シャンペイユ作、1906 年）

出典：Wikimedia Commons（https://commons.wikimedia.org/wiki/File:Monument_Roussel.jpg?uselang=ja）（最終確認日：2017 年 2 月 16 日）

第1章　統治権力としての児童保護
――研究史と若干の検討――

序論において述べたように、第一部では統治権力としての児童保護の形成過程とその論理を明らかにするが、本章ではまず、フランスにおける児童保護の歴史を概観し、次に統治権力としての児童保護をめぐる先行研究の状況を整理し、現時点での問題点を明らかにする。これには序論で示した検討課題の必要性をより明確にする意味もある。そして最後に、一九世紀における捨て子の受け入れ方法をめぐる議論から、児童保護における私的領域への介入の論理のありかたを検討する。

第一節　フランス近現代児童保護史の概略

西欧世界において捨て子が中世以来ひとつの深刻な社会問題を構成していたことはよく知られているが、フランス近現代において児童保護に関するどのような具体的施策が存在したのかについては、特に日本において知られていない部分が多い。本節では一九世紀から二〇世紀前半までの時期を中心に、フランス児童保護の歴史を概観する。

一九世紀以前

一九世紀以前において児童保護とは、基本的に捨て子や孤児の保護を意味していたといってよい。フランスでは中世以来、捨て子が発見された場合、その土地の領主が扶養の費用を負担するとされていたが、実際にはこうした責任が果たされないことも多く、そうした場合には都市や村落の住民共同体が子どもの扶養を引き受けることもあった。また当時カトリック教会が捨て子の保護に果たした役割は大きく、彼らが建設した施療院 hôpital を初めとする慈善施設は捨て子を受け入れる主要な施設であった。しかしそれは捨て子と他の人々を区別なく収容するといったものであったため、一七世紀には聖職者ヴァンサン・ド・ポールと愛徳修道女会 Filles de la Charité による新たな捨て子救済活動がおこなわれたほか、パリ及び地方における総合施療院 Hôpital Général の設置を通じて王権が捨て子の保護に関与するようになった。しかし総じてアンシャン・レジーム期（一六〜一八世紀）における児童保護はきわめて不十分なものであり、施設に収容された捨て子の死亡率はきわめて高く、たとえ彼らが運よく生き延びた場合でも、まともな職業に就くことは比較的少なかったとされる(1)。

一八世紀末のフランス革命は、こうした捨て子救済の状況に対して新たな構想を提起した。一七九一年憲法では捨て子に対する公的救済義務が規定され、また一七九三年の六月には、捨て子に対する国家の養育責任、多子家族への援助、母親への産前手当、未婚の母親の子どもへの在宅育児手当といった多様かつ斬新な措置が打ち出された。さらにその翌月には捨て子はすべて「祖国の子ども Enfans naturels de la patrie」（綴りは原文ママ）の名称で呼ばれるものとされた(2)。これらの施策は当時の財政難やその後の革命の後退によって頓挫したが、捨て子保護についてはその後も改革が継続することになる(3)。

一九世紀初め―全国的な児童保護システムの成立

表１―１はフランス近現代の児童保護に関する主な法律をまとめたものであるが、フランスではナポレオン期の一八一一年一月の政令によって初めて全国的な児童保護システムが設置された。この政令では、捨て子を受け入れる養育院が少なくとも各郡にひとつずつ置かれ、そこでは「回転箱 tour」（図１―１）と呼ばれる、姿を見られずに捨て子をおこなうための道具による匿名・無制限の受け入れが規定された。子どもは六歳まで養育院で育てられた後、一二歳まで農民や職人のもとに預けられ、その後は海軍に入隊するか、さまざまな職種の徒弟奉公に出されるとされた。

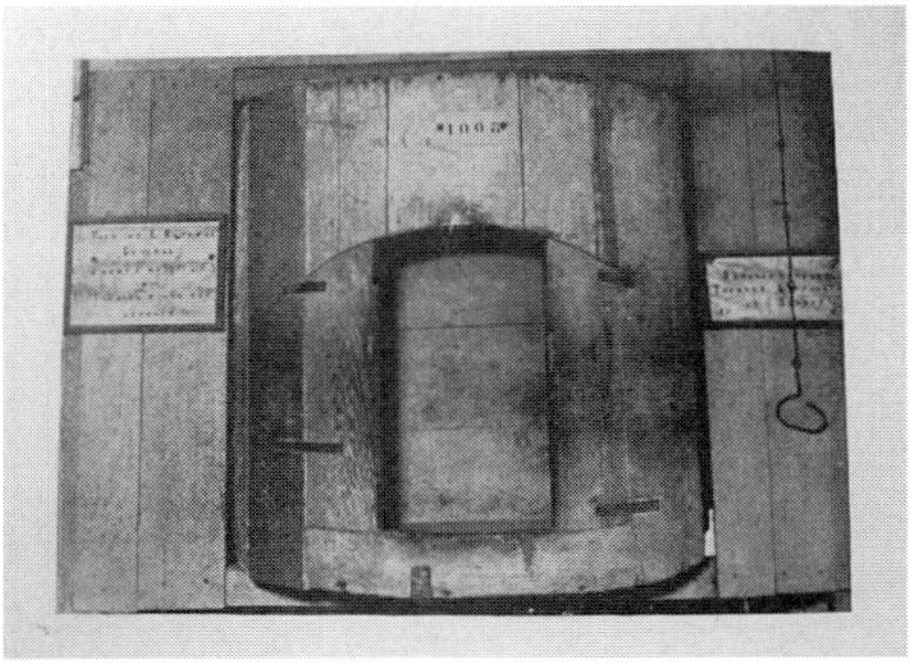

図１－１　捨て子用「回転箱」（フランス北部の都市プロヴァンで用いられていたもの）

出典：DUPOUX, Albert, *Sur le pas de Monsieur Vincent : Trois cents ans d'histoire parisienne de l'enfance abandonnée*, Paris, Revue de l'Assistance publique à Paris, 1958.

しかし回転箱による無制限の受け入れは、やがて捨て子の扶養負担の大幅な増加を招くことになり、また後述するように、一九世紀前半の支配階層は子どもを捨てる行為を道徳的観点からも問題とした。こうした結果、各地の回転箱は次々と廃止され、その代わりに養育院の受け入れ事務室が事前の調査をおこなった上で受け入れるという、捨て子の規制がおこなわれるようになった。また一八三〇年代からは、捨て子の予防策として、「一時的援助」と呼ばれる未婚の母親[4]に対する在宅援助が捨て子受け入れと並行して実施されるようになったが、これは一八六九年五月の児童扶助業務支出法によって制度化されることになる[5]。

もっとも、当時の児童保護はこうした公的なシステムによってのみ担われていたわけではなく、民間レヴェルの児童保護事業も

表1－1　フランス近現代の児童保護関係法令（19世紀から20世紀半ばまでの主なもの）

法律の年月	法律の正式名称（カッコ内は法律の通称または本書で用いる略称）
	［19世紀（1870年以前）］
1811年1月	捨て子と貧しい孤児に関する政令
1841年3月	製造所、工場、あるいは作業場において雇用される子どもの労働に関する法律（児童労働法）
1869年5月	児童扶助業務の支出に関する法律（児童扶助業務支出法）
	［第三共和政期（1870-1940年）］
1874年5月	工業において雇用される子どもと未成年女子の労働に関する法律（児童労働法）
1874年12月	巡業において雇用される子どもの保護に関する法律（巡業児童労働法）
1874年12月	乳幼児、特に里子の保護に関する法律（乳幼児保護法）
1889年7月	虐待された、あるいは精神面で遺棄された子どもの保護に関する法律（児童保護法）
1898年4月	子どもに対する暴力、乱暴行為、虐待行為、加害行為への処罰に関する法律（児童虐待処罰法）
1892年11月	工業施設における子ども、未成年女子、成人女性の労働に関する法律（児童労働法）
1904年6月	児童扶助業務に関する法律（児童扶助業務法）
1904年6月	難しい、あるいは手におえない公的扶助機関の児童の教育に関する法律（被扶助児童教育法）
1912年7月	少年裁判所と保護観察処分に関する法律（少年裁判所法）
1913年6月	妊産婦の休暇に関する法律（産児休暇法）
1913年7月	多子家族の扶助に関する法律（多子家族扶助法）
1923年7月	多子家族への国家助成に関する法律
1932年3月	労働法典第1巻第3部、第5部、及び民法典第2101条を修正する法律（家族手当法）
1935年10月	児童保護に関する政令
1935年10月	乳幼児保護に関する1874年12月23日法を修正する政令
1939年7月	フランスの家族と出生率に関する政令（家族法典）
	［第二次世界大戦後（1945年～）］
1945年2月	少年犯罪に関するオルドナンス（行政命令）
1945年11月	母子保護（PMI）に関するオルドナンス
1946年8月	家族給付制度を定める法律
1956年1月	家族社会扶助法典［児童社会扶助（ASE）を含む］

出典：DUVERGIER, J. B., *Collection complète des lois, décrets, ordonnances, règlements et avis du Conseil d'Etat et J.O., Lois et décrets.*

存在した。その大部分は修道会系の施設であり、「孤児院」、「避難所」といった名称で呼ばれ、孤児や一定の年齢に達した捨て子、さらに貧困家庭の子どもなどを引き受けることで、公的保護と役割を分担し、さらにそれを不十分ながらも補完していた。慈善的な意味で児童保護にかかわっていた施設の数は一九世紀末において一千以上を数えたとされる[6]。

さらに一九世紀における工業化の進展は、捨て子だけでなく、工場や作業場などで酷使される子どもの教育や健康状態に対する人々の関心を集め、児童労働の規制という新たな児童保護の領域を生み出すことになった。その結果、一八四一年三月にはフランス初の児童労働法が成立し、原則八歳未満の子どもの労働が禁止された。しかし適用範囲が一定の規模以上の工場などに限定され、また法律の実施を監督する視察官も置かれなかったため、現実にはほとんど実施されなかった。

第三共和政期—児童保護政策の本格化

以上のように、フランスでは一九世紀後半まで捨て子や働く子ども以外の児童保護政策は存在しなかったといえる。しかし一八七〇年の第三共和政の成立はこうした状況を大きく変え、新体制樹立から間もない一八七四年には早くも新たな児童労働法、巡業児童労働法、乳幼児保護法の三つの法律が相次いで制定された。その背景としては、一八七一年の普仏戦争の敗北によって、人口面や道徳面でのフランスの再生が政治党派を問わず国政上の課題として認識されたことがあげられる[7]。

続く一八八〇年代は共和政の確立期であるが、この時期には子どもを生命や健康面で保護するだけでなく、モラルや教育面において体制内に統合することが国政上の一大争点となった。その代表的な政策は初等教育の無償・義務・世俗（非宗教）化であるが、実はこれと並行して、親によって放置されたり虐待を受けるといった、通常の家庭環境で育てられていない子どものモラルや教育の問題も議論されていた。その結果一八八九年の児童保護法では、裁判所が子どもを虐待した親の親権を剥奪できることが規定され、こうした被害を受けた子どもが新たに児童保護の対象となった。またこの法律の補完として制定された一八九八年四月の児童虐待処罰法では、犯罪をおこなった子ども（本書では以下、「犯罪児童」と表記）についても親から引き離して保護できるとされた。こうした動きは少年裁判所の設置を定めた一九一二年七月の法律によってさらに加速されていく。一方、このように児童保護の対象が拡大されたことを受けて、一九〇四年の児童扶助業務法では一八一一年政令以来の法規の統一・体系化がおこなわれた。

これらの政策では、児童労働や児童虐待など、通常の家庭とは異なる環境に置かれた子どもが保護の対象であった。しかし第一次世界大戦前夜には人口問題（人口の停滞）が国政上の重要課題となったこともあり、通常の家庭の子どもも保護の対象とされた。一九一三年七月の多子家族扶助法では四人以上の子どもがいて困窮した家庭に対する扶助が規定され、また同年六月の産児休暇法では母親の産児休暇制度が設けられ、出産前の子どもと母親までもが新たに保護の対象となった。さらに第一次大戦後の一九三五年一〇月には、職業や生活に関して何らかの問題があるすべての一八歳未満の子どもが保護の対象とされるに至る。こうした児童保護の流れは第二次世界大戦後になると、母子保護制度（ＰＭＩ）（一九四五年）、家族給付制度（一九四六年）、児童社会扶助制度（ＡＳＥ）（一九五六年）といった複数のシステムに分岐して受け継がれていくことになる(8)。

以上概観したように、フランス近現代の児童保護は一九世紀初めに捨て子に関する全国的なシステムが成立したが、その本格的な発展は第三共和政期においてであった。その結果、子どもの保護の範囲が拡大されただけでなく、母子保護や家族政策のひとつの起源を形成することにもなった。次に、このフランス近現代の児童保護に関する先行研究の状況を整理しておきたい。

第二節　児童保護をめぐる研究史　―統治権力との関連で―

統治権力としての児童保護への関心

そもそもフランス近現代福祉史は、従来イギリスやドイツに対する後進性が指摘されてきたこともあり、それほど早くから研究者の関心を引いてきたとはいえない。そうした中で、児童保護のありかたが注目されたのは、近現代社会における権力や統治をめぐる問題意識においてであった。すでに一九六〇年代末にボルタンスキが一九世紀末以降の近代的育児法の普及を民衆層の私生活規制の手段として位置づけているが(9)、より影響が大きかったのは、一九七〇年代に前述のフーコーの権力論の影響を受けた社会学者たちによる研究である(10)。彼らは、近代家族が子どもを中心として形成されたとするアリエスと、人びとの生命に対してポジティヴな意味で働きかけることが近代の権力の本質だとするフーコーのそれぞれの所説に基づき、近代以降の家族と国家との関係について、子どもを中心とする近代家族モデルの普及が社会階層ごとに異なった戦略の下でなされたこと、そしてそれらの戦略において、民衆層の家族が国家や支配階層による社会統合のための管理装置として位置づけられるにいたったことを明らかにした。

本書との関連で注目すべきは、こうした家族への戦略において、子どもの保護をめぐる施策が重要な役割を果たしたとされていることである。たとえば一九七七年に『家族の取り締まり』というタイトルの著作を発表したドンズロは、捨て子の保護や児童労働の規制などの児童保護の諸施策が、民衆層の家族を統治戦略の末端の装置として組み込んでいくプロセスを明らかにし、特に一九世紀末以降、少年裁判所や児童福祉機関、ソーシャルワーカーなどからなる「後見複合体」が家族を包囲していくプロセスを詳細に描写している。またメイエも同年の著作『子どもと国家理性』において、特に一九世紀末から本格化する、国家による家族の規制による「社会の統合・規格化」の作業は「子どもの権利の体系化」によっておこなわれたとし、一八八九年の児童保護法や一八九八年の児童虐待処罰法といった施策がそうした役割を担った点を強調している。

このドンズロやメイエの議論は、社会福祉を「社会的統御」の手段として把握する当時の学問的潮流に属するものであったといえる。(11) 彼らの研究は歴史的な内容を十分に含んではいたものの、実証的な分析は主に同時代に関するものであり、また主張が明解な分、議論が図式的すぎるとみなされたためか、その後多くの批判にさらされることになる。しかし前述のペローが一九八七年の日本での講演において、これらの研究に依拠しつつ児童保護を一九世紀の国家による私生活介入の「きわめつけの領域」として位置づけていることからもみてとれるように、(12) 児童保護の統治権力としての側面そのものについては、基本的に否定されることなく今日に至っていると考えられる。(13)

実証研究の展開

こうして、児童保護をひとつの統治権力として位置づける議論が一九七〇年代に登場するが、一九八〇年代に入ると、特に英米圏において、ドンズロやメイエの議論を批判的に検討し、児童保護をその具体相において実証的に明らかにする研究があらわれ始める。たとえばクセルマンは一九八〇年の博士論文において第三共和政の児童保護政策に関する国政レヴェルの議論を分析し、当時の支配階層が一致して児童保護による民衆層の私生活介入を意図していたわけではなく、そこには一定程度の意見対立が存在していたとする。彼女によれば、国家の私生活介入の拡大を支持するかどうかは必ずしも政治家の考えに基づくものではなく、彼らが政権の座にいるかどうかによって左右されたのであり、また、より徹底した児童保護を支持する博愛主義的な政治家と保守的な議会多数派との間には常に緊張状態が存在していた。[14] またリンチは一九世紀前半の国家の家族介入の問題について、ドンズロの研究が支配階層の言説の分析にとどまり政策の実施にまで踏み込んでいない点を批判し、捨て子の保護や児童労働規制が実際の現場において多くの困難に直面し、支配階層の意図が十分に実現しなかったことなどを繊維工業都市の事例から実証的に明らかにした。[15] またウェイスバックも、一九世紀フランスの児童労働規制がその実施においてあまり効果をあげなかった点を指摘している。[16]

このような政策をめぐる実証研究のひとつの到達点と言えるのが、一九九〇年のロレ＝エシャリエによる第三共和政期の乳幼児政策の研究である。[17] 彼女はここで子どもを国家が家族を統御するための、あるいは支配階層が自らの生活様式を押しつけるための手段とするような見方を、「道具主義的 instrumentaliste に過ぎる」とし、児童保護の施策をさまざまな人員が関与し、妥協や再検討を伴う「複雑な社会プロセス」として捉える。その上で彼女は政策の立法過程や為政者の議論だけでなく、地方自治体や民間団体なども含めた現場における活動の諸相や、政策がもたらした実際の効果なども含めた非常に広範な範囲の分析を展開している。

他方、為政者の言説や活動ではなく、児童保護を現場で担当したさまざまなアクターに注目する研究もみられる。たとえばクニビレールは第一次大戦から一九七〇年代初めにかけて活躍したソーシャルワーカーの証言集を一九八〇年に出版しているが、そこではドンズロらの議論が言及されつつ、彼女らの実践が職場や時代によって大きく異なっていたことが強調されている。[18] さらに一九九〇年代以降は、児童労働規制を担当した労働視察官に関するヴィエットの研究と、捨て子の保護などを管轄する公的扶助視察官に関するドゥ＝リュカの研究が出されている。[19] これらの研究はドンズロらの議論を直接批判するものではないが、児童保護の担い手の行政上の立場、彼らが地域社会で置かれていた複雑な勢力状況、また、彼らの活動が個人によって大きく異なっていたこと、独自の職業的アイデンティティを有していたこと、さらに場合によっては国政レヴェルの政策を先んじていたことなどを明らかにしており、児童保護に体現される統治権力のありかたを実態面において大きく相対化するものであったと言える。

以上みてきたように、ドンズロらによって児童保護の私生活統治における役割が注目されて以来、為政者の議論、政策の実態、あるいは現場で活躍したさまざまな担い手をめぐって実証的な分析がなされるようになり、児童保護史に関する具体的なイメージが明らかにされている。しかしこれらの諸研究ではドンズロらの議論が批判・相対化される一方で、統治権力の問題そのものについて十分に検討されてきたとは言いがたい。事実、管見の限り、一九八〇年代以降、この問題を正面から扱った研究はほとんどみられない。さらに一九九〇年代以降の児童保護史研究は、「一九七〇年代の早急な一般化を避け」、制度や民間団体の個別事例の分析に取り組む傾向にあるともいわれる[20]。以下ではそうした中から、統治権力の「あいまいさ」に着目した研究について紹介したい。

統治権力のあいまいさ

一九九七年に刊行されたシェイファーの研究は、管見の限り、ドンズロらの研究以降、フランス近現代の児童保護における統治権力のありかたについて正面から論じたほとんど唯一のものである[21]。彼女はここで、第三共和政期の一八八九年児童保護法で実現した「精神面で遺棄された子ども」の保護の問題を、その国政レヴェルでの立法過程と、パリを含むセーヌ県における議論と実践の二つの側面から取り上げているが、その分析における関心は児童保護のありかたそのものよりもむしろ、「精神面での遺棄」あるいは「精神面での危険」という児童保護の新たなカテゴリーが、どのようにしてフランスの家族規制の言説や実践に組み込まれていったのかという点に置かれている。

シェイファーが一貫して強調するのは、「精神面で遺棄された子ども」の保護における統治権力の「あいまいさ」や「矛盾」あるいは「不確実性」といった問題である。彼女によれば、一八八九年法成立にいたる議論において、為政者は私生活介入の戦略を積極的に追及したわけではなく、むしろ国家による親権の制限が社会秩序の基盤としての家族を弱めることにもなるという矛盾に直面し、終始「行き過ぎへの恐怖」の中で改革に取り組んでいた。そのため、第三共和政の児童保護改革は、国家は家族が失敗した時にのみその内部に介入するという「緊急的保護措置」として提示され、そこでは実際に公的領域と私的領域の境界が変更されることはなかった。一方、一八八九年法における「精神面での遺棄」という概念はその具体的範囲があいまいなものとして定義され、そうしたあいまいさは地方レヴェルでの裁判所や県行政における保護実践においても払拭されることがなかった。このように、彼女はドンズロやメイエと異なり、児童保護による家族規制のありかたを、当初から複雑かつ不確実性を持つものとして把握する。

このシェイファーの研究は、児童保護における統治権力の問題そのものについて、一八八九年法という具体例に基づいて実証的分析を試みたものとして高く評価できる。特に、ドンズロやメイエにおける統治権力のどちらかというと直線的なイメージに対して、権力のあいまいさや両義性の問題を指摘したことの意味は大きい。ただし権力の具体的性格やその変化といった問題については十分に検討されているとは言いがたく、また統治権力の構築の際の言説やメタファーの役割が強調されるため、社会との関係がみえにくくなっているともいえる。今後の研究は、こうした統治権力のあいまいさ・複雑さを前提としつつ、その具体的なありかたを、社会との関係も含めて考察する必要があると思われる。

第三節　児童保護における統治権力の論理
―捨て子の受け入れ方法に関する議論をめぐって―

前節にて明らかになったように、統治権力としての児童保護の歴史的研究は、実証的な分析によって権力の限界やあいまいさ、複雑さが明らかにされる一方で、権力そのものの性質を問う試みは現在まで十分におこなわれていない。本書ではこうした先行研究上の問題点に対して、先の三つの検討課題を通して取り組んでいくが、とりあえず本節及び次章では、児童保護における統治権力の論理の問題を取り上げる。

まず本節では、フランス一九世紀の児童保護における最も重要な争点のひとつであった捨て子の受け入れ方法をめぐる議論を素材として、そこにおける統治権力の論理の性格を明らかにしたい。

一九世紀フランスの捨て子受け入れをめぐる論争　―回転箱の是非をめぐって―

第一節において述べたように、一九世紀初めのフランスでは回転箱による匿名・無制限の受け入れ（図1―2）が全国的に制度化されるが、この回転箱は一八三〇年代から廃止され始め、それに代わって受け入れ事務室（図1―3）による捨て子受け入れの規制がおこなわれることになる。その結果、一八九八年の議会史料によれば、一八二〇年代末には約二七〇を数えた回転箱は、一八六二年にはわずか五つにまで減少したとされる[22]。

しかしその後も、回転箱による受け入れを再開すべきであるという主張は根強く残り、一九世紀を通じてこの問題は国政レヴェルを含めた論争を引き起こすこととなった。たとえば第二共和政期の一八四九年には捨て子問題を検討する議会外委員会が設置されているが、そこでは回転箱を再開すべきか否かをめぐって委員の間で意見が分かれ、結局再開の案は否決されるものの、その後設置された議会内委員会では逆にすべての県において回転箱を再開する案が議会に提出されている。続く第二帝政期の一八五三年にも、同様の提案をめぐって議会の委員会において論争が起こるが、この時も結局、回転箱を設置または廃止するにあたっては内務大臣の命令などが必要であるという、いわば手続き上の妥協案が出されるにとどまり、問題の根本的な解決にはいたっていない。さらに普仏戦争の敗北に伴って人口問題がクローズアップされた一八七〇年代においてもこの問題は再び議論されており、三たび回転箱による受け入れの再開を求める提案が議会に出されている[23]。

この論争において、回転箱の再開を求める人々（以下「回転箱支持派」と表記）の主張は回転箱が捨て子の母親

図１－２　回転箱による捨て子の様子（アンリ・ポッタンの図案による印刷物『捨て子、回転箱の内と外』19 世紀初め、ルアン、フロベール・医学史博物館蔵（部分））

出典：MUSEE FLAUBERT ET D'HISTOIRE DE LA MEDECINE, *Les enfants du secret : Enfants trouvés du XVIIIe siècle à nos jours*, Paris, Magellan&Cie, 2008, p.9.

図１－３　受け入れ事務室による捨て子の様子（エドゥアール・ジュレ作『養育院にて－子捨て』1886 年、サンリス美術考古博物館蔵）

出典：MUSEE FLAUBERT ET D'HISTOIRE DE LA MEDECINE, *Les enfants du secret : Enfants trouvés du XVIIIe siècle à nos jours*, Paris, Magellan&Cie, 2008, p.164.

の家族の名誉を守る、あるいは回転箱の廃止によって堕胎や子殺しが増加しているというものであり、他方、回転箱による受け入れに反対する人々（以下「回転箱反対派」と表記）の主張は、従来の回転箱による無制限の捨て子受け入れは捨て子保護の支出を大幅に増加させるし、また未婚の母親などの不道徳なふるまいを助長することになるというものであった。したがって、ここでの論争は、基本的には財政や道徳、人口といった論点にかかわるものであった。

しかしこの問題は、家族への介入のありかたをめぐるものでもあった。ドンズロが指摘するように、一九世紀以前からおこなわれていた捨て子の規制なしでの受け入れは、家族にとって望ましくない要素である捨て子を秘密裏に隔離することで彼らの名誉を守り、統治の基盤としての家族の力を維持するという意味をもつものであった。[24]したがって、回転箱支持派の主張においては、権力が家族のありかたそのものに介入する契機は基本的に存在しなかったといえる。これに対して一九世紀前半以降の捨て子受け入れの規制と未婚の母親に対する「一時的援助」の支給は、支配階層の家族モデル、すなわちいわゆる近代家族規範[25]に即して民衆層の家族モラルを矯正するという、当時の支配階層、特に回転箱反対派の人々の民衆層に対する戦略の一部をなすものであった。すなわち論争自体がいかに他の問題を中心になされていたとしても、そこには家族介入による統治権力のあり方をめぐる対立が内包されていたと考えられる。

現場レヴェルでの「開放受け入れ制」の実践

では、こうした捨て子受け入れ方法をめぐる国政レヴェルでの対立の中で、捨て子保護の現場ではどのような選択がなされていたのか。前述のように、一九世紀前半以降、各地では回転箱の廃止が順次おこなわれており、受け入れに際しては厳しい規制がおこなわれるようになっていた。さらに一八七〇年代初めには普仏戦争敗北の影響もあって規制の手続きがより複雑となり、事前調査も厳しくなって警察の取り調べのような様相を呈することすらあった。実際、この時期には回転箱再開の提案を支持する県議会はかなり少なかったとされる[26]。

しかし一九世紀末になると、捨て子受け入れの現場では新たな方式が考案されるようになる。それは「開放受け入れ制 admission à bureau ouvert」と呼ばれるもので、子どもを連れてきた人間（母親など）がその身元を明かすのを拒否する場合、事前の調査をおこなわず、匿名で捨て子を受け入れるというものである。さらにこの方式は、担当の女性が在宅援助（「一時的援助」）を受けるよう勧めることで可能な限り捨て子を思いとどまらせるという点で、従来にはなかった方式であった。たとえば北仏セーヌ＝アンフェリウール（現セーヌ＝マリティム）県ではすでに一八七九年に受け入れの規制が廃止されており、またパリでも一八七八年以降受け入れ事務室において制限つきの受け入れがおこなわれなくなり、その後一八八六年にセーヌ県議会が捨て子養育院での「開放受け入れ制」を認める議決をおこなっている[27]。たとえばパリのダンフェール＝ロシュロー通りにあった養育院の受け入れ事務室の貼り紙には、当時以下のような内容が記されていた。

「捨て子をしに来られた方はみな、子どものための質問を受けることになりますが、答えなくても、あるいは情報を一部しか提供しなくても結構です。出生証明の提出も義務ではありません[28]。」

このような「開放受け入れ制」導入の動きはその後さらに広がりをみせ、一九〇三年にはこの方式を実践していた県の数は三二にのぼった[29]。こうした現場レヴェルでの実践の広がりは、やがて国政における改革へと連なることになる。

二〇世紀初頭における「開放受け入れ制」の制度化

こうした中、一九世紀末になると捨て子保護を含めた公的児童扶助全体の改革が取り組まれ、一九〇四年の児童扶助業務法として結実することになる。これは第一節でふれたように一九世紀初め以来の法規を統一・体系化したものであるが、同時に児童保護に関するいくつかの新たな措置も盛り込まれており、「開放受け入れ制」もこの時に生後七か月未満の子どもについて制度化され、捨て子の受け入れ方法をめぐる論争に一応の終止符を打つことになる。

前述の通り、「開放受け入れ制」はもともと現場レヴェルでの自発的な実践として始まったものである。では、そうした実践を国政レヴェルで制度化するにあたって、当時の為政者はどのような統治の論理を構築したのか。以下では第三共和政の児童保護政策の中心人物の一人で、一九〇四年法の制定に際しても上院検討委員会の議長兼報告者として改革の論調をリードした政治家テオフィル・ルーセルの言説を素材としてこの問題を検討する。

一八九八年七月、ルーセルは児童扶助業務改革案の検討委員会を代表して報告（及び委員会法案）を上院に提出した[30]。彼はここで、現行の「規制に基づく受け入れ」と回転箱による受け入れとの双方の歴史を振り返ってそれぞれの長所と短所を示し、「開放受け入れ制」が両者の長所を生かして両立させることができるシステムであることを示す。彼によれば、前者は捨て子保護の財政的なコストを削減できるが受け入れの際の秘密を守ることができない。一方後者は秘密を守ることはできるが、どんな状態の子どもでも区別なく受け入れてしまい、とりわけ母親に「一時的援助」を支給して子どもを育てさせることの妨げになる。これらに対して「開放受け入れ制」は「母親に対しては秘密を保証し、かつ子どもに対しては［在宅］援助の恩恵を受けられる可能性を保持する」（［　］内は筆者による。以下同様）ものである。ルーセルはこのような利点を挙げて、この捨て子受け入れ方式の採用を擁護した。

では、この「開放受け入れ制」は民衆家族に介入する統治権力として、どのような論理を内包するものであったのか。これについてルーセルはまず、回転箱による無差別の受け入れか受け入れの規制かという従来の選択肢のありかたそのものを批判する。もしこの二つしか選択肢がないのならば、「十中八九、母親は子どもを捨てることを選ぶ」。そしてもし捨て子の受け入れが拒否された場合、たとえ在宅での援助が受けられるとしても、母親が子どもを育てる気がなければ、子殺しまでいかなくとも世話の欠如などによって実質的に子どもの死を招いてしまう。しかし、母親が事前に十分な説明を受けた上で捨て子をするか否かを決められるようにすれば、こうした事態は避けられる。この点について、ルーセルは六年前に出された政府法案を以下のように引用する。

「確かに、母親が捨て子をかたく決意していることは起こり得る。［中略］。しかしそうでないこともある。通常、母親が不屈の決意をもって捨て子養育院に姿を見せることはない。つまり彼女はためらっているのである。母親はそこで言われることを聞いた上で、最後の決断をしようと思っているのである。」[31]

ここで注目すべきは、捨て子をしようとする母親の態度が決定的なものとはみなされていないことである。母親が実際に子どもと別れる瞬間に躊躇する時に「愛情のこもった言葉」をかけるならば、「感情の強い高まり」が打算的な考えを上回り、「母性愛の巻き返し」が起こる。母親が受け入れ事務室に来る際に、捨て子がどのような結果をもたらすか、あるいは自分で子どもを育てるためにどのような援助が得られるかといった点について、事前に十分な説明を受けることができれば、多くの場合捨て子を思いとどまらせることができる。さらに、こうした説得や説明を受けても母親の決心が変わらないケースについては、強制的に子どもを育てさせることはせずにそのまま捨て子を受け入れるのが、子どもの死を防ぐという観点から望ましい。つまり、母親の選択に応じて捨て子の受け入れと「一時的援助」の支給という二つの方式に常に対応できるようにすべきというのが、ここでのルーセルの主張であった。こうした主張に支えられた「開放受け入れ制」の提案は、その後の議会審議においても大きな反対を受けずに可決されることになる。

以上のように、回転箱による捨て子の制限なしの受け入れか受け入れの規制かという論争に際して、ルーセルら当時の為政者は現場レヴェルで拡大しつつあった「開放受け入れ制」という、いわば第三の受け入れ方法を制度化することでその決着を図った。ドンズロはこの論争について、もともと家族の力を維持するために設置された回転箱が、子どもの保護が重視されるにつれて、「一時的援助」(後には家族手当)による家族介入に取って代わられるとしているが、[32]一九世紀末以降の捨て子保護システムとは、回転箱による無制限の受け入れと受け入れの規制という、いわば新旧のシステムの妥協的産物であったといえる。

そしてこの妥協を可能にしたのは、捨て子をしようとする母親は基本的にそれをためらっており、多くの場合対話と説明によって思いとどまらせることができるという為政者の想定であった。しかし捨て子という行為がそもそも母親の感情だけの問題ではなく社会経済的要因によっても左右されるものであった以上、この想定が捨て子の現実と一定のズレをきたした可能性は否定できない。その意味において、ここでの児童保護の論理はシェイファーが指摘するように、妥協や矛盾を内包するものであったといえる。

しかし一方で、ここでの捨て子受け入れをめぐる妥協こそが、結果として民衆層の自発的選択に応じてそのつど柔軟に私生活への介入をおこなうかどうかを決定するという、ある種の巧妙かつ効率的な統治の論理を成立させたとみることも可能であろう。ここでの効率性は為政者が当初から意図していたものではなく、半世紀以上にわたる児童保護のありかたをめぐる論争を終わらせるという現実的な必要性から生まれたものであった。そしてこの新たなシステムはまた、個人の自発性を重んじるという点で、同じ時期にフランス社会に定着した共和主義体制に適合的な方式でもあった。このように、児童保護における統治権力の論理が、その内部に妥協や矛盾をはらみつつも、同時に時代状況に即した性格を刻印されていた点もまた、見逃してはならないように思われる。

注

（1）アンシャン・レジーム期における捨て子救済については、以下の文献を参照。LALLEMAND, Léon, *Histoire des enfants abandonnés et délaissés : études sur la protection de l'enfance aux diverses époques*, Paris, Alphonse Picard/Guillaumin et Cie, 1885（Kessinger Legacy Reprints）, Livre III-ch.I et VII : DUPOUX, Albert, *Sur les pas de Monsieur Vincent : Trois cents ans d'histoire parisienne de l'enfance abandonnée*, Paris, Revue de l'Assistance publique à Paris, 1958, ch.III-VII ; フランソワ・ルブラン、藤田苑子訳『アンシアン・レジーム期の結婚生活』慶應義塾大学出版会、二〇〇一年（原著一九九八（初版一九七五）年）、一九九〜二〇八頁、林前掲書第一章、二宮宏之「七千人の捨児 ―十八世紀パリ考現学―」同『全体を見る眼と歴史家たち』木鐸社、一九八六年所収、二三三〜二七三頁。なお、当時の地方における子どもの救済について、邦語文献では藤田苑子『フランソワとマルグリット　一八世紀フランスの未婚の母と子どもたち』同文館、一九九四年の第Ⅱ部に詳しい。

（2）“enfant naturel”は嫡出子でない子どもの呼び方であり、「実定法上の保護を受けない自然法上の存在」という意味であるが、「自然子」という訳語はここでは不自然なので、あえて「子ども」とのみ訳した（稲本要之助『フランスの家族法』東京大学出版会、一九八五年、五七頁）。

（3）革命期及びナポレオン期の児童保護については、以下の文献を参照。LALLEMAND, *op.cit.*, pp.250-261 ; DUPOUX, *op.cit.*, pp.127-134 ; IMBERT, Jean, *La protection sociale sous la Révolution française*, Paris, Association pour l'étude de l'histoire de la sécurité sociale, 1990, pp.219-226 et 422-428 ; 林前掲書、一九八〜二〇五頁、及び同書資料編三八七〜四〇五頁。

（4）フランス語の「未婚の母親 fille-mère」という語には軽蔑的な意味合いが含まれるが、本書でこの語を用いる場合はそのようなニュアンスを含まず、単に「結婚していない状態で子どもを産んだ女性」という意味で使用する（BRUNET, *op.cit.*, p.6, note 1）。

（5）これらの点については、本書第四章第一節を参照。

（6）一九世紀の民間児童保護事業の詳細については、本書第六章を参照。

（7）本書第三章第一節を参照。

（8）このうち、母子保護制度は母親の産前・産後検診、子どもの健康手帳交付、乳幼児検診などを含み、児童社会扶助制度は一九〇四年法における捨て子や虐待を受けた子どもなどの保護を引き継いだものである。なお、本書では第二次世界大戦中のヴィシー期の児童保護についてほとんど言及できなかった。

（9）BOLTANSKI, Luc, *Prime éducation et morale de classe*, Paris, Editions de l'EHESS, 1984 (1969). なお、この研究はフランスの社会学者ブルデューの指導の下に書かれている。

（10）DONZELOT, Jacques, *La police des familles*, Paris, Les Editions de Minuit, 1977（宇波彰訳『家族に介入する社会 ―近代家族と国家の管理装置―』新曜社、一九九一年）; MEYER, Philippe, *L'enfant et la raison d'Etat*, Paris, Seuil, 1977. また同様の内容を含むものとして、JOSEPH, Isaac et FRITSCH, Philippe, *Disciplines à dominicile : l'édufication de la famille*, Fontenay-sous-Bois, Recherches, 1977 も参照。なおわが国においては、阪上が同様の見解を示している。阪上孝『近代的統治の誕生 ―人口・世論・家族―』岩波書店、一九九九年、二八一頁。

（11）「社会的統御」の考え方については、以下の論稿を参照。HIGGINS, Joan, « Social Control Theories of Social Policy », *Journal of Social Policy*, v.9, n.1, 1980, pp.1-23.

（12）この講演の内容は翌年に邦訳されている。ミシェル・ペロー、福井憲彦訳「私的領域と権力 ―十九世紀フランスの私生活と政治から―」『思想』第七六五号、一九八八年、二五～三九頁。さらにこの論文は翌年に「私生活と政治 ―家族・女・子供―」のタイトルで彼女の論文集（ペロー前掲論文参照）に収録されている。

（13）ただし、一九世紀前半に関しては、児童保護と私生活介入との関係を否定する見解も存在する（DUPRAT, Catherine, *Usage et pratiques de la philanthropie : pauvreté, action sociale et lien social, à Paris, au cours du premier XIXe siècle*, v.2, Paris, Association pour l'étude de l'histoire de la Sécurité sociale, 1997, 3ème partie, pp.583-586）。

（14）KSELMAN, *op.cit.*, ch.4.

（15）LYNCH, Katherine, *Family, Class, and Ideology in Early Industrial France : Social Policy and the Working-Class Family, 1825-1848*, Madison, University of Wisconsin Press, 1988.

（16）WEISSBACH, Lee Shai, *Child-Labor Reform in Nineteenth-Century France : Assuring the Future Harvest*, Baton Rouge & London, Louisiana State University Press, 1989.

（17）ROLLET-ECHALIER, Catherine, *La politique à l'égard de la petite enfance sous la IIIe République*, Paris, PUF/INED, 1990.

（18）KNIBIEHLER, Yvonne（pré）, *Nous, les assistantes sociales : naissance d'une profession : trente ans de souvenirs d'Assistantes sociales françaises*（*1930-1960*）, Paris, Aubier Montaigne, 1980. なお、この研究に序文を寄せている史家レモンは、ソーシャルワーカーの実際の活動が政治的な意味合いとは大きくかけ離れていたことを強調している（*ibid.*, pp.10-11）。

（19）VIET, Vincent, *Les voltigeurs de la République : l'inspection du travail en France jusqu'en 1914*, 2 vols, Paris, CNRS Editions, 1994 ; DE LUCA, Virginie, *Aux origines de l'Etat-providence : les inspecteurs de l'Assistance publique et l'aide sociale à l'enfance*（*1820-1930*）, Paris, INED, 2002.

（20）CHAUVIERE, Michel, LENOEL, Pierre et PIERRE, Eric et al., *Protéger l'enfant : raison juridique et pratiques socio-judiciaires XIXe-XXe siècle*, Rennes, PUR, 1996, p.12.

（21）SCHAFER, Sylvia, *Children in Moral Danger and the Problem of Government in Third Republic France*, Princeton University Press, 1997.

（22）SENAT, *RAPPORT fait, au nom de la Commission chargée d'examiner le projet de loi sur le service des enfants assistés, par M. Théophile Roussel, sénateur*, Annexe au procès-verbal de la séance du 8 juillet 1898（N.283）, Paris, P. Mouillot,（s.d.）（以下 *RAPPORT de Roussel*（*1898*）と略記）, p.65.

（23）これらの論争については、POTASH, Janet Ruth, *The Foundling Problem in France, 1800-1869 : Child Abandonment in Lille and Lyon*, Ph.D, diss., Yales University, 1979, pp.84-89, 90-91, 133 ; FUCHS, Rachel Ginnis, *Abandonned Children: Foundlings and Child Welfare in Nineteenth-Century France*, Albany, State University of New York Press, 1984, pp.43-45, 54-55 ; LALLEMAND, *op.cit.*, pp.346-361 などを参照。

（24）DONZELOT, *op.cit.*, pp.29-30, 49（前掲訳書、二八〜二九、五四頁）。

（25）本書において「近代家族規範」とは、具体的には母性愛や子ども中心主義、男女の性別役割分担などを指すものとする（姫岡とし子「近代家族モデルの成立」『岩波講座世界歴史一七　環大西洋革命』岩波書店、一九九七年所収、二一七頁）。

（26）以上、ROLLET-ECHALIER, *op.cit.*, pp.147-148.

（27）ROLLET-ECHALIER, *op.cit.*, p.148.

（28）ROLLET-ECHALIER, *op.cit.*, p.148.

（29）ROLLET-ECHALIER, *op.cit.*, p.149, note（63）.

（30）以下のルーセルの議論については、*RAPPORT de Roussel (1898)*, pp.59-80, 94を参照。
（31）*Ibid.*, p.78.
（32）DONZELOT, *op.cit.*, pp.29-33（前掲訳書、二八～三三頁）

第2章　第三共和政における児童保護の論理
――「不幸な子ども」をめぐる議論を中心に――

第一章では、統治権力という観点からフランス近現代の児童保護の概略とこれまでの研究状況を整理し、一九世紀の捨て子受け入れ方法をめぐる論争の帰結として成立した捨て子の「開放受け入れ制」が、先行研究が指摘するような妥協や矛盾だけでなく、時代状況に裏打ちされた効率性をも内包していたことを明らかにした。これに対して本章では第三共和政の児童保護の論理について、その複数性・多様性という観点から検討する。

前章にてみたように、ドンズロやメイエといった一九七〇年代のフーコーの権力理論の影響を受けた研究者は、近現代における児童保護の形成を民衆家族の管理統制戦略の一環として把握した。しかし近年、近現代における統治権力の歴史そのものに関して、それを同一の論理に基づく拡散・包摂の過程として捉える見方に疑義が唱えられている。たとえばフランス福祉国家形成の思想史的過程に関する著作を発表した田中は、フーコー以降の統治権力研究が一九世紀以降に関して、単一の論理に基づく「統治権力の一方的な拡散」を強調する傾向にあるとした上で、むしろそうした権力を支える論理が多様なものであった点を指摘する。彼によれば、二〇世紀の福祉国家とは社会政策に対する支配階層間の合意の形成によって成立したのではなく、むしろその出発点から複数の論理の対立を内包するものであった[1]。事実、児童保護に関しても為政者の議論を一瞥するならば、そこに見解の相違や意見対立を容易にみてとることができるのであり、この点を考慮するならば、児童保護政策の形成とは民衆層の私的領域への介入や社会的統御に関する為政者間のコンセンサスの結果ではなく、むしろそれらをめぐる論理の対立を引き起こすものであったと考えられる。

第三共和政期の児童保護政策に関する為政者の議論の分析はいくつか存在するが、こうした点に着目した研究はほとんどみられない。その中で前述のクセルマンの研究は、児童保護をめぐる為政者間の議論の対立を強調している点で、本章の視角と最も近いものである[2]。しかし、それぞれの議論の内容や対立の結果などについては十分に明らかにされていない。為政者、特に共和派は児童保護のどのような点をめぐって対立し、それは政策にどのような性格を付与することになったのか。本章は、こうした点を念頭において児童保護政策の論理を明らかにすることを目的とする。

図2－1　テオフィル・ルーセル
（1816 ～ 1903 年）

出典：フランス国民議会の HP（http://www.assemblee-nationale.fr/sycomore/fiche.asp?num_dept=8405 最終確認日：2016 年 10 月 27 日）

ところで、第三共和政期の児童保護政策のうち、一八八〇年代の共和政確立以降に為政者が取り組んだのが、捨て子や親から放置された子ども、また虐待を受けた子どもの保護であった。当時「不幸な子ども enfance malheureuse, enfants malheureux」[3]と総称されたこれらの子どもの保護をめぐる議論は、一八八九年の児童保護法、一八九八年の児童虐待処罰法、そして一九〇四年の児童扶助業務法といった法律に帰結することになる。これらの法律は、児童虐待に対する親権剥奪 déchéance de la puissance paternelle の制度化、また公的な児童扶助制度の体系化といった点で、この時期における児童保護改革のいわば到達点を示すものであった。(4) そのため本章ではこの「不幸な子ども」の保護をめぐる議論を具体的な検討対象とする。

そして、この「不幸な子ども」の保護に関して中心的役割を果たしたとされるのが、当時穏健共和派の上院議員であり、前章でも取り上げたルーセル（図2―1）である。彼は当時所属していた監獄総協会 Société générale des prisons という博愛団体において一八七〇年代からこの問題を検討しており、(5) 一八八一年一月に同協会所属の議員数人と共に、「捨てられ、放置され、あるいは虐待された子ども」の保護に関する議員法案を上院に提出した。(6) この法案は同年一二月に提出された政府法案とともに検討委員会の討議に付されたが、ルーセルはこの委員会にも席を占め、翌年七月に委員会を代表して、二つの議会調査を含む報告（及び法案）を上院に提出した。(7) 以下、第一節では、この議員法案及び委員会報告の内容を中心にルーセルの児童保護構想について検討し、第二節ではその構想の制度化をめぐってどのような議論がなされたのかを検討したい。

第一節　ルーセルの児童保護構想

第三共和政期の児童保護政策の中心人物とされるルーセルは、すでに一八七〇年代から国民議会議員として児童保護政策の策定にかかわっていた。特に一八七四年一二月の乳幼児保護法は「ルーセル法」の通称で知られる。(8) その彼が一八八〇年代以降取り組んだのが、「不幸な子ども」の保護であった。

それでは、彼はいかなる理由からこれらの子どもの保護を主張したのであろうか。まず指摘すべきは、ルーセルにとって、「不幸な子ども」の保護とは、治安維持としての意味を持っていたことである。彼は一八七九年二月に監獄総協会において少年院での感化教育 éducation correctionnelle の改革に関する報告をおこなっているが、その中で彼は、すでに罪を犯して拘留された子どもに対して矯正を施すよりも、そのような青少年犯罪者の温床となっている「不幸な子ども」に対する保護や教育が急務であるとしている。(9) つまり、犯罪を未然に阻止するためには、その予備軍である彼らの保護・教育こそ重要であるというのが彼の主張であった。事実、パリ・コミューンの影響などによって社会情勢が不安定であった一八七〇年代において、親の虐待などによる子どもの浮浪や物乞いといった犯罪は、当時の支配階層の大きな懸念材料となっていたのである。(10)

しかし、「不幸な子ども」の保護は単なる治安対策にとどまるものではなく、共和政そして産業社会に適合的な人間を形成するという、より広範な社会的課題に対応するものでもあった。ルーセルは一八八三年の上院審議において、文明の目的は物質面での進歩ではなく、そうした進歩に対応できる「道徳的な人間」を形成することだと述べている。(11) 当時は公教育大臣ジュール・フェリーのもとで義務化・無償化・世俗化（非宗教化）を柱とする初等教育政策が整備された時期であり、「不幸な子ども」の保護もまた教育の一環として構想されていた。これについてルーセルは以下のように述べる。

「共和国政府は、民衆教育を組織するためには努力も納税者の金も惜しみません。しかし、われわれの公教育システムが国民教育のうち、わが国の平和、安全、名誉にとってきわめて重要な部分をなおざりにしていることは明らかです。それは捨てられ、放置され、あるいは虐待された子どもに対する予防教育 éducation préventive であります。(12)」

では、こうした観点からみた場合、従来の児童保護にはどのような問題があったのか。ルーセルによれば、それは第一に、公的扶助が捨て子や孤児しか受け入れず、それ以外の「不幸な子ども」、すなわち親から放置された、あるいは虐待された子どもは慈善事業のみが引き受けていること、しかもその活動は不十分かつ地域的にも分散しており、相互の連携や調整もなされていないことであった。そして第二に、そうした子どもをあずかる施設は親が親権に基づいて子どもの引き取りを申し出る場合にそれを拒否できず、その結果子どもが再び親の悪影響にさらされ、やがて犯罪などに手を染めてしまうことであった。[13] ルーセルの児童保護構想の目的は、この二つの問題を解決しうるような新たな児童保護システムの構築にあった。

それでは、彼の構想する児童保護システムとはどのようなものであったのか。まず保護の対象となる子どもについては、従来の公的扶助が「不幸な子ども」のうち一二歳未満の捨て子のみを対象としていたのに対し、未成年の捨て子（「捨てられた子ども」）、親から放置された子ども（「放置された子ども」）、親からの虐待を受けた子ども（「虐待された子ども」）がすべて公権力の保護の対象とされた。

彼らの託置 placement、監護、教育、支援などに関する措置は、県の青少年教育支援委員会 Comité départemental d'éducation et de patronage が決定し、県の知事（セーヌ県では警視総監）がそれを執行するとされた。[14] この県委員会には官僚や地方議員、公的扶助機関の人間だけでなく、慈善事業の関係者も席を占めるとされた。実際に子どもを保護する機関は上記の手順に従って公的扶助機関や慈善事業、あるいは個人の中から指名された。保護された子どもは公権力の監視下に置かれ、知事は場合によってはその監護権 garde[15] を取り上げて別の機関に付託することができたが、その際も県委員会の同意が必要であった。ルーセルはこうした児童保護システムについて、「不幸な子ども」の保護を「取り調べの意図も党派的心情もなしに、未成年の利益のみに配慮して」おこなうためには、「これら自由な勢力の協力と支持をいたるところで獲得することが不可欠」であり、それらに地位を与えて権利を認め、行政機関と競合させなければならないと述べる。[16] すなわち彼は、児童保護の円滑な実施の観点から慈善事業など民間の機関の役割を重視しており、それらを政策の中に組み込んで積極的に活用することをめざしていた。他方でこうした慈善事業の組織化は、国家の財政負担の軽減と市民の公的活動への参加という観点からも望ましいとされていた[17]。

一方、親権に基づく子どもの引き取りの問題に関しては、親の悪影響から彼らを引き離すための措置が規定された。まず「虐待された子ども」に関しては、裁判所が子どもの親の親権を剥奪できることが定められた。親権剥奪規定自体はすでに一八一〇年の刑法典及び一八七四年の児童保護改革において規定されていたが[18]、委員会報告では剥奪の事由が大幅に拡大され、児童虐待に対しても適用されることになった。ただしルーセルは、親権とはそもそも子どもの教育を目的とするものであり、親権剥奪はそうした親権のありかたから逸脱した「濫用」や「行き過ぎ」に対してのみおこなわれると述べ、親権への介入に関して慎重な姿勢を示してもいた[19]。また「放置された子ども」についても、親が子どもの養育義務を果たせないことを申告して治安判事がこれを承認すれば、親権にかかわる諸権利を放棄できるとされた。さらに行政機関や慈善事業や個人は、「父母または後見人の干渉なく」子どもを受け入れて三か月が過ぎた場合、親権にかかわる諸権利を行使できるとされた。これらの親権の剥奪や放棄に関する手続きは司法権力の管轄とされたが、その場合でも県委員会が子どもの最終的な保護措置を決定するとされた。

以上のように、ルーセルの児童保護構想は、治安維持と共和主義的市民の育成という当時の共和政にとって切迫した二つの課題に対応すべく、新たな保護システムの構築を目指すものであった。ここでの児童保護は私生活に対する一定程度の介入を含むものであったが、行政機関のみによって担われるものではなかった。児童保護は「第一級の社会的事業」とされ、慈善事業の積極的な関与が前提とされていた[20]。前述のように民間の児童保護施設の大部分は修道会系施設であり、当時は初等教育の世俗化（非宗教化）をめぐって共和政とカトリック教会とのヘゲモニー闘争が激化した時期であるが[21]、ルーセルはそうした宗教団体と世俗国家との間の不信や反感が児童保護に支障をもたらしているとして、両者の協力を訴えていた[22]。

では、彼の児童保護構想は議会においてどのような議論を引き起こし、またどのような形で制度化されたのだろうか。次節ではこの問題について検討する。

第二節　「不幸な子ども」の保護の制度化

(一) 一八八九年児童保護法の成立

上院における法案審議

ルーセルらの委員会法案は一八八三年四月から上院において審議された。その主な改革点である「虐待された子ども」の親に対する親権剥奪規定と、児童保護システムにおける慈善事業の組織化に対する議員の反応はどのようなものであったのだろうか。

まず親権剥奪規定に関しては、前述の通りルーセルらの立場は穏健なものであり、内務大臣のヴァルデック＝ルソーも審議冒頭の全体討論において、「社会が乱暴かつ不当に家族の自然かつ正当な権利に取って代わる」ことがあってはならないとの見解を示していた。(23) にもかかわらず、王党派の議員は親権や家族の擁護を掲げて委員会法案を批判した。たとえばドゥ・ガヴァルディは、親権剥奪規定は子どもの父親の権威に対する反抗を招き、「社会の安定にとって重要な要素」である家族を弱めることになると主張した。(24) またレオン・クレマンも、ルーセルらは家族のきずなの重要性を十分に理解していないと批判した。(25)

しかし王党派も自らが議会多数派を占めていた一八七〇年代には、親権への介入について共和派とほぼ同様の主張を展開していた。一八七四年児童労働法の法案検討委員会報告者であったウジェーヌ・タロンは、自分達は「子どもの父親に対する敬意」や「家庭制度 institutions domestiques の力」を弱めるつもりはないが、父親が親権の義務を果たさず、家計の都合や自らの「貪欲さ」から子どもを働かせるといった「濫用」や「搾取」をおこなうならば親権を剥奪され、子どもの後見監督権が社会に付託されることになると述べている[26]。すなわち共和派も王党派も、児童保護の観点から親権の「濫用」への介入は必要という立場において一致していたと言える。このことを考慮するならば、王党派の親権剥奪規定への反対は、政治的少数派としての立場から共和派による私生活介入を回避するためのものであったと考えられる。

一方で慈善事業の組織化、特に県委員会の設置をめぐって反対したのは、主にルーセルらと同じ共和派の政治家であった。全体討論において内相のヴァルデック＝ルソーは、この新たに設置される委員会への疑念を表明し、むしろ既存の児童保護組織を改善すべきという立場を示した[27]。さらに県委員会の具体的な権限をめぐっては、ルーセルに比較的近い立場の議員からも異論が出された。監獄総協会のメンバーで一八八一年児童保護法案の共同提出者の一人であるルネ・ベランジェは、県委員会が慈善事業における子どもの受け入れや引き取りなどに関する権限も有するならば、事業への統制が強まり、「慈善を生じさせる主要な原動力を奪うことになる」として、その権限を児童保護施設の監視などに限定することを求めた。彼によれば、県委員会が慈善事業に関する広範な権限を有することは、国家が慈善を分配する「国家社会主義の構想」に行きつくものであった[28]。

以上のように、上院審議においてはルーセルの児童保護構想の二つの改革点をめぐって対立がみられたが、そのうち重要なのは慈善事業の組織化をめぐる対立であった。この問題をめぐっては共和派の内部でもコンセンサスが存在しておらず、政府や議員の一部はルーセルらと異なる見解を示していた。しかし上院ではそうした意見が大勢を占めるには至らず、委員会法案は同年七月に可決され、下院に付託されることになった。

下院における法案の付託の改変

上院からの法案の付託を受けて、一八八四年五月に下院の法案検討委員会は委員会報告及び法案を提出したが、これは上院可決法案の内容を基本的に引き継ぐものであった。しかしこの委員会法案は会期終了まで審議されることはなかった。その後一八八五年の選挙を経て翌年七月に再び法案が提出されるが、その実施が大幅な財政負担増を招くことになるという理由から、負担額の具体的な予測が立つまで審議は延期されることになった。[29] こうした中、政府は財政負担の調査に時間がかかることなどを理由として、上院可決法案のうち、「放置された子ども」と「虐待された子ども」の保護に関する部分を先に立法化する方針を示し、一八八八年一二月に「虐待された、あるいは精神面で遺棄された moralement abandonnés 子どもの保護」に関する政府法案を下院に提出した。[30] これを受けて翌年一月に法案検討委員会報告が出されるが、ここでの法案は五月の審議においてほとんど議論を呼ばずに可決され、新たに上院に付託されることになった。

それでは、下院の議員はルーセルの児童保護構想に対してどのような反応を示したのだろうか。まず、先にみたように、「放置された子ども」と「虐待された子ども」の保護に関して、下院ではほとんど議論はなされなかった。このことから、親権剥奪規定などについては上院と同じく為政者間のコンセンサスが存在していたと考えられる。

次に慈善事業の組織化については、下院の議事録から為政者の態度を明らかにすることは難しい。しかし法案や議会報告からある程度推測することは可能である。まず先の政府法案では、親権を剥奪された親の子どもは捨て子や孤児と同じく公的扶助機関が保護することが規定されていたが、下院においてこの措置はそのまま可決されている。[31] このことは、下院もまた、「不幸な子ども」を保護する組織として既存の公的扶助システムを志向していたことを示している。

さらに、下院でも一八八〇年代初めに共和派議員からいくつかの児童保護法案が提出されたが、それらはすべて国家による児童保護の強化を求める内容のものであった[32]。たとえば穏健共和派のカーズは一八八〇年一二月に提出した法案において、「国家は［児童保護に関して］できる限りのことをおこなわなければならない」と述べ、物乞いや浮浪行為をおこなった子どもなどを受け入れる「国立孤児院」の設置を主張している[33]。下院の発議委員会も、この法案のもたらす「莫大な負担」に言及しながらも、提案者の主張に賛同した[34]。これらの法案はいずれも立法化されなかったと思われ、下院共和派の見解を代表するものとは言えないが、下院においては児童保護に関して慈善事業の組織化ではなく、国家の関与の強化を重視する主張が少なからず支持を得ていたと考えられる。

下院可決法案が上院に付託されると、一八八九年七月にルーセルが再び法案検討委員会を代表して、下院による一八八三年上院可決法案の改変・縮小に対する意見を述べた。彼は下院の措置に不満を示したものの、親権剥奪に関する改革の遂行が急務であるとし、とりあえず現在の下院可決法案を修正なしで可決することを提案した[35]。そして七月一三日に法案は上院で可決され、一八八九年児童保護法として成立することになった。

以上のように、ルーセルの児童保護構想は政府と下院によって大幅な改変を被ることになった。その結果、為政者の間でコンセンサスが存在していた親権剥奪規定などについては制度化されたが、共和派内でも議論が分かれた県委員会の設置については先送りされた。そしてこの委員会の設置はその後も実現することはなかった。ただし、慈善事業が児童保護システムから排除されたわけではなかった。児童保護法では公的扶助機関が「虐待された子ども」の保護を慈善事業に委託できるなど、公権力（裁判所・公的扶助機関）と慈善事業とのネットワークが初めて成立した[36]。しかし慈善事業が児童保護措置の決定に参加することは想定されず、あくまでも政策の実施機関として位置づけられるにとどまった。

（二）一八九八年児童虐待処罰法の成立

ルーセルの児童保護構想のうち、「放置された子ども」及び「虐待された子ども」の保護に関しては、一八八九年の児童保護法の成立によって一応の制度化をみた。しかし「虐待された子ども」をめぐる問題はその後も議論され、一八九八年に新たに児童虐待処罰法が成立することになる。これは児童虐待に対する世論の高まりを受けてその厳罰化を定めたものであるが、同時に「虐待された子ども」の保護措置についても規定しており、ここで慈善事業の組織化の問題が改めて議論されることになった。

児童虐待に関する新たな法律制定の口火を切ったのは、アンリ・コシャン、ジュリアン・グージョン、オディロン＝バロといったさまざまな政治党派に属する議員であった[37]。彼らは一八九七年一月から児童虐待に関する法案を相次いで提出し、それらは下院の法案検討委員会においてひとつの法案にまとめられた[38]。そして同年六月に下院で緊急可決された後に上院に付託され、翌年三月に前述のルネ・ベランジェによって委員会報告（及び法案）が提出された[39]。この法案では児童虐待の厳罰化のほかに、虐待された子ども（及び犯罪児童）の監護権を裁判所が親から剥奪して子どもの親族や慈善団体、あるいは公的扶助機関に委託できることが定められた[40]。しかし上院審議において、これらの措置は特に議論を呼ばなかった。王党派からの政治的な反対すら起こらなかったことは、児童保護のための私生活介入に対するコンセンサスがこの時期になるとさらに確立し

図２−２　ポール・ストロース
（1852 〜 1942 年）
（彼はルーセルとともに、またその死後も児童保護政策に尽力した）

出典：フランス上院のHP（http://www.senat.fr/senateur-3eme-republique/strauss_paul1334r3.html　最終確認日：2016年10月27日）

ていたことを示すものと言える。

これに対して上院審議の争点となったのは、ルーセルと急進（共和）派の議員ポール・ストロース（図2―2）が提案した追加条項案であった。従来、刑事訴訟において提訴は被害を受けた本人または検事がおこなうとされていたが、[41]彼らは児童保護団体が子どもに代わって児童虐待を訴追できることを提案した。[42]これは、慈善事業の組織化の構想を訴追権の付与という形で改めて提示したものといえる。[43]ストロースはこの提案について、児童保護のためには子どもへの加害行為や虐待を熟知する必要があるとした上で、人々は警察や検事局に虐待を訴えることには強い嫌悪感を示しており、児童保護団体に出頭できるならば情報提供が確実になされるだろうと述べている。さらに彼は、こうした情報収集のためには児童保護団体をまとめあげ、公権力の「善意の協力者」として組織化することが必要であるとも主張していた。[44]

民間団体への訴追権の付与はすでに二年前の一八九六年に監獄総協会の会合において取り上げられており、[45]この追加条項案は上院の法案検討委員会によって承認され、さらに慈善事業の組織化に消極的であった政府もこれを支持した。[46]当時の法務大臣ミリヤールは、児童虐待が若者による犯罪を生み出しているとした上で、虐待された子どもは加害者を自分で告発できないのだから、彼らを保護するために設立された団体が検事局を補佐するのは自然なことであると述べている。[47]ここからは、治安維持の観点から社会の広範な勢力による児童保護を求めるという、ルーセルと同様の姿勢をみることができる。

しかしこの追加条項案は議員から激しい批判を受け、最終的に圧倒的多数で否決されることになる。[48]その背景にあったのは共和派と王党派・カトリックとの対立であり、特に共和派の修道会系施設に対する不信感であった。[49]カトリックの影響力が強い児童保護団体への訴追権の付与は、彼らにとっていわば敵対勢力による人々の私生活への介入を許すことに他ならず、容認できるものではなかった。たとえばルポルシェは、児童保護団体に訴追権が認められれば、それは「一種の裏の警察権」を行使して家庭の中に入り込むことになるとする。さらに彼は児童保護団体による虐待の取り締まりが「家庭の父親と母親の自由な意志をゆがめる」ことになるとし、「家族を尊重し子どもを保護するのに、どうして得体の知れない者に何だかわからぬ権限を与え、絶えざる脅しによって家庭の父親すべての自由と行動に圧力を加えさせなければならないのでしょうか」と述べている[50]。同様に王党派の議員も、共和派の団体への不信から訴追権の付与を「容認しがたい取り調べ」になるなどと主張した[51]。このように、多くの議員は虐待された子どもの保護の重要性を認めつつも、児童保護団体の権限拡大による効率化に対しては反対の姿勢を崩さなかった[52]。これに対してストロースは家庭における児童虐待の深刻な状況を訴えたが、彼らを説得するには至らなかった[53]。結局、この追加条項案の否決後、法案は下院での審議などを経て、同年四月に立法化されることになる。

以上のように、ルーセルらが目指した慈善事業の組織化は、一八九〇年代において新たに議論の対象となり、政府の支持を得るまでに至るが、やはり完全に実現することはなかった。先行研究が指摘するように、一八九八年の児童虐待処罰法では子どもを委託する機関として慈善団体が公的扶助機関よりも先に名前が挙げられるなど、慈善事業は為政者によっていっそう重視された[54]。しかしその役割は、一八八〇年代と同じく政策の実施機関という範囲にとどまるものであった。

最後に、「不幸な子ども」のうち、一二歳以上の「捨てられた子ども」については、一八九〇年代以降の公的扶助改革の議論においてようやく取り上げられることになる。ここでもルーセルが上院の検討委員会報告を担当し[55]、一九〇四年の児童扶助業務法では「放置された子ども」や「虐待された子ども」と同様に公的扶助の対象として明記された[56]。こうして「不幸な子ども」の保護は、最終的に既存の公的扶助システムの改革という形で決着することになった。

小括

以上、ルーセルの児童保護構想を軸として、第三共和政期における「不幸な子ども」の保護をめぐる為政者の議論を検討した。児童保護の拡大、そしてその際の一定程度の私生活介入の必要性については、王党派からの反対はみられたものの、為政者の間に広範なコンセンサスが存在したといえる。これに対して、慈善事業の政策参加のありかた、すなわち児童保護における公権力と慈善事業との関係をめぐっては、共和派の内部でもさまざまな論理が存在した。それらはおおむね以下の二つに収斂するように思われる。

ひとつは本章で中心に検討した、ルーセルやストロース、ベランジェといった政治家にみられる論理である[57]。彼らは政治家であると同時に、監獄総協会などの民間団体においても児童保護の問題に携わっていた[58]。彼らは児童保護の拡大と効率化のために従来の保護システムを大幅に改編し、慈善事業に公権力とほぼ同等の権限を与えることでそれらを政策に積極的に参加させ、両者の密接な協力関係を構築することを意図していた。共和政とカトリックとの関係についても、彼らは児童保護に関して両者の協力関係が保たれるべきとしていた。「不幸な子ども」の保護を最初に主導したのは彼らのグループであり、一八九〇年代には政府の支持を得るにいたった。

もうひとつの論理は、ルーセルらと同じく児童保護において慈善事業に一定の役割を付与するが、その一方で児童保護の拡大や効率化は基本的に既存の公的扶助システムの改革や国家機関の創設などによっておこなわれるべきとするものであった。彼らは「不幸な子ども」の保護の必要性を認めつつも、修道会系施設への不信感から、あるいは改革への不安から、児童保護システムの大幅な改編には終始反対の姿勢を示した。最終的に議会の大半を占めたのはこうした主張であり、その結果、「不幸な子ども」の保護における公権力と慈善事業との協力関係は実現したものの、当初の構想よりも部分的なものにとどまった[59]。以上のように、児童保護政策の形成は単なる為政者の統治構想の実現ではなく、構想の具体的な内容をめぐる複数の論理の対立を示すものであった。

最後に、「不幸な子ども」の保護をめぐるこうした議論は、その後の私生活介入のありかたにひとつの特徴を刻印するものであったことにも注意が払われなければならない。すなわち、為政者内部の論理の対立は、ルーセルらが構想したような広範な社会的基盤に立脚する真に効率的な児童保護システムの構築を阻む方向に作用したのであり、そのため共和政の私生活介入システムは、その形成の段階からある意味において、効率性の面での限界を孕んだものとなったのである[60]。こうした限界の背景に当時の共和政とカトリックとの間のヘゲモニー闘争が存在したことは、当時の共和派の私生活介入の性格そのものを再検討する必要性を示唆しているとも言える。

注

（1）田中前掲書、特に一四、一八頁。ただし同書は思想史的研究であり、著者自身認めているように社会政策の立法過程の分析に重点が置かれているわけではない。これに対して本章は、社会政策の論理の複数性や対抗関係の問題を立法過程に即して明らかにすることを意図している。

（2）KSELMAN, *op.cit.*, pp.195-203.

（3）本章でも以下、この語を捨て子、親から放置された子ども、親から虐待を受けた子どもの総称として用いることにする。ただし、こうした呼称が為政者だけでなく当時の社会一般において使用されていたのかについては確認することができなかった。

（4）これらの法律に関しては、SCHAFER, *op.cit* を始めとしてすでに多くの研究が存在するが、日本語文献としては以下のものを参照。河合務「フランス第三共和制前期における「父権」批判と児童保護政策　―Th・ルーセルと一八八九年児童保護法」『日本教育政策学会年報』第八号、二〇〇一年、一四〇～一五四頁、同「フランス第三共和制前期における児童保護政策の基本理

念　―一八九八年児童虐待防止法と監獄総協会―」『東京大学大学院教育学研究科紀要』第四一巻、二〇〇一年、九七～一〇六頁。なお、これらの論稿も児童保護政策における為政者の議論を扱っており、その点では筆者も示唆を受けたが、政策の基本的な性格や理念そのものの解明を目的としている点で本章とは視角が異なる。

（5）ルーセルは同協会において一八七九年六月に、「不幸な子ども」の「予防教育 éducation préventive」に関する報告をおこなっている。これについては ROUSSEL, Théophile, *De l'éducation correctionnelle et de l'éducation préventive : Etudes sur les modifications à apporter à notre législation concernant les jeunes détenus et les mineurs abandonnés ou maltraités*, Paris, A.Chaix et Cie, 1879, 2ème partie に再録されたものを参照した。

（6）PROPOSITION DE LOI ayant pour objet la protection des enfants abandonnés, délaissés ou maltraités, présentée par MM. Théophile Roussel, Bérenger, Dufaure, l'amiral Fourchon, V. Schoelcher, et Jules Simon, [...]（以下 PROPOSITION DE LOI de Roussel（1881）と略記）Annexe n.5（Séance du 27 janvier 1881）in *J.O., Sénat, Doc. parl.*, 1881, pp.34-44.

（7）このうち委員会報告については、別冊として刊行された以下のものを参照した。SENAT, *Rapport fait au nom de la commission chargée d'examiner : 1.La Proposition de loi ayant pour objet la protection des enfants abandonnés, délaissés ou maltraités* [...] *2.Le Projet de loi sur la protection de l'enfance* [...], *par M. Théophile Roussel*, [...] Annexe au procès-verbal de la séance du 25 juillet 1882（N.451）（t.1）, Paris, P. Mouillot, 1882（以下 *RAPPORT de Roussel（1882）* と略記）。

（8）この乳幼児保護法の内容については、本書第三章第一節を参照。

（9）PROPOSITION DE LOI de Roussel（1881）, *op.cit.*, p.35.

（10）このことを示す例として、当時の以下の論稿を参照。HAUSSONVILLE, Othenin de, « L'enfance à Paris »（IV et V）, *Revue des deux mondes* des 1er et 15 juin 1878, pp.598-627, 891-927.

（11）*J.O., Sénat, Déb. parl.*, Séance du 10 mai 1883, p.463.

（12）RAPPORT, NOTES ET DOCUMENTS sur la protection et l'éducation des enfants abandonnés, délaissés ou maltraités en divers Etats [...], par M. Théophile Roussel, [...]（以下 RAPPORT, NOTES ET DOCUMENTS de Roussel と略記）Annexe n.451（Séance du 25 juillet 1882）in *J.O., Sénat, Doc. parl.*, 1883, p.589.

（13）Cf. PROPOSITION DE LOI de Roussel（1881）, *op.cit.*, p.38.

（14）この県委員会のほかに、中央政府に保護教育高等委員会、また各小郡 canton に青少年支援委員会 Comités cantonaux de patronage の設置が規定されていた。

（15）監護権とは、狭義には親が自ら選ぶ場所で子どもを保持する権利を指す。詳しくは田中通裕『親権法の歴史と課題』信山社、一九九三年、五一～五七頁を参照。

（16）*RAPPORT de Roussel*（*1882*）, pp.47-48.

（17）*RAPPORT de Roussel*（*1882*）, pp.51-52.

（18）一八七四年一二月の巡業児童労働法第二条では、親が満一六歳未満の子どもをサーカスなど危険な職業を営む人間に引き渡したりする場合には親権の諸権利を剥奪され得ることが規定されていた。

（19）*RAPPORT de Roussel*（*1882*）, pp.102 et 117-118.

（20）*RAPPORT de Roussel*（*1882*）, pp.262-263.

（21）フランス近代における共和派とカトリック教会とのヘゲモニー闘争については、谷川稔『十字架と三色旗　もうひとつの近代フランス』山川出版社、一九九七年を参照。

（22）RAPPORT, NOTES ET DOCUMENTS de Roussel, *op.cit.*, p.584.

（23）*J.O., Sénat, Déb. parl.*, Séance du 10 mai 1883, p.464.

（24）*J.O., Sénat, Déb. parl.*, Séance du 26 mai 1883, p.569.

（25）*J.O., Sénat, Déb. parl.*, Séance du 26 mai 1883, p.566.

（26）RAPPORT fait au nom de la commission chargée d'examiner la proposition de loi de M. Joubert, relative au travail des enfants dans les manufactures, etc., par M. Eugène Tallon, [...] Annexe n.1132（Séance du 11 mai 1872）in *J.O.* du 30 mai 1872, p.3607.

（27）*J.O., Sénat, Déb. parl.*, Séance du 10 mai 1883, p.465.

（28）以上、PROPOSITION DE LOI sur la protection de l'enfance abandonnée, présentée par M.Bérenger, [...] Annexe n.232（Séance du 14 juin 1883）in *J.O., Sénat, Doc. parl.*, 1883, pp.827-828 ; *J.O., Sénat, Déb. parl.*, Séance du 21 mai 1883, pp.517-519.

(29) この間の経過については、ルーセルによる以下の上院委員会報告を参照。*J.O., Sénat, Déb. parl.*, Séance du 10 juillet 1889, p.901.
(30) PROJET DE LOI sur la protection des enfants maltraités ou moralement abandonnés, […] par M. Floquet, président du conseil, ministre de l'intérieur, par M. Ferrouillat, garde des sceaux, ministre de la justice et des cultes [⋯]（以下 PROJET DE LOI de Floquet et Ferrouillat と略記）, Annexe n.3389（Session extr. - Séance du 22 décembre 1888）in *J.O., Chambre, Doc. parl.*, 1888, p.706.
(31) PROJET DE LOI de Floquet et Ferrouillat, *op.cit.*, p.708 ; *J.O., Chambre Déb. parl.*, Séances des 18 et 25 mai 1889, pp.1014 et 1126.
(32) *RAPPORT de Roussel*, pp.261-262.
(33) PROPOSITION DE LOI ayant pour objet la création d'un orphelinat national, présentée par M. Caze […], Annexe n.3189（Séance du 17 décembre 1880）, in *J.O., Chambre, Doc. parl.*, 1880, pp.13140-13142. ただしカーズも、法案が地方自治体や個人のイニシアティヴを抑圧するものではないと述べている。
(34) RAPPORT SOMMAIRE fait au nom de la 24e commission d'initiative parlementaire chargée d'examiner la proposition de loi de M. Caze, […] par M. Benazet, […], Annexe n.3354（Séance du 22 février 1881）in *J.O., Chambre Doc. parl.*, 1881, pp.174-175.
(35) *J.O., Sénat, Déb. parl.*, Séance du 10 juillet 1889, pp.901-902.
(36) Cf. 河合前掲論文「「父権」批判と児童保護政策」、一五〇頁。
(37) ちなみにコシャンは穏健右派、グージョンは共和派に属する議員である。クセルマンは、彼らがみな社会問題への関心を共有していたことを指摘する（KSELMAN, *op.cit.*, pp.200-201）。なお、コシャンはルーセルらと同じく監獄総協会所属の議員であった。
(38) RAPPORT fait au nom de la commission chargée d'examiner les diverses propositions de loi […] tendant à la répression plus sévère des violences, voies de faits, actes de cruauté et attentats commis envers les enfants […] par M. De Folleville（de Bimorel）[…] Annexe n.2371（Session ord. - Séance du 29 mars 1897）in *J.O., Chambre, Doc. parl.*, 1897, pp.866-876.
(39) なお、ベランジェを中心に一八九八年児童虐待処罰法の制定過程を論じたものとして、以下の論文がある。BOURQUIN, Jacques, «René Bérenger et la loi de 1898 », *Revue d'histoire de l'enfance « irrégulière »*（version éléctronique du *Temps de l'histoire*）, n.2, 1999 pp.59-68（http://rhei.revues.org/31：最終確認日：二〇一六年一一月一日）.

（40）RAPPORT fait au nom de la commission chargée d'examiner la proposition de loi, adoptée par la Chambre des députés, ayant pour objet la répression des violences, [...] par M. Bérenger, [...] Annexe n.69 (Session ord. - Séance du 1er mars 1898) in *J.O., Sénat, Doc. parl.*, 1898, p.103. なお、慈善団体への子どもの委託は、この上院委員会報告において初めて提案された。

（41）河合前掲論文「児童保護政策の基本理念」、一〇一頁。

（42）*J.O., Sénat, Déb. parl.*, Séance du 10 mars 1898, p.288. ただしここでの児童保護団体は「公益性を承認された」ものに限定されていた。

（43）ストロースは追加条項案を擁護する際にルーセルの県委員会構想について言及している（*J.O., Sénat, Déb. parl.*, Séance du 22 mars 1898, p.382）。

（44）以上、*J.O., Sénat, Déb. parl.*, Séance du 10 mars 1898, pp.288-289.

（45）河合前掲論文「児童保護政策の基本理念」、一〇二頁。

（46）*J.O., Sénat, Déb. parl.*, Séance du 10 mars 1898, p.289.

（47）*J.O., Sénat, Déb. parl.*, Séances des 10 et 22 mars 1898, pp.290 et 383.

（48）*J.O., Sénat, Déb. parl.*, Séance du 22 mars 1898, p.384.

（49）KSELMAN, *op.cit.*, pp.201-202 ; ROLLET-ECHALIER, *op.cit.*, pp.141-142.

（50）*J.O., Sénat, Déb. parl.*, Séance du 21 mars 1898, pp.357-358.

（51）*J.O., Sénat, Déb. parl.*, Séance du 21 mars 1898, p.357.

（52）Cf. *J.O., Sénat, Déb. parl.*, Séance du 10 mars 1898, p.290 (discours de Léonce de Sal).

（53）*J.O., Sénat, Déb. parl.*, Séance du 22 mars 1898, p.379.

（54）PIERRE, Eric, « La loi du 19 avril 1898 et les institutions », *Revue d'histoire de l'enfance « irrégulière »*, n.2, 1999, pp.115-116, 121（http://rhei.revues.org/45：最終確認日：二〇一六年一一月一日）。

（55）ルーセルは公的扶助の改革の必要性についても、一八八〇年代から認識していた（*RAPPORT de Roussel* (1882), pp.202-203）。

（56）なお、この法律では、児童保護法に基づいて保護される子どもは「虐待され、放置され、あるいは精神面で遺棄された子ども」、児童虐待処罰法に基づいて保護される場合は「監護児童 enfants en garde」の名称で分類された。なお、児童扶助業務法についてはとりあえず、ROLLET-ECHALIER, *op.cit.*, pp.143-152 を参照。

（57）彼らの思想については、河合前掲論文「児童保護政策の基本理念」も参照。

（58）たとえばルーセルは、監獄総協会の他に、「フランス児童救済連合 Union française pour le sauvetage de l'Enfance」等の児童保護団体にも参加していた。

（59）ただしベックは第三共和政の扶助政策に関して、慈善と公的サーヴィスとの協力が一貫して志向されていた点を強調する（BEC, Colette, *Assistance et République : La recherche d'un nouveau contrat social sous la IIIe République*, Paris, Les Editions de l'Atelier/Editions ouvrières, 1994, p.147）。

（60）Cf. ROLLET-ECHALIER, *op.cit.*, p.142.

第II部 児童保護政策の展開 ―ノール県の事例から―

ノール県リール市にある「プティ・カンカン」の像

（ウジェーヌ・デプレシャンによる 1902 年の作品のレプリカ）

「プティ・カンカン」はこの地方でよく知られたフランス北部方言の子守歌で、19 世紀の貧しい女工の子育ての様子が歌われている。なお、像の上部は歌の作者アレクサンドル・デルッソーの胸像。

出典：Wikimedia Commons（https://commons.wikimedia.org/wiki/File:Statue_P'tit_Quiquin.JPG?uselang=ja）（最終確認日：2017 年 2 月 16 日）

一九世紀後半のフランス・ノール県について

第二部では、第一部で検討した児童保護政策をめぐる統治権力の論理が、実際の政策の展開においてどのように変化したのかという問題を、北仏ノール県の事例から検討する。第三部第七章と第九章においてもこの県の事例が扱われるので、ここではまず、一九世紀後半におけるノール県の状況について簡単に述べておきたい。

ノール県は隣国ベルギーと国境を接する、フランス本土の最北部に位置する県であり、現在（二〇一三年時点）

図Ⅱ－1　ノール県の地図

出典：BURIEZ-DUEZ, Marie-Pascale, « Le mouvement de la population dans le département du Nord au XIXe siècle » in GILLET, Marcel（pré.）, *L'homme, la vie et la mort dans le Nord au 19e siècle*, Lille/Paris, Université de Lille III/Editions universitaires, 1972, p.35 及びボニー・G. スミス、井上堯裕／飯泉千種訳『有閑階級の女性たち　フランスブルジョア女性の心象世界』法政大学出版局、1994 年の図をもとに作成。

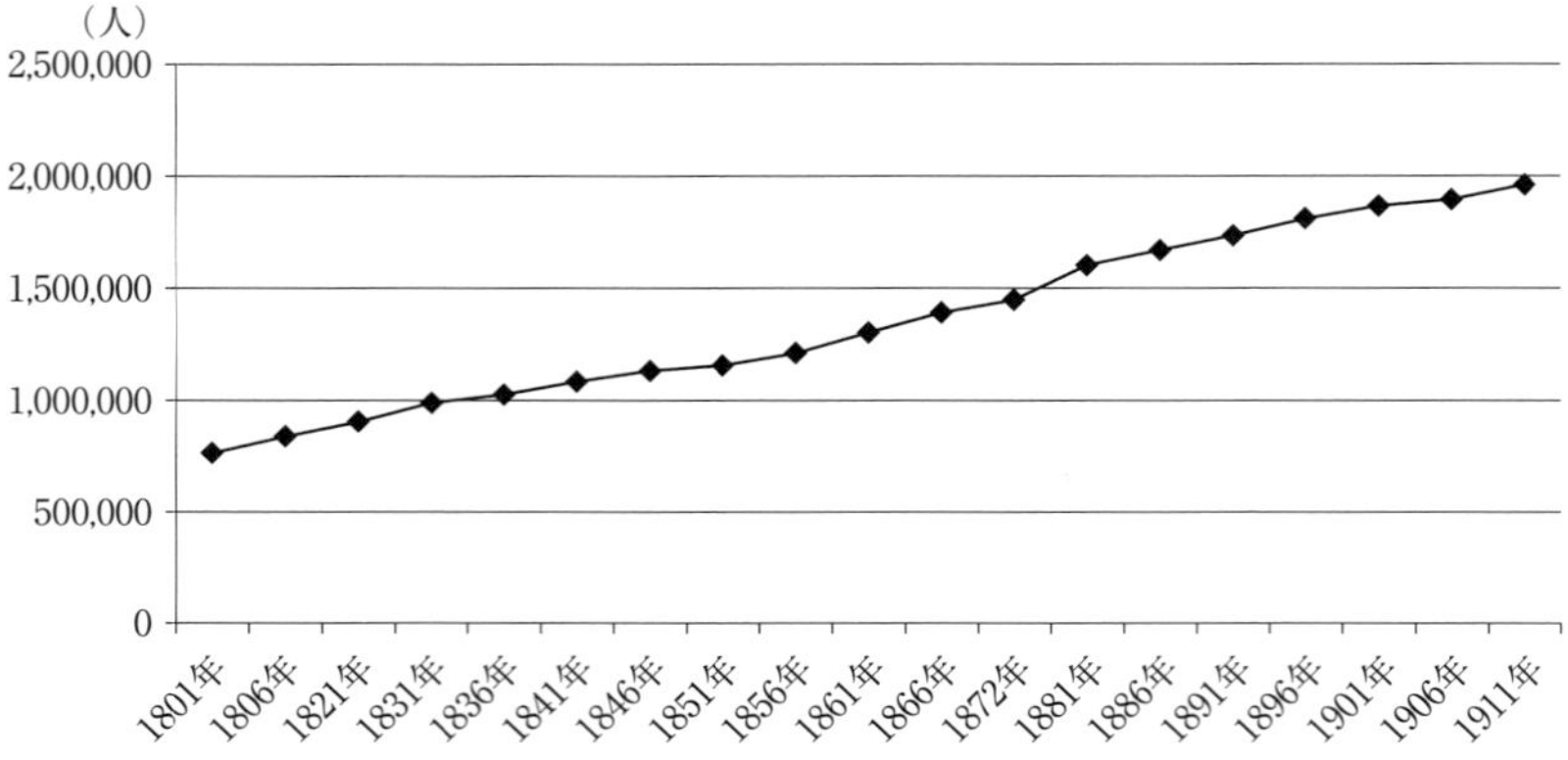

グラフⅡ－1　19世紀ノール県の人口推移

出典：1911年の国勢調査のデータによる（*Statistique générale de la France: Résultats statistiques du recensement général de la population effectué le 5 mars 1911*, tome I – 1re partie, Paris, Imprimerie nationale, 1913, p.47）。

表Ⅱ－1　ノール県の各郡の人口推移（単位：人）
（1851年、1881年、1911年）

郡　名	1851年	1881年	1911年
リール郡	371, 156	636, 077	855, 721
アヴェヌ郡	145, 040	199, 870	215, 855
カンブレ郡	174, 245	194, 888	195, 884
ドゥエ郡	101, 109	128, 191	164, 156
ダンケルク郡	105, 441	128, 544	159, 973
アズブルック郡	104, 515	111, 757	108, 372
ヴァランシエンヌ郡	156, 779	203, 932	261, 819
県全体	1, 158, 285	1, 603, 259	1, 961, 780

出典：1911年の国勢調査のデータによる（*Statistique générale de la France: Résultats statistiques du recensement général de la population effectué le 5 mars 1911*, tome I – 1re partie, Paris, Imprimerie nationale, 1913, p.55）。

の人口は約二六〇万人、面積は約五七〇〇平方キロである。(1) 一九世紀後半において県内は県都リールを含むリール郡を始めとする七つの郡から構成されており（図Ⅱ―1）、(2) 首都パリを含むセーヌ県に次いで人口の多い地域であった。(3) その人口は一九世紀を通じて堅調に増加しており、フランス本土全体の人口が停滞していた世紀後半においても、一八五一年から一九一一年の時期に県の人口は約一・七倍の増加を示している（グラフⅡ―1）。(4) なかでも中心地域のリール郡では二倍以上の伸びがみられた（表Ⅱ―1）。

こうした人口増加をひとつの背景として、この県はノルマンディー、アルザスなどと並んでフランスの工業化の先進地域であり、特にリールとその周辺のルーベ、トゥルコワン、アルマンティエールの計四都市を含む地域を中心に各種の繊維工業が一九世紀前半から発展した。特にアルザスがドイツに併合された第三共和政前期には、この県はフランスの繊維工業を代表する地域となった。さらに県内には他にも中部ドゥエ・ヴァランシエンヌ両郡に東西に広がる石炭業や中南部の金属工業など、さまざまな業種の工業が存在しており、世紀後半にこれらの産業は大きな発展をみせたのである。(5)

そしてこうした工業化の進展の結果、ノール県はフランスにおいて社会問題が最も深刻な地域のひとつとして知られることとなった。たとえば一九世紀前半にはヴィレルメやアドルフ・ブランキといった同時代の知識人の調査によって工業地帯の労働者の貧困や居住環境の劣悪さが指摘されているが、(6) またピエラールによれば、第二帝政期の一八五七年におけるリールの困窮者の数は好況期であったにもかかわらず住民全体の約二割に達していた。(7) さらに世紀後半においても社会階層間の経済格差はきわめて深刻なものであり、たとえばリールでは一八五〇年から一九一四年において、住民の一割に満たない上流階層が富の約九割を独占し、一方住民の約六割を占める労働者などの民衆層の富は全体の〇・五パーセントに満たなかったとされる。(8) こうした民衆層の厳しい生活条件の問題は、世紀転換期になると労働運動の激化や社会主義勢力の勢力拡大へと結びつき、ノール県は南部アンザン炭鉱のストライキ（一八八四年）や県南端の繊維工業都市フルミでの労働者ストライキに対する軍隊の発砲事件（一八九一年）など全国的に知られた事件の舞台となったほか、社会主義運動でもフランスにマルクス主義を導入したゲード派の堅固な地盤となったとされる。[9]

こうした一九世紀後半の社会問題・貧困問題の激化は、当時の子どもたちにとっても無関係なものではなく、後述するように、当時のノール県において彼らを取り巻く環境は、たとえば乳児死亡率や児童労働の職場環境といった点でかなり深刻なものであった。こうした点から、この地域は児童保護政策の展開や民間事業の活動を考察する際に格好の事例を提供するものと考える。[10]以下の三章ではこの地域における乳幼児保護、捨て子や虐待された子どもの保護を含む児童扶助行政、児童労働規制という三つの施策の展開について、それぞれ考察を進めていくことにする。

注

（1）フランス国立統計経済研究所（INSEE）のホームページにおける数値（http://www.insee.fr/fr/themes/comparateur.asp?codgeo=DEP-59）（最終確認日：二〇一六年一一月一五日）

（2）当時一つの県に七つの郡が設置されたのはこの県のみであったが、一九二六年にアズブルック郡がダンケルク郡に合併されたため、現在では六郡のみである。

（3）なお、一平方キロあたりの人口密度でもノール県はセーヌ県に次いで二番目に高かった。

（4）一九世紀ノール県の人口については、以下の論稿も参照。BURIEZ-DUEZ, Marie-Pascale, « Le mouvement de la population dans le département du Nord au XIXe siècle » in GILLET, Marcel (pré.), *L'homme, la vie et la mort dans le Nord au 19e siècle*, Lille/Paris, Université de Lille III/Editions universitaires, 1972, pp.15-39；松原建彦「フランス産業革命期における人口動態と労働事情　―リール繊維工業地

帯について―」『福岡大学経済学論叢』第一二巻第二・三合併号、一九六七年、三九三～四三二頁。

(5) 一九世紀ノール県の社会経済状況について、本書では以下の文献を参照した。TRENARD, Louis (dir.), *Histoire d'une métropole : Lille, Roubaix, Tourcoing*, Toulouse, Privat, 1977 ; WYTTEMAN, Jean-Pierre (dir.), *Le Nord de la Préhistoire à nos jours*, Saint-Jean-d'Angély, Editions Bordessoules, 1988 ; BUSSIERE, Eric (dir.), *Histoire des provinces françaises du Nord*, t.5 : *Le XIXe siècle (1815-1914)* (dirigée par Alain LOTTIN), Arras, Artois Presses Université, 2012 ; 松原建彦「リール繊維工業地帯における機械化過程の諸特質」『福岡大学経済学論叢』第一一巻第一号、一九六六年、二九～七〇頁、同「一九世紀フランスにおける企業者活動　―リール繊維工業地帯について―」『福岡大学創立三五周年記念論文集　経済学編』、一九六九年所収、二一一～二六五頁、服部春彦『フランス産業革命論』未来社、一九六八年、第三章。

(6) VILLERME, Louis-René, *Tableau de l'état physique et moral des ouvriers employés dans les manufactures de coton, de laine et de soie*, Reprinted, Paris, Etudes et Documentation internationales, 1989 (1840), 1re partie-Section I-Ch.III ; BLANQUI, Adolphe, *Des classes ouvrières en France pendant l'année 1848*, Paris, Pagnerre, Libraire/Paulin et Cie, 1849, pp.81-119（阪上孝訳「リール市とノール県の労働者階級」（河野健二編『資料　フランス初期社会主義　二月革命とその思想』平凡社、一九七九年所収、四～一〇頁［部分訳］）。

(7) PIERRARD, Pierre, *La vie ouvrière à Lille sous le Second Empire*, Condé-sur-Noireau, Charles Corlet,1991 (1965), p.197.

(8) CODACCIONI, Félix-Paul, *De l'inégalité sociale dans une grande ville industrielle : Le drame de Lille de 1850 à 1914*, Lille/Paris, Université de Lille III/Editions universitaires, 1976, p.418.

(9) 中野隆生「フランス繊維業におけるストライキ運動　―リール、一八九二―一九一四年―」『史学雑誌』第九二巻第二号、一九八三年、五四頁。

(10) なお、ノール県の特徴としてはベルギー人を主とする外国人の割合が比較的多いこともあげられるが、この点について本書ではほとんど考察することができなかった。

第3章　ノール県における乳幼児保護政策の展開（一八七四～一九一四年）

フランスにおける乳幼児保護の歴史は、国家や支配階層による私生活への介入という観点から長らく注目されており[1]、一八七四年の乳幼児保護法の成立も、共和政による私生活介入の端緒をなすとの位置づけがなされている[2]。しかし、社会とのかかわりの中でこの政策がその後どのように展開し、どのような変化を被ったのかという観点からの分析は、これまでほとんどなされていない。乳幼児保護政策に関する現時点での研究の到達点を示すのは第一章にて紹介したロレ＝エシャリエの著作であるが、そこでも私生活介入という観点から乳幼児保護政策がどのような展開を示したのかという点にはあまり関心が払われていない。

乳幼児保護政策の展開を分析する際に注意すべきは、中央レヴェルで立法化された政策が現場においてそのまま機械的に実施される過程として捉えることはできないということである。乳幼児保護業務は各県において組織され、そのための支出の半分は県議会が決定する県予算に負っていた。そして政策が施行された時期は、実際には県によってかなり違いがあったとされる[3]。このことは、政策のターゲットとなる民衆層の対応など、現場レヴェルでの動向が現実の政策展開に大きな影響を及ぼしていたことを示唆するものではないだろうか。そのように考えてみれば、乳幼児保護政策の展開過程を地域レヴェルで、その本来の理念や狙いとのかかわりにおいて検討することによって、一九〜二〇世紀転換期における私生活介入のありかたの変化、すなわち当時の乳幼児保護が示す統治権力の具体的様相を明らかにすることができるはずである。

本章ではこのような問題意識に基づいて、ノール県における乳幼児保護政策の展開過程を考察する。以下ではまず、乳幼児保護政策の成立時における論理を明らかにし、次にノール県における乳幼児の養育の状況について言及する。その上で乳幼児保護政策の展開過程を分析することにしたい。なお本章では史料として、『フランス共和国官報』所収の法案及び議会報告と、ノール県文書館（以下注などではADNと略記）所蔵の県議会資料中にある乳幼児保護業務報告[4]及び県議会議事録を主に使用した。

第一節　乳幼児保護政策の論理　―一八七四年乳幼児保護法の成立―

第三共和政の乳幼児保護政策は、一八七四年一二月の乳幼児保護法[5]、通称「ルーセル法」によって、まず親から切り離された子どもをめぐって開始された。本節では、この法律における乳幼児保護政策の論理を検討する。この乳幼児保護法制定のきっかけとなったのは、一八六〇年代に高揚をみた乳幼児死亡をめぐる議論であった[6]。当初医学アカデミーを中心におこなわれたこの議論は、やがて乳幼児保護法案の起草に至るが、普仏戦争の勃発と第二帝政の瓦解によって一時中断されることになる。

その後成立した第三共和政において、この立法作業再開のイニシアティヴを取ったのが、医師で穏健共和派の議員であった前述のルーセルである。彼は一八七三年五月に乳幼児保護に関する議員法案、翌年六月にはそれに基づく議会内委員会報告（及び法案）を提出し、後者の委員会法案は国民議会の審議ではほとんど議論されることなく、その年の一二月に可決された。以下では法案と委員会報告の内容から、ルーセルの乳幼児保護政策の論理を検討したい。

ルーセルの乳幼児保護法案が官報に掲載された一八七三年五月二四日は、おりしもマク＝マオン大統領とブロイ公による王党派政権が成立した日にあたる。フランスの秩序回復を求める気運の中、ルーセルは法案趣旨説明の冒頭で自らの乳幼児保護政策を以下のように位置づける。

「みなさん、生まれたばかりの子ども、とりわけ里子に出された子どもの過度の死亡率の減少をめざす立法措置は、［中略］この［国民］議会の最近の仕事の中で名誉ある場所を占めることができるでしょう。［中略］この議会は、国 pays の物質的道徳的修復の措置を、［中略］主要な職務だと考えております。(7)」

このように、乳幼児保護は物質面と道徳面の双方におけるフランス社会の再生を賭けた政策とみなされていた。物質面でいうならば、それは当時のフランスにおける人口問題への対策を意味した。ルーセルは委員会報告の冒頭において、最近の人口調査が普仏戦争敗北の際の領土喪失によるものを除いても三七万人の人口減少を示していると述べ、人口問題の重要性を訴えていたのである(8)。

ところで、医学アカデミーは当時、法律でおこないうる乳幼児死亡対策として、①新生児や里子に出された子どもの死亡確認業務の確立、②出生届や洗礼のために、または里子に出すために生まれてまもない子どもを外に出さないようにすること、③ワクチン接種の義務化、④「乳母産業 industrie nourricière」に関する法律の制定、⑤子どもの世話に関する有害な実践や偏見の抑止の五つを挙げていた。これらを指摘した上で、ルーセルは、とりあえず取られるべき措置を④の問題、すなわち家庭外で養育される子どもの保護に限定する(9)。これは、そのような子どもの死亡率がきわめて高いとされていたためであった。しかし同時に、支配階層にとって④以外の方策が自らの私生活への国家介入をも意味するのに対して(10)、家庭外での子どもの養育は基本的に民衆層に限られていたこともその理由であった。[11] そしてルーセルにとって、人口減少とは民衆層の「道徳的退廃 démoralisation」を意味するものであった。なぜなら、「家族を構成する感情の消失」と「母性愛」の弱体化が、人口減少の最大の原因だからである。[12] つまりルーセルらがめざしたのは、民衆家族の道徳化という「道徳的修復」によって人口問題に対処することであった。乳幼児保護とは何よりも「子どもに［中略］母乳と［中略］母親による世話を確保すること」、すなわち子どもを家庭内で養育させることであった。[13] ここには一八世紀後半から続く乳幼児保護の言説との連続性がみてとれる。[14]

しかし、ルーセルは民衆層にとって家庭外での子どもの養育が生活上の必要から生じていることも理解しており、たとえば、母親による授乳を義務化することには以下のように反対する。

「このような真実［母親の心づかいは何物にも代えがたいということ］が認められない限り、家族の再編や［中略］社会体の諸部分の再生を語っても無益であることは認めなければなりません。しかし、多くの場合において抗しがたい窮乏の表れである害悪に、法律は規定や刑罰でもって対抗できるでしょうか。[15]」

したがって、家庭外で養育される子どもを親に代わって保護することによってのみ、国家は育児の問題に介入できる、これが彼の基本認識であった。[16] その結果、乳幼児保護の具体的方策はあらゆる家族の育児への直接的介入ではなく、すでにアンシャン・レジーム期のパリでみられた「乳母産業」規制の拡大と効率化に限定されることになる。[17]

では、ここでの乳幼児保護政策とは具体的にどのようなものであったのか。法律の第一条はその政策原理を以下のように規定する。

「満二歳未満で、賃金と引き換えに moyennant salaire、親の住居の外に［中略］あずけられる子どもはすべて、［中略］その生命と健康の保護を目的とする公権力 autorité publique の監視の対象となる。[18]」

ルーセルによれば、このような監視は安易に子どもをよそにあずけることを防ぎ、「母性の感情」の回復を助ける意味を持つものであった[19]。そして、この監視を可能とするために、子どもをあずける親はあらかじめ市町村役場に届出をおこなうことが義務づけられた。これは、子どもの身元確認のほか、子どもをよそにあずけることが「社会が気にかけ、法律が監視し、その確認を要求する」行為だという認識を持たせることを目的としていた[20]。さらに、子どもをあずかる乳母や子守女にも、あずかる場合のみならず、子どものあずけ先の変更、親による子どもの引き取り、そして子どもの死亡の際にも届出義務が課せられた。また、乳母は前もって市町村長による身元証明書と、視察医師（後述）または地元の医師による健康状態に関する証明書を取得することが義務づけられた[21]。

実際に子どもの監視をおこなう組織については、乳幼児保護法から三年後の一八七七年二月の施行規則によって、「[保護]委員会に補佐される［各］県知事の管轄下で」、地方委員会、市町村長、視察医師 médecins inspecteurs、県の児童扶助視察官 inspecteur des enfants assistés（後に「公的扶助視察官」と改称。以下「県視察官」と略記）が担当することとされた[22]。保護措置の検討・提案の任を負う保護委員会には、県議会議員や民間の児童保護団体のメンバーなどが参加することが規定された[23]。市町村長は親や乳母などによる届出の帳簿を管理し、自らの市町村に子どもがあずけられた場合、届出の写しを視察医師に送付する任を負った。市町村単位で設置される地方委員会は無給の組織で、民間の児童保護団体で活動する女性（「家庭の母親」[24]）などが参加するとされた。視察医師は乳幼児保護法では補助的に位置づけられるにとどまっていたが、一八七七年の規則によって設置が事実上義務化された[25]。

以上のように、一八七四年乳幼児保護法によって成立した乳幼児保護政策とは、普仏戦争敗北後の国際的威信の回復とパリ・コミューン後の国内秩序の回復という、当時の共和政が直面していた二つの課題への対応策として構想されており、より具体的には人口問題への対策と民衆の道徳化を目的としていた。そのために家庭外での子どもの養育が政策のターゲットとされ、実際の措置としては、そのような養育を全面的に禁止するのではなく、親や乳母・子守女の行動を監視・規制するという、間接的な国家介入の方式が取られた。また、医師による視察が明確に規定されたことは、この政策が成立当初から医療・衛生の影響力が拡大する契機を内包していたことを示すものであった。

しかし、そもそも当時の家庭外での子どもの養育とは、はたしてルーセルの言うような「道徳的退廃」を意味するものであったのだろうか。乳幼児保護政策の展開過程を検討する前に、この点についてノール県の状況を確認しておきたい。

第二節　一九～二〇世紀転換期における家庭外での子どもの養育

一九世紀のノール県が急速な工業化・都市化の中で深刻な社会問題を経験していたことは前述の通りであるが、乳児死亡率（満一歳未満の子どもの死亡率）に関しても、一九世紀を通じてほとんど常にフランス全体での死亡率を上回っていたことが知られている（グラフ3―1）。また、一八九二年から一八九七年に関する同時代人の統計によれば、都市人口の全死亡数のうち乳児死亡の占める割合が二八三・六七パーミルと、フランス全体で最も高い数値を示していた[26]。本節ではこの県の事例から、乳幼児保護政策が開始された世紀転換期における家庭外での子どもの養育の状況を概観する。

ところで、ルーセルが家庭外での子どもの養育に関して抱いていたイメージは、「都市の工業、商業、そして労働者の階級に属する子ども」が田舎にあずけられるという、いわゆる「里子」のそれであった[27]。里子の慣習が

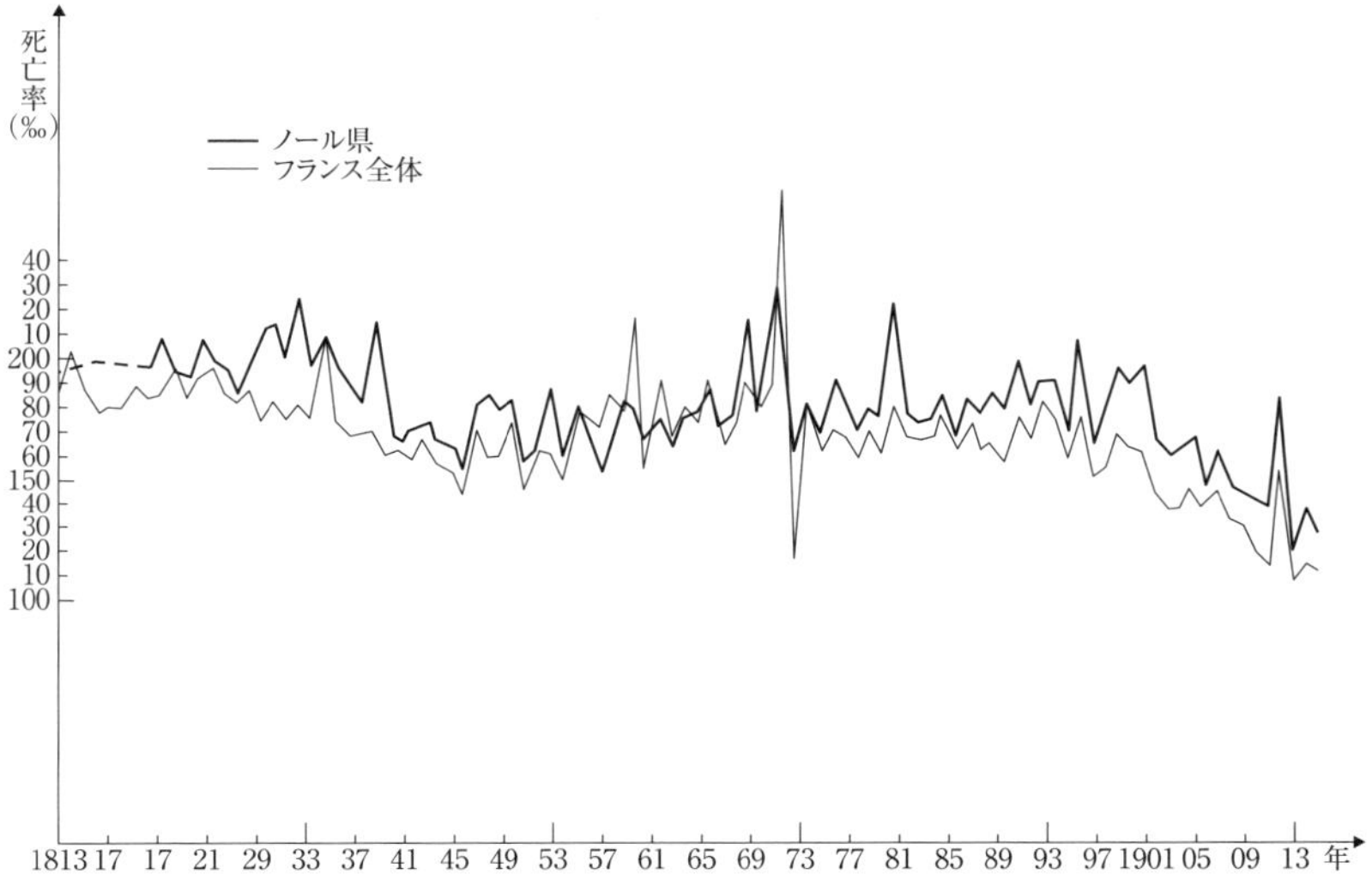

グラフ３−１　19世紀におけるノール県の乳児死亡率

出典：LESAEGE-DUGIED, Aline, « La mortalité infantile dans le département du Nord de 1815 à 1914 » in GILLET, Marcel（pré.）, *L'homme, la vie et la mort dans le Nord au 19e siècle*, Lille/Paris, Université de Lille III/Editions universitaires, 1972, p.134.

おこなわれた理由については、ショーターが母親の子どもに対する無関心といった文化的要因を重視するのに対して、サスマンやファイ＝サロワは都市部における母親の労働の必要性という社会経済的要因を重視する[28]。しかし両者ともに、ノール県のような新興工業地域においては労働者階級は基本的に子どもを里子に出さなかったとしている[29]。いわゆる「里子」が少なかったとするならば、ノール県における家庭外での子どもの養育とはどのようなものであったのだろうか。

一八七四年乳幼児保護法の施行によって家庭外で養育される子どもに関する統計が作成され、その数量的な把握が可能になったが、その正確な数を示すことは容易ではない。なぜならば、前節で述べた親や乳母・子守女による届出義務は、実際には守られないことが多かったからである。フランス全体に関してはロレ［＝エシャリエ］が、世紀転換期を通じて常に最低約一割の子どもが里子に出されていたとするが、かなり地域差がみられる。[30]『フランス・アルジェリア都市保健統計 *Statistique sanitaire des villes de France et d'Algérie*』の数値によれば、ノール県内の五つの都市（リール、ルーベ、トゥルコワン、ダンケルク、ドゥエ）における一九〇〇年代の出生数に対する里子の割合は四～六パーセントにすぎない。以下では、数量的把握の限界を念頭に置いた上で、この地域における家庭外での子どもの養育の特徴を、この法律の実施に伴なって県視察官が毎年作成した乳幼児保護業務報告（以下「業務報告」と略記）の記述から浮かび上がらせることを試みたい。[31]

まず、家庭外での子どもの養育は、ノール県の中でもどのような地域で主におこなわれていたのだろうか。乳幼児保護法の保護の対象となった子どもの郡別分布をみてみると、第一次世界大戦までの時期では、常にその半数以上が中心部のリール郡にあずけられていた。市町村レヴェルでみると、一八九二年度の業務報告では、特に多かったのはリール、ルーベ、トゥルコワン、アルマンティエールといったリール郡の繊維工業都市とその周辺部、さらにダンケルク、カンブレといった他郡の都市であったとされる。[32]また、一八九四年から一八九八年において家庭外にあずけられた子どもの出生地をみると、カンブレ郡を除いてその大半がノール県内であり、[33]特にリール郡ではほとんどすべての子どもが県内の生まれであった。[34]以上から、ノール県における家庭外での子どもの養育は、リールを中心とする大都市圏で生まれた子どもが都市の内部またはその周辺部にあずけられるというパターンが支配的であったと推測される。[35]

このような形で子どもをあずけていた親の階層や職業については特定できないが、一八八八年度の業務報告では、家庭の外にあずけられる子どもの大部分は労働者層に属するとされ、[36]このことは視察医師の報告からも確認できる。ルーベ郊外のある視察医師は、子どもの母親は「自分の子どもを育てるよりも、工場 fabrique に働きに行くことを好む」地元の女性であると述べ、またアヴェヌ郡の工業地域の視察医師も、家庭外で育てられる子どもはみな製糸工かガラス工の子どもだと述べている。[37]さらに、子どもをあずける親も乳母・子守女も多くの場合、貧困状態にあった。たとえばリール郊外のある視察医師は里子の多くは貧しい家庭に属していると述べている[38]。またリールでも子守女の大多数が貧困住民の中から募集されているとの報告がある[39]。さらにリールやルーベなどでは、ストライキや不況によって仕事がなくなると、親がしばしば子どもを引き取っていたと指摘されている[40]。

このように、ノール県における家庭外での子どもの養育は農村部ではなくむしろ都市の内部でおこなわれており、子どもはしばしば親の近くにあずけられていた[41]。また、親が週末や祝祭日に子どもを引き取るという習慣が一八八〇年代から報告されており、たとえばトゥルコワンでは一九〇三年に、親が日曜に子どもを引き取って居酒屋に連れて行く習慣が報告されている[42]。

一八八〇年代のフランス北部・東部における里子の慣習について、親は生まれた子どもを自ら育てようとするが、仕事の都合などでそれができなくなった際には、ひんぱんに会えるよう隣人や同じ社会階層の家庭に子どもをあずけていたとの指摘がある[43]。これまでの記述から、ノール県に関しても同様の傾向を認めることができるだろう。このような家庭外での子どもの養育は、伝統的な「里子」というよりもむしろ「子守」に近いものであり[44]、実際リールなどの繊維工業地域では一八八〇年代から、母親が工場で働く間、子どもを隣人や親族などにあずけるという昼間のみの子守が多かった[45]。この「里子」から「子守」という変化は、一九世紀末から戦間期（一九一九～一九三九年）にかけて、フランス全体においてもみられた[46]。

一九～二〇世紀転換期のフランス社会では、都市の子どもを農村にあずける里子の伝統的慣習に代わって、親子間の親密さをできるだけ保つために子どもを近くにあずけてひんぱんに訪れるという、新たな養育のありかたが広がりつつあった。家庭の外に子どもをあずけるとはいっても、このような親の態度は、当時の支配階層が家庭外での子どもの養育に関して想定していた「道徳的退廃」、すなわち母性愛や家族感情の欠如といったイメージとは異なるものであったといえよう。

それでは、このような社会状況の中で乳幼児保護政策はどのような展開を示したのだろうか。次節では同じくノール県の事例からこの問題を検討する。

第三節　乳幼児保護政策の展開（一八八〇〜一九一四年）

高い乳児死亡率を示していたノール県ではその対策への関心も高く、[47] 一八七六年には乳幼児保護予算が県議会によって可決された。[48] そして翌年一二月には乳幼児保護業務が組織され、一八八〇年から政策が本格的に実行に移されていった。

（一）届出登録業務の再編

一八七四年乳幼児保護法においては、子どもをよそにあずける際の届出業務が、民衆層に対して家族道徳の安易な逸脱を防ぐものとして構想されていた。しかし、この義務は現実にはなかなか遵守されなかった。たとえばリール郡では一八八〇年代に、届出の場所が理解されていないことや、両親や乳母の間に届出義務への「嫌悪感」や「無頓着」があることが報告されている。[49] 一九〇四年になっても、リールのある視察医師は、家庭外にあずけられる子どもの四分の三以上が法律の監視を逃れていると述べている。[50] また、ノール県の場合、子どもがひんぱんに親元に引き取られたり再びあずけられたりしていたことが、届出義務の遂行を一層困難なものにしていた。[51] 特に親の届出に関して、帳簿が足りなかったり（カンブレ郡）、あずけ先での届出がなされているにもかかわらず親からの届出はいっさい登録されていない（リール郡）というケースがみられ、[52] 早くも一八八九年に県視察官が親の届出義務が存在意義を失っていると述べている。[53]

届出を受理する市町村長や役場書記の側で、職務が的確におこなわれていないという面もみられた。その理由としては、まず、彼らの職務の忙しさがあげられ、たとえばリール郊外では、役場書記がみな初等学校教師を兼ねているために、届出簿の管理がいいかげんになっているとの報告がある(54)。また、この管理業務そのものが煩雑なものとされていた。アズブルック郡では一八八二年に、親による届出と乳母による届出とを区別せずに帳簿に記載する市町村長の存在が報告され(55)、リールでも市長が書類の多さのために親の届出簿の廃止を求めるという事態が生じている(56)。市町村長は親や乳母が届出義務に違反したことを知っても県当局に知らせないことが多く(57)、届出を受理しても視察医師に通知しない場合もあった。

このような状況を受けて、一八九〇年に県知事は届出登録業務を再編し、それまで市町村長や役場書記がおこなってきた届出簿の管理と視察医師への通知をすべて県視察官の職務とした。また、親による届出は任意とされ、子どもをあずかる乳母や子守女の届出のみが義務とされた(58)。これによって県レヴェルでの届出登録業務の簡略化・集権化は実現したが、民衆層の道徳化は事実上切り捨てられることになった。一八八〇年代末の時点で、市町村から県当局のレヴェルに至るまで、政策の持つ道徳的意味はすでに重要視されていなかったことが、ここからはうかがえる。その後、一九一〇年の県知事通達によって親の届出は再び義務化されるが、それは、行政による子どもの把握をより確実なものにするという、効率性の論理に基づいた動きであった(59)。

(二)　家庭訪問

地方委員会の失敗

乳幼児保護法では、子どもが家庭外にあずけられる場合、その養育に対する監視が乳母や子守女への家庭訪問という形でおこなわれるとされた。この訪問を実際におこなったのは地方委員会と視察医師であるが、当初は前者の方に重点が置かれていた。地方委員会は最低月一回招集され、分担してあずけ先を訪問し、子どもの生命や健康が危険と判断した場合には子どもを引き取る権限を有していた。ノール県では一八八〇年に一〇九の委員会が存在し、一八八四年には一九七まで増えるが[60]、リールなど一部の都市を除いてほとんど活動していなかった。委員会メンバーがさまざまな職務を兼任し、無給である委員会の職務に必要な時間がさけなかったことが、その主な原因であった。たとえばリール郊外のある市長は一八八三年に、委員会メンバーが一般的に市議会議員を兼ね、教育委員会への出席などもあって職務がきわめて多忙であると報告している[61]。

地方委員会の失敗の原因は、政策の受け手である民衆層の側にも存在した。リール近郊のある村長は一八八〇年に、この村では他人の家に入ることは好まれないと述べている[62]。また、委員会の婦人たちが自分たちの訪問や助言が受け入れられないことを恐れているという報告も複数の市町村から出されており[63]、このような民衆層の態度が委員会の活動を妨げる要因となっていたと考えられる。

こうして、ノール県では一八九〇年代以降、地方委員会はほぼ完全に機能しなくなった[64]。それに代わって、視察医師による家庭訪問＝医療視察が乳幼児保護政策の手段としての重要性を増すこととなった。

医療視察の実態

ノール県では一七〇人から二〇〇人ほどの視察医師が存在した。当時の県内の医師のおよそ三人に一人が乳幼児保護業務に参加していた計算になる[65]。もっとも、彼らの職務の量や担当する区域の規模についてはかなりの地域差がみられた[66]。視察の回数は当初月一回であったが、生後まもない子どもの視察を強化すべきであるという医師の意見を受けて、一八九〇年に生後三か月までの子どもの視察は月二回とされ、代わりに満一歳以降の子どもへの視察は廃止された[67]。さらに数回の変更の後、一九一〇年には満一歳未満の子どもの視察が月二回、それ以降は三か月に一回のペースで生後一八か月までおこなわれることになった[68]。

視察医師の職務については、一八七七年の施行規則では、乳母などに交付される手帳の査証や伝染病発生の際の乳母による授乳の禁止、担当区域に関する報告の提出などが挙げられていた。しかし、一八八二年に内務大臣ファリエールは、医療視察の役割として、子どもの健康状態を確認して乳母に勧告すること、悪習を所轄の機関に知らせること、食物摂取など育児の偏見と戦うこと、乳幼児衛生の知識を普及させることなどをあげている[69]。つまり、乳母などの悪習の防止に加えて、彼女らに対して乳幼児衛生の教育をおこなうことが重要な職務とされていたのである。

ところで、視察医師の職務態度については、彼らの報告の提出状況や実際に訪問したとされる子どもの数から判断する限りではおおむね良好であったが、なかには訪問をあまりに手早くすませたり、外の通りや家の戸の前から子どもを見て判断するといった態度もみられた[70]。先にみた地方委員会の失敗は民衆層の家庭訪問に対する嫌悪感や反発がその一因であったが、視察医師の報告からはそのような問題をうかがわせる記述はみられない。このような民衆層による視察の受容はどのような理由によるものであったのだろうか。

まず、そもそも視察医師は通常の医師でもあり、ふだんの医療活動を通じて民衆層の私生活に立ち入る機会があったと考えられる。また、貧困で親から十分な養育料を得られない乳母や子守女は、子どもが病気の際に視察医師の無料診療を当てにする傾向があった。たとえば一八八五年度の業務報告は、乳母たちが視察医師を行政の費用で里子への無料診療をおこなう主治医と勘違いしていると指摘している[71]。乳母の中には、子どもが病気の際に医師を呼ぶのではなく、出費をさけるために視察医師の定期訪問を待つといった態度もみられた[72]。本来、病気の治療は視察医師の職務ではなかったが、このような状況を受けて実際に無料診療をおこなう視察医師も存在した[73]。この時期の民衆層におけるいわゆる民間療法（ケシの使用など）の影響力は強く、必ずしも子どもが病気の際に医師を呼ぶ習慣が一般化していたとは言えないが、経済的理由から民間療法が用いられる場合もあったことも考え合わせるならば[74]、ふだんの病気の治療を媒介として、視察が民衆層に受容される一定の土壌があったとみることは可能であろう。

それでは、視察医師の衛生教育に対して、乳母や子守女はどのような反応を示したのだろうか。衛生教育の内容は乳幼児の食物を始めとして育児慣行のさまざまな側面に及んでいたが[75]、以下ではチューブ付哺乳びんの使用の問題を取り上げる。

チューブ付哺乳びんとは、びんと吸い口との間にゴムチューブがついているタイプのもので、授乳に時間をとられないという利点から、当時非常に広く普及していた[76]。哺乳びんによる養育はノール県においても広範にみられたが[77]、一八八〇年代以降、チューブ部分の洗浄が難しく衛生上危険とされたことでチューブ付タイプの使用が全国的に問題とされ[78]、ノール県の視察医師も一致して乳母などに対して使用をやめるよう働きかけた。視察医師は乳母に対する医療証明書の発行拒否などによってこれをやめさせる権限を有し、実際に警察関係者とともに説得にあたったり、見つけ次第哺乳びんのチューブを切るといった強硬手段を用いる医師も存在した[79]。しかし、総じて彼らの行動はさほど強硬ではなく、むしろ多くの限界が存在した。というのも、まず、乳母や子守女はこの種の哺乳びんを、授乳に時間を取られずに仕事や家事に専念できるという、生活上の必要から使用していたからである。たとえば、一八八九年に県視察官とリール市内のある視察医師は、その使用をやめた者に報酬を与えるという試みをおこなったが、乳母たちは生計を支えるための仕事を持っていたために短期間で失敗したと報告している[80]。また、視察医師はふだんの医療活動において乳母と顧客関係にあり、そのことが強硬な措置を取ることを妨げていた[81]。一九〇〇年代には、多くの視察医師がこの種の哺乳びんの減少や消失を報告しているが、実際には、夜間に使用したりチューブのない哺乳びんと使い分けをして使用する例は後をたたなかった[82]。

このように、視察医師による訪問は、乳母や子守女に対する衛生教育という面では多くの限界を有するものであった。しかしここで注目すべきは、視察医師の衛生観念が母親自身による子どもの養育の奨励という、乳幼児保護法本来の道徳的理念と必ずしも相容れない内容を含んでいたことである。第二節で述べたように、世紀転換期のノール県では、大都市の労働者層などに、子どもを家の近くにあずけて週末などに引き取るという習慣がみられた。しかし視察医師は、環境の変化によって子どもが病気になってしまうとして、この習慣を批判した。リール郊外のある視察医師は、子どもの死亡は伝染病よりも親が乳母のところから連れ出す際などに体を冷やすことから起こっていると述べている(83)。またトゥルコワン郊外のある視察医師は、家庭外で養育されている子どもを親が日曜日に連れて帰ることを禁止するように求めている(84)。

そもそも視察医師にとって、都市の中に子どもをあずけること自体、衛生環境の観点から好ましくないものであった。リール郊外のある視察医師は一八八八年に、工場労働者が子どもを家の近くにあずける傾向を、健康を損なうものだと批判している(85)。一方、アヴェヌ郡やダンケルク郡などの農村部では、良質のミルクや澄んだ空気といった子どもの健康にとって好ましい条件を満たしているにもかかわらず、あずけられる子どもが少ないことに視察医師がたびたび不満を示している(86)。さらにリール郡のある視察医師は、数キロ離れれば良いあずけ先を見つけることができるのに多くの子どもが衛生環境の悪い状態であずけられているとして、大都市の子どもを田舎の最も良い地域にあずけるための「情報提供所 bureau de renseignements」の設置まで提案している(87)。

このような視察医師の態度は、親子間の親密な関係よりも子どもの生命と健康を優先するものであった(88)。こうした考え方からは、子どもがたとえ親族によって養育されていても、あるいは部分的に家庭内で養育されていても医療視察をおこなうべきという主張が出てくることになる。ノール県では、こうした主張は祖父母のもとにあずけられたり、昼間のみ家庭外で養育される子どもに対する保護拡大の要求として示された。前者の子どもについては、政府が一八八一年にそのような子どもは母親のもとにいるのと同じ条件の下にあり保護の対象外であるとの判断を示したが[89]、視察医師は、多くが非嫡出子であるこれらの子どもたちは十分な世話を受けられず、たとえ嫡出子であっても祖父母は育児に関する古い偏見にとらわれていることが多いとして反対した[90]。後者の子どもについては、一八九〇年にリール軽罪裁判所などが保護の対象外との判断を示したが[91]、視察医師はここでも、子どもが昼間置かれている生活環境の悪さを指摘して医療視察の必要を訴えた[92]。視察医師たちの主張はやがて県当局にも共有されるにいたり、一九一〇年の県知事通達によって、祖母にあずけられ母親と別に暮らす子どもと、大都市で昼間の子守に携わる「ソワニューズ soigneuses」と呼ばれるこの地方特有の子守女[93]にあずけられる子どもに対して、医療視察が義務化された[94]。

さらに、家庭外で養育される子どもの生育環境は乳母や子守女だけでなく子どもをあずける親によっても左右されたため[95]、視察医師は親に対する衛生教育の必要性をも主張した。ノール県では親と乳母・子守女との関係が比較的近かった分、この傾向はより顕著であったと考えられる。視察医師の中には乳母や子守女よりも家庭内で子どもを育てる母親の方が育児に問題があると主張する者も多く、一九〇二年には「もはや医師が子守女と戦う時代ではない。［中略］［乳幼児の］食物摂取に関して特異な考えを持っているのは親である」との声も聞かれるようになる[96]。

(三)　乳幼児検診の奨励

一八九〇年代のフランスではパストゥールによる医療・衛生の新たな知見がもたらされる一方で、一八九〇年から一八九五年に人口の自然増（出生数と死亡数との差）がマイナスに転じ、人口問題を人々に再び強く意識させることになった[97]。このような中で、乳幼児保護政策も新たな展開をみせ、乳幼児検診 consultation de nourrissons

という新たな方式が普及していくことになる（図3―1）。一八九二年にパリの産科医ピエール・ビュダンなどによって始められたこの検診は、従来の家庭訪問と異なり、母親や乳母などが子どもを連れて医師のもとに定期的に集まり、子どもの体重を測定してもらい、医師の助言を受け、ミルクを配布されるというもので、あらゆる乳幼児を対象としていた[98]。この方式は医師らの普及活動により全国に広まり、ノール県では一九〇四年の時点で、地方自治体や民間事業による検診がリール、ルーベ、トゥルコワンなど、計七か所で実施されていた[99]。一九〇〇年代には公権力の側でもこの方式を奨励するようになり、一九〇七年に内務大臣クレマンソーは各県知事に対して、乳母などに対する受診の義務化と、母親に対するあらゆる手段を通じての宣伝と説得を呼びかけている[100]。

図3－1　ノール県における乳幼児検診の様子

出典：Archives départmentales du Nord, Lille-France/ 1 N 152

他方で、乳幼児保護政策の末端を担っていた視察医師も、新たな手段を模索していた。ノール県では一九〇〇年頃より、学校での育児教育、乳母や母親への講義、そして乳幼児検診といった集団的な教育手段を求める声が出始める[101]。彼らの中には自ら乳幼児検診を始め、視察する子どもを通わせる者も存在した[102]。このような態度は、一九世紀末以降医療や衛生に関する新たな知見がもたらされる中で、従来の衛生教育に対して彼らが一定の限界を感じていたことを示すものであった。すでにみたように、視察医師は乳母や子守女のみならず子どもの母親も教育する必要を認識しており、あらゆる乳幼児を対象とする検診はそのような必要に応えるものであった。

ところで、乳幼児検診は従来の家庭訪問と比べてどのような利点を有するとされていたのだろうか。リール郊外のある視察医師は一九〇六年に、乳幼児検診は「つかの間の訪問では与えることも理解させることもできない衛生の基礎知識 notions を乳母に教え込むことができる」と述べている。[103] つまり検診は、家庭訪問よりも効率的な教育手段として期待されていた。しかし、ここでいう効率性とはいかなるものなのか。それについてはノール県の視察医師の記述から直接うかがい知ることはできないが、検診の創始者の一人であるノルマンディーの医師レオン・デュフールは、以下のように述べている。

「［検診では］これらの女性［母親］は［中略］互いを見て、判断し、比べ、そして恥や見栄も手伝って、次の時には、［中略］子どもを汚れたままの状態であえて連れてはこない。あまりにも言うことをきかず鈍感な何人かの女に対して医師が口を出さなければならないことは、きわめてまれである。[104]」

このように、医師からの指示によってではなく、むしろ乳母や母親がその中での「相互教育」によって、いわば自発的に育児法や衛生の規範に従うようになることが乳幼児検診の利点とされていた。そして、このような集団的かつ自発的な乳幼児保護のあり方こそが、個別に育児の問題を指摘する従来の方式に限界を感じていた視察医師や県当局の求めるものであった。

ノール県では、一九〇四年に乳幼児検診設置のための補助金一万フランが県議会で可決され、[105] 一九〇七年には県公衆衛生視察官のルネ・ポトレ[106]の呼びかけによってリール郡を中心に二三市町村三七か所で、翌年には二八市町村四五か所で検診が実施された。[107]

この検診は視察医師の期待したような成果をあげたのだろうか。これについて本章では明確な判断材料を提示することができないが、いくつかの例を挙げることはできる。一九〇五年に子どもをあずかる女性の大部分が届出をしていないとされたドゥエ郊外のランブルという村では、二年後に視察医師が乳幼児検診を始めた際に、満二歳未満の子どもの約三分の二が受診した。[108] ヴァランシエンヌ郡のサン＝タマンでも、一九〇九年には乳幼児人口の五五パーセントが視察医師の検診に出席した。[109] このように、民衆層は家庭訪問を受けるよりも自ら検診におもむく方を好んだように思われる。

しかし、自発性に基づく方式の奨励は、ただちに従来の家庭訪問＝医療視察を廃止するものではなかった。リール郊外のある視察医師が家庭訪問は乳母の不意をつくという意味で不可欠であると述べているように[110]、監視の有効性そのものが完全に否定されたわけではなく、乳幼児検診と医療視察とは相互補完関係にあるという意見が存在したのである[111]。

第一次世界大戦前夜の一九一三年に、県の保護委員会では、従来の監視・助言に基づく衛生教育の方式と、自発性と集団性に基づく方式をめぐって議論が展開された。すなわち、家庭訪問を従来通りおこなうことを主張する医師ウイに対して、ポトレは月二回の訪問のうち一回を乳幼児検診に替えることを求めたのである。結局、家庭訪問を従来通りおこないつつ、乳母などに対して検診を義務化するという内容で決着し[112]、第一次大戦後も医療視察は存続していくことになる。

小括

第三共和政前期における乳幼児保護政策は、権力による私生活への介入の歴史における、いわばひとつの転換点をなすものであった。人口減少問題の激化や医療技術の進展に伴なって、また民衆層の事情や現場の政策担当者の態度との妥協によって、この政策は変容をよぎなくされたのである。その結果、私生活介入の様態は家族の道徳化から科学的な衛生規範の教育へと変化し、その対象範囲は家庭外における子どもの養育からあらゆる子どもの養育へと拡大した。また、上からの教育ではなく、人々が自発的に新たな規範を学び取るような手段が選択された。すなわち、この時期の乳幼児保護政策の展開においては、私生活への介入は単にその範囲が拡大されただけでなく、政治・道徳的なものから医療・衛生的なものへ、監視・規制から自発的な規範の内面化のシステムへという、質的な転換をも経験したのである。そして政策における統治権力の論理もまた、実際の展開過程において、政策の受け手である民衆層とのせめぎあいの中で修正され、民衆からの同意をより確保できるものに組み替えられていったと言える[113]。

　なお、前述のように、第一次大戦後においても乳幼児保護政策における従来の監視・規制のシステム自体は存続したが、その一方で、戦間期になると大戦前からの乳幼児検診に加えて、女性看護師による家庭訪問という新たな乳幼児保護の方式が導入されることになる[114]。そこでは、訪問に女性を起用することにより、母親への衛生知識の伝達などがよりスムーズにおこなわれたとされる。この問題を論じることはもはや本章での考察の範囲外であるが、民衆層の自発性を重視するシステムがこの時期に別の角度から強化されたとみることも可能なように思われる。

注

（1）一八世紀以降に関して、BOLTANSKI, *op.cit.*; DONZELOT, *op.cit.*, ch.2（前掲訳書、第二章）; JOSEPH et FRITSCH, *op.cit.*, pp.55-81 ; CRISLER, Jane E., *"Saving the Seed": The Scientific Preservation of Children in France during the Third Republic*, Ph.D.diss., University of Wisconsin-Madison, 1984 を参照。

（2）たとえば、以下の研究を参照。COLE, Josua, *The Power of Large Numbers : Population, Politics and Gender in Nineteenth-Century France*, Ithaca, Cornell University Press, 2000, ch.5.

（3）ROLLET-ECHALIER, *op.cit.*, pp.326-334.

（4）*Protection des enfants du* 1er *âge, Rapport de l'inspecteur des enfants assistés*（名称は数回変更されているが、以下、*PEPA* と略記し、報告

の年度を（　）内に表示する）。この報告は県議会資料中の部局長報告 *Rapports des chefs de service* に収録されている（ただし一九一三年度のものは欠落）。なお、この業務報告には視察医師（後述）の報告が掲載されているが、一八九〇年度から一八九五年度に関しては存在せず、その後の年度についてもかなり簡略化されている。

（5）後述するように、ここでの「乳幼児 enfants du premier âge」とは満二歳未満の子どもを指している。

（6）この議論については ROLLET-ECHALIER, *op.cit.*, 1ère partie に詳しいが、ここでは主に、SUSSMAN, George D., *Selling Mothers' Milk : The Wet-Nursing Business in France, 1715-1914*, Urbana, University of Illinois Press, 1982, pp.121-128 を参照した。

（7）PROPOSITION DE LOI ayant pour objet la protection des enfants du premier âge et en particulier des nourrissons, présentée par M. Théophile Roussel, [...]（以下 PROPOSITION de Roussel（1873）と略記）, Annexe n.1707 in *J.O.* du 24 mai 1873, p.3285.

（8）RAPPORT fait au nom de la commission chargée d'examiner la proposition de loi de M. Théophile Roussel [...] par M. Théophile Roussel [...]（以下 RAPPORT de Roussel（1874）と略記）, Annexe n.2446（Séance du 9 juin 1874）in *J.O.* du 26 juillet 1874, p.5250.

（9）以上、RAPPORT de Roussel（1874）, *op.cit.*, p.5250.「乳母産業」という語は、乳母や彼女らの仲介業者の活動を指していると思われる。なお、この法案では乳母が雇われ先の家庭で子どもを養育する場合は基本的に規制の対象となっていない（*ibid.*, p.5251）。

（10）Cf. ROLLET, Catherine, « La petite enfance, un enjeu démographique pour la France（1870-1914）» in *Les âges de la vie*（*17e Colloque national de démographie*）, Paris, INED/PUF, 1983, v.2, p.162.

（11）ROLLET-ECHALIER, *op.cit.*, p.117. またサスマンは、一九世紀には富裕層の家庭では母親が住み込みの乳母を雇って家庭内で授乳させるようになる一方、下層中間階級や労働者階級による農村の乳母の需要は増加したとする（SUSSMAN, George D., « The Wet-nursing Business in Nineteenth-Century France », *French Historical Studies*, 1975, v.9, n.2, pp.307-308）。

（12）以上、PROPOSITION de Roussel（1873）, *op.cit.*, p.3285. ここには前述の母性愛をひとつの基準とする近代家族規範がみてとれるが、このような家族道徳の重視に関しては、共和政定着のための政治戦略としての側面も指摘されている（NORD, Philip, *The Republican Moment : Struggle for democracy in Nineteenth-Century France*, Cambridge&London, Harvard University Press, 1998（1995）, pp.232-233）。

（13）RAPPORT de Roussel（1874）, *op.cit.*, p.5252.

（14）MOREL, Marie-France, « Théories et pratiques de l'allaitement en France au XVIIIe siècle », *Annales de démographie historique*, 1976, pp.393-427.

（15）RAPPORT de Roussel（1874）, *op.cit.*, p.5251.

（16）Cf. *Ibid.*, p.5251.

（17）*Ibid.*, p.5254.

（18）ルーセルは、子どもが満一歳になっても授乳される場合があり、また大都市部において子どもは満二歳以降にしか託児所 salle d'asile に入ることができないとして、満二歳未満という保護の年齢の上限を主張した（RAPPORT de Roussel（1874）in *J.O.* du 27 juillet 1874, p.5270）。

（19）*Ibid.*, p.5269.

（20）*Ibid.*, p.5270.

（21）これらの証明書の詳細は、一八七七年の施行規則によって定められた。

（22）この施行規則のテキストについては、*J.O.* du 28 février 1877, pp.1514-1516 のものを参照した。

（23）具体的な児童保護団体としては、児童保護協会 sociétés protectrices de l'enfance、母性慈善協会 sociétés de charité maternelle、保育所 crèches または保育所協会 sociétés des crèches の名前が挙げられている。

（24）RAPPORT de Roussel（1874）in *J.O.* du 27 juillet 1874, p.5271. これは慈善活動などに従事していたブルジョワ女性などを指すものと思われる。彼女らのノール県における慈善活動については、SMITH, Bonnie G., *Ladies of the Leisure Class : The Bourgeoises of Northern France in the Nineteenth Century*, Princeton University Press, 1981, ch.6（井上堯裕／飯泉千種訳『有閑階級の女性たち　フランスブルジョワ女性の心象世界』法政大学出版局、一九九四年、第六章）を参照。

（25）Cf. ROLLET-ECHALIER, *op.cit.*, p.326.

（26）BALESTRE, Dr A. et GILETTA DE SAINT-JOSEPH, A., *Etude sur la mortalité de la première enfance dans la population urbaine de la France de 1892 à 1897*, Paris, Octave Doin, 1901, p.2.

（27）PROPOSITION de Roussel (1873), *op.cit.*, p.3285.

（28）SHORTER, Edward, *The Making of the Modern Family*, New York, Basic Books, 1977（1975）, pp.175-190（田中俊宏ほか訳『近代家族の形成』昭和堂、一九八七年、一八四〜二〇〇頁）; SUSSMAN, *op. cit.*, pp.8-12, 182-185; FAY-SALLOIS, Fanny, *Les nourrices à Paris au XIXe siècle*, Paris, Payot&Rivages, 1997（1980）, p.237.

（29）SHORTER, *op.cit.*, p.177（前掲訳書、一八五〜一八六頁）; SUSSMAN, *op.cit.*, pp.172-174.

（30）ROLLET, Catherine, « Nourrices et nourrissons dans le département de la Seine et en France de 1880 à 1940 », *Population*, 3, 1982, pp.576-577.

（31）ただしこの業務報告には、ノール県から外国を含む他の地域にあずけられた子どもに関するデータは含まれていない。

（32）*PEPA（1892）*, p.635.

（33）県視察官によれば、カンブレ郡が例外であったのはパリの乳母斡旋所がこの郡でセーヌ県の里子のための乳母を雇っていたためだという（*PEPA（1894）*, p.286）。

（34）ノール県内の各郡における、家庭外で育てられた子どものうち県外で生まれた子どもの占める割合は以下の通りである（数値は業務報告における一八九四年から一八九八年の五年間の平均値）

アヴェヌ郡―二二・〇％　カンブレ郡―五四・八％
ドゥエ郡―二五・七％　ダンケルク郡―七・九％
アズブルック郡―一七・四％　リール郡―二一・九％
ヴァランシエンヌ郡―二四・三％　全県―一一・二％

（35）『フランス・アルジェリア都市保健統計』の数値においても、都市内で生まれた子どもが里子に出されるのは、ほとんどすべて同じ都市の内部であった。ただしルーベでは、子どもの大部分が周辺市町村にあずけられていたという指摘も存在する（*PEPA（1882）*, p.641）。

（36）*PEPA（1888）*, p.695.

（37）*PEPA（1880）*, p.642 ; *ibid*（1885）., p.8. なお、一八八四年度と一八八五年度の業務報告に関しては別冊として刊行されたものを参照した。

（38）*PEPA*（*1883*）, p.582.

（39）*PEPA*（*1883*）, p.578.

（40）ルーベ郊外のある視察医師は、産業の状態によって子どもが一週間ごとによそにあずけられ、また引き取られていると述べている（*PEPA*（*1886*）, p.712）。

（41）リールでは、子どもが一日に何回も子守女と母親との間を往復しているという事例がみられる（*PEPA*（*1884*）, p.27）。

（42）*PEPA*（*1903*）, p.236.

（43）ROLLET, Catherine, « L'allaitement artificiel des nourrissons avant Pasteur », *Annales de démographie historique*, 1983, p.88.

（44）*Ibid*., p.89.

（45）リールのある視察医師は、多くの女性労働者が夜に子どもを引き取り、翌朝にまた乳母のもとに連れて行く習慣があると指摘している（*PEPA*（*1885*）, p.24）。

（46）ROLLET, « Nourrices et nourrissons », *art.cit*., pp.583-590.

（47）たとえば、ノール県産業協会では一八七四年に、工場で働く女性が出産後の一定期間育児に専念できるための援助基金 caisse de secours の設立が提案されている（*Bulletin de la Société industrielle du Nord*, n.7, 1874, pp.45-86）。

（48）*PVCGN*, Séance du 26 août 1876, p.204.

（49）*PEPA*（*1881*）, pp.689-690 ; *ibid*（*1882*）., p.601.

（50）*PEPA*（*1904*）, p.275.

（51）Cf. *PEPA*（*1888*）, p.666.

（52）*PEPA*（*1883*）, p.551 ; *ibid*（*1882*）., p.601.

（53）*PEPA*（*1888*）, p.693.

（54）*PEPA*（*1880*）, p.631.

（55）*PEPA*（*1882*）, p.601.

（56）*PEPA*（*1882*）, p.604.

（57）県視察官によれば、これは乳幼児保護法に違反した際の罰金が移動や裁判費用によって実際にはより高額になってしまうためであった（*PEPA*（*1887*）, pp.771-772）。

（58）以上、*PEPA*（*1890*）, pp.572-573.

（59）*PEPA*（*1909*）, pp.119-120.

（60）*PEPA*（*1880*）, p.632 ; *ibid*（*1884*）., p.6.

（61）*PEPA*（*1883*）, p.552.

（62）*PEPA*（*1880*）, p.632.

（63）*PEPA*（*1885*）, p.5. ただし県視察官は彼女らの「ためらい」がほとんど根拠のないものだとしている。

（64）一八九二年度の業務報告では、正常に機能している委員会はダンケルクとカンブレのみとされている（*PEPA*（*1892*）, p.643）。さらに一九〇七年度以降は、「地方委員会は存在しない」という記述がみられる。

（65）一八七九年の県議会では、当時のノール県の医師の数は四七八人とされている（*PVCGN*, Séance du 27 août 1879, p.157）。一方ピエラールは、一八九五年における医師の数を七二〇人としている（PIERRARD, Pierre, *La vie quotidienne dans le Nord au XIX*^{e} *siècle: Artois-Flandre-Hainaut-Picardie*, Paris, Hachette, 1976, p.24）。

（66）たとえば一八八七年の場合、リールではひとつの都市を一〇人の医師が担当したが、アヴェヌ郡やアズブルック郡といった農村部では、一人の医師が平均四つから六つの市町村を受け持っていた。医師一人が訪問する子どもの数も、リール郡と農村部とではかなり差がみられる。

（67）*PEPA*（*1890*）, p.574.

（68）*PVCGN*, Séance du 30 septembre 1910, pp.490-491.

（69）RAPPORT au Président de la République Française（signé par A. Fallières, ministre de l'Intérieur et des Cultes）in *J.O.*, *Lois et décrets* du 27 décembre 1882, p.6932.

（70）*PEPA*（*1887*）, p.775.

（71）*PEPA (1885)*, p.39.
（72）*PEPA (1903)*, p.242. なお、オリヴィエ・フォールは一九世紀の「医療化 médicalisation」（住民の科学的医療への賛同）の観点から同様の事例を指摘している（FAURE, Olivier, *Les français et leur médecine au XIXe siècle*, Paris, Bélin, 1993, p.267）。
（73）たとえば、*PEPA (1885)*, p.22.
（74）一八八六年度の業務報告は、子どもが病気の場合、親は出費をさけるためにまず乳母にケシなどの薬を持たせると述べている（*PEPA (1886)*, p.721）。
（75）当時の伝統的な育児慣行についてはとりあえず、フランソワーズ・ルークス、福井憲彦訳『〈母と子〉の民俗史』新評論、一九八三年（原著一九七八年）の特にⅢ章とⅣ章を参照。
（76）チューブ付哺乳びんをめぐる全国的な動きについては、ROLLET-ECHALIER, *op.cit.*, pp.568-574 を参照。
（77）一八九四年の県視察官の調査によると、医療視察を受けた乳母一五〇三人のうち一二九八人が哺乳びんでの授乳をおこなっており、またチューブ付のものを使用していたのは一一六四人にのぼった（*PEPA (1893)*, p.828）。
（78）ただしロレ＝エシャリエは、この種の哺乳びんの禁止は衛生上の問題だけでなく、子どもへの世話を規則正しくおこなわせるという、乳母の「訓練」の問題でもあったとする（ROLLET-ECHALIER, *op.cit.*, pp.569-570）。
（79）*PEPA (1899)*, p.283 ; *ibid* (1905)., p.272.
（80）*PEPA (1889)*, pp.643, 673.
（81）*PEPA (1902)*, p.252.
（82）*PEPA (1905)*, p.277 ; *ibid (1900)*., p.245.
（83）*PEPA (1900)*, p.243.
（84）*PEPA (1901)*, p.220.
（85）*PEPA (1888)*, p.663.
（86）たとえば *PEPA (1886)*, p.691.
（87）*PEPA (1887)*, p.744.

（88）このような親と医師との対立は、フランス北部・東部の他の県でもみられる（ROLLET, « L'allaitement artificiel », *art.cit.*, p.89）。

（89）*PEPA*（*1884*）, p.39.

（90）リールの視察医師ベクールは一八八三年に、親族であるからといって子どもの世話が良識的である保証はないと述べている（*PEPA*（*1883*）, p.579）。

（91）*PVCGN*, Séance du 10 avril 1893, pp.185, 190.

（92）たとえば *PEPA*（*1899*）, p.282. また乳母が親と共謀して昼間だけ子どもをあずかっていることにして法律の監視を逃れている場合があるため、そのような子どもも監視すべきという意見もあった（*PEPA*（*1903*）, pp.237-238）。

（93）県当局によれば、彼女らは働く未婚女性の子どもを主に引き受ける高齢の子守女だとされている（*PEPA*（*1909*）, pp.122 et 124）。

（94）*PEPA*（*1909*）, pp.120-123.

（95）たとえば、親が子どもをあずける際にチューブ付哺乳びんを一緒に持っていくことがあった（*PEPA*（*1905*）, p.273）。

（96）*PEPA*（*1902*）, p.243.

（97）ROLLET, « La petite enfance », *art.cit.*, p.164.

（98）乳幼児検診の成立及び普及に関しては、ROLLET-ECHALIER, *op.cit.*, pp.353-392 に詳しい。なお類似の内容のものとして、「ミルク配給所 Goutte de lait」という名称で呼ばれるものもあった。

（99）CAVRO, Paul, *La mortalité infantile dans le Nord et le Pas-de-Calais : la défense de l'enfant « Consultations de nourrissons » ou « Gouttes de Lait »*, Thèse en Médecine, Lille, Le Bigot Frères, 1904, pp.44-47.

（100）ROLLET-ECHALIER, *op.cit.*, pp.375-376.

（101）たとえば、*PEPA*（*1901*）, p.211.

（102）*PEPA*（*1905*）, p.269.

（103）*PEPA*（*1906*）, p.343.

（104）DUFOUR, Dr Léon, *La Goutte de lait à Fécamp 1894-1900*, Rouen, Girieud, 1900, p.17（cité par ROLLET-ECHALIER, *op.cit.*, p.365）.

（105）*PVCGN*, Séance du 31 août 1904, pp.606-607.

（106）ポトレは乳幼児検診普及のため、従来よりも費用のかからない検診の方式を考案した。その内容については、*Inspection de la Santé et de l'Hygiène publiques du Nord, rapport adressé à M. le Préfet du Nord par le Dr René POTELET*（以下 *ISHN* と略記。この報告もノール県議会資料の部局長報告の中に含まれている）, 1906, pp.360-362 ; *ibid.*, 1907, pp.442-444 を参照。

（107）*ISHN*, 1907, p.446 ; *ibid.*, 1908, p.269.

（108）*PEPA*（*1905*）, p.266 ; PAQUET, Dr P., *Rapport sur la première année de fonctionnement de la consultation de nourrissons de Lambres*（*Nord*）, Lille, Le Bigot Frères, 1908, p.3.

（109）*PEPA*（*1909*）, p.109.

（110）*PEPA*（*1908*）, p.191.

（111）たとえば、トゥルコワン郊外のある視察医師は、乳幼児検診の有用性を保つためには家庭訪問を排除してはならないと述べている（*PEPA*（*1907*）, p.189）。

（112）*PEPA*（*1912*）, p.124.

（113）ただし近年、一九世紀フランスにおける公権力の社会への介入に関して、専門家集団や行政機構よりも地域住民の方が積極的に介入を求める場合があったことも指摘されている（田中直康「ローヌ県衛生評議会　―一九世紀フランスの衛生行政―」『早稲田大学大学院文学研究科紀要』第四八号第四分冊、二〇〇二年、二九～四〇頁）。

（114）戦間期の乳幼児保護については、とりあえず以下を参照。ROLLET-ECHALIER, *op.cit.*, pp.392-416 ; CRISLER, *op.cit.*, ch.7.

第4章　ノール県における児童扶助行政の展開（一八七〇〜一九一四年）

フランスでは一九世紀初めに捨て子や貧しい孤児を全国レヴェルで保護する体制が成立し、その保護のもとに置かれた子どもは世紀半ば以降、「被扶助児童 enfants assistés」の名で呼ばれることになった。第一章で述べたように、第三共和政前期には一八八九年の児童保護法、一八九八年の児童虐待処罰法、一九〇四年の児童扶助業務法といった法律が次々に制定され、被扶助児童をめぐる政策は大きな進展をみせた。彼らのために行政機関がおこなった業務が「児童扶助業務 service des enfants assistés」であるが、本書ではより一般的な表現として、「児童扶助行政」という語を用いることにする（ただし、法令などで「業務」の語が使用されている場合はそのまま表記する）。

前述のように、児童保護の問題に関しては、これまでドンズロやメイエなどによって国家や支配階層による統治戦略として論じられる傾向にあった。しかし、児童扶助行政という視角からみた場合、国家が必ずしも最初から積極的な関与をおこなっていたわけではない。当時の児童扶助行政は地方自治体である県を単位として組織され、県の児童扶助視察官(1)（以下「県視察官」と略記）が児童の状態などを視察・報告し、県知事が予算や諸事項を提案し、県議会が決定するという手順が取られていた。すなわち地方自治体の代表機関が最終的な決定権を有していたのである。さらに行論の中で明らかになるように、少なくとも二〇世紀初めまで、地方自治体の決定権が制限されることはなかった。こうした点を考慮するならば、児童保護に関して地方自治体の実践やイニシアティヴがむしろ重要な役割を担っており、全国レヴェルの政策もこうした実践の上に構築されていたと考えることができる。この問題については、すでにロレ＝エシャリエが第三共和政の乳幼児保護政策をさまざまな主体が関与するプロセスとして位置づけているが、地方自治体の問題に特に関心が払われているわけではない(2)。本章では、この地方自治体のイニシアティヴという観点から県レヴェルでの児童扶助行政の展開を跡づけることによって、当時の児童保護や、それによる私生活介入の実態に迫ることを試みたい。

ところで、地方自治体のイニシアティヴへの着目は、近年のフランスにおける社会政策や福祉国家（社会国家）の研究においてみられるものである。その背景としては、一九八〇年以降の地方分権化政策の中で地方レヴェルでの福祉のありかたが注目されていることがあげられる。たとえばポレは第三共和政前期の衛生や公的扶助に関して、地方自治体が政府に先んじて取り組みをおこなったり、全国レヴェルの政策に対して抵抗を示した場合があったことを指摘する(3)。ただしこれまでの研究では市町村、なかでも都市自治体の活動に焦点が当てられ、地方制度上市町村よりも自律性が低いとされる県についてはあまり関心が払われていないように思われる(4)。本章は児童保護をめぐる県当局のイニシアティヴの存在に注目することで、こうした研究を補完することも意図している。

ここで一九世紀の児童扶助行政をめぐる研究状況を概観しておくならば、このテーマについてはこれまで捨て子研究の中で言及され(5)、いくつかの統計的分析もおこなわれている(6)。民衆家族の統合政策としての側面もリンチやテーガーによってすでに指摘されているが、地方自治体のイニシアティヴという点にはあまり関心が払われていない(7)。一方、地方レヴェルの分析としては、管見の限りポタシュのリールとリヨンに関する研究、パッシオンのパリに関する研究、カルリエのロワール県に関する研究などがあるが、いずれも私生活介入の問題への視点を欠いたものになっている。[8] したがって、私生活介入という統治権力の観点から地方自治体のイニシアティヴのありかたを検討する作業は、いまだ十分になされていないと言える。

本章ではこうした問題意識に基づいて一八七〇年から一九一四年におけるノール県の児童扶助行政の展開を検討するが、以下ではまず一九世紀の児童扶助制度の性格を明らかにし、次に児童扶助行政の展開を当時の地域社会、さらに全国レヴェルの児童保護政策との関連において考察する。その際、地域社会や民衆層とのかかわりの中で私生活介入がどのように変化したのかという点にも注意を払うことにする。

なお、本章で用いる主な史料は、ノール県文書館所蔵の県議会議事録・知事報告・児童扶助業務報告[9]（ADN, série 1N）、及びリール養育院文書 Archives hospitalières de Lille（ADN, série 96J）である。

第一節　一九世紀の児童扶助制度　―ノール県を中心に―

フランスの児童扶助制度は、第一章で述べたように一八一一年一月の政令[10]によって養育院での捨て子と貧しい孤児の受け入れが定められたことに始まる。[11] 捨て子については当初回転箱を用いた匿名かつ無制限の受け入れがおこなわれたが、七月王政期（一八三〇～一八四八年）にはその財政負担が問題となり、さらに都市の貧困問題の解決に際して民衆層の家族を道徳化・規律化する必要が唱えられ、[12] 捨て子の防止策が講じられることになった。[13] そして第二帝政期（一八五二～一八七〇年）になると被扶助児童の生活環境にも関心が向けられ、彼らの教育や医療に関する措置も打ち出されていった。[14] このように、一九世紀の児童扶助制度においては、捨て子の防止による民衆家族の道徳化と子どもそのものの保護という二つの関心をみることができる。

この制度は当初養育院を中心とする慈善的色彩の強いものであったが、第二帝政期には知事や県視察官の権限が強化された[15]。さらに一八六六年七月の「県議会に関する法律」では児童扶助業務が県議会の決定事項とされ[16]、一八六九年五月の児童扶助業務支出法では養育院の財政負担が大幅に削減された。こうして一九世紀後半には児童扶助行政は公的サーヴィスとしての性格を強くする一方、それを管轄する県当局には行政上の自律性が付与されることになった。そのため、当時の児童扶助制度は地方（県）ごとに多様な様相を呈していたと考えられる[17]。以下ではノール県における制度の具体的様相を、一八七〇年三月に作成された、県の児童扶助業務に関する一般規則の内容から明らかにしていきたい[18]。

まず、この規則では一八一一年の政令と同じく、被扶助児童は捨て子と貧しい孤児からなるとされた。しかしノール県では基本的に市町村が後者の扶助を担ってきたことから[19]、実際には市町村が財政的に扶助できない場合のみ県の児童扶助行政が引き受けるという解釈がなされることになった[20]。

次に被扶助児童の受け入れの方式については、事前の調査に基づいて県知事が許可するとされた。特に捨て子の場合、親の失踪や病気による入院、または犯罪による拘留などによって子どもを育てることが物理的に不可能であることが受け入れの条件とされた。

一九世紀の捨て子の原因として、フックスなどの歴史家は主に民衆層の貧困といった社会経済的状況を指摘している[21]。しかしこの規則では貧窮のみを理由とする捨て子は基本的に認められていない。その代わりに、満四歳未満の非嫡出子[22]に対しては捨て子防止のための在宅援助（「一時的援助」）が規定された[23]。これは子どもを自ら育てさせることで未婚の母親の道徳化をはかるためのもので[24]、結婚して子どもが嫡出子となった場合には特別の手当金が支払われる代わりに援助は打ち切られた。この援助を受けても子どもの養育が困難な場合のみ、貧窮による捨て子が認められた。嫡出子の場合は、貧窮による捨て子は市町村レヴェルの福祉機関である救貧局 bureau de bienfaisance の管轄とされ、一時的援助は認められなかった[25]。

被扶助児童は養育院に収容され、成人するまで（または未成年解放émancipation[26]まで）その管理委員会commission administrativeの後見の下に置かれた。養育院への収容後、子どもは里親にあずけられて一二歳（後に一三歳）まで養育され、それから徒弟奉公に従事するとされた。児童の健康や道徳性にも配慮がなされ、救貧局の医師による無料診療や初等学校への通学義務といった措置も規定されている。

最後に、児童扶助行政の支出は養育院における内部支出とその他の外部支出の二つに区分され、国家が前者の五分の一、市町村が後者の五分の一をそれぞれ負担し、残りは県の負担とされた。したがって、大部分は地方自治体の予算で賄われていた[27]。

以上のように、ノール県における児童扶助制度は、民衆家族の道徳化と子どもの保護という二つの関心を県レヴェルで体系化したものといえる。しかし重点はあくまでも前者に置かれていた。ノール県の場合、特に未婚の母親の道徳化が重視されたが、非嫡出子の出生率がこの地域において比較的高かったことなどがその背景として考えられる[28]。こうした地域的状況にも左右されつつ、児童扶助は何よりも子ども自身の家庭（特に両親にいる家庭）を中心としておこなわれるものとされ、家族秩序の維持あるいは回復といった当時の支配階層が直面していた問題と不可分のものとして構想されていた[29]。

こうしたノール県の制度は現実の地域社会の中でどのように機能し、変化したのだろうか。次節ではこの問題について検討する。

第二節　児童扶助行政と地域社会

（一）民衆家族の道徳化の機能不全

まず、県視察官が毎年作成した児童扶助業務報告（本章では以下「業務報告」と略記）及びリール養育院文書のデータを参照しつつ、当時の捨て子の状況を明らかにしたい。

ノール県で捨て子がなされた主な地域について明確なデータは少ないが、一八九八年度から一九〇〇年度までの業務報告によれば、県内主要五都市（カンブレ、ドゥエ、ダンケルク、リール、ヴァランシエンヌ）の捨て子養育院hospice dépositaireのうちリール養育院への捨て子が全体の約六割を占めている。捨て子の出身階層については、一八八五年度の業務報告によれば大多数が都市の工業人口に属していた[30]。具体的には、父親は一般の職人・労働者や日雇労働者、母親は縫い子、繊維労働者、奉公人、日雇労働者といった職種が多くみられる（表4―1）。

表4－1　1872～1879年のリール養育院における捨て子の親の職業

職業		父親	母親
軍人		2	0
職員		1	0
小商人		1	6
農業従事者		0	2
職人・労働者	縫い子等	—	80
	繊維労働者	7	77
	日雇・人足等	23	55
	その他	38	20
奉公人等		1	89
主婦		—	19
無職・その他		3	27

出典：ADN, 96J/1415-1416.

『ノール県統計年鑑Annuaire statistique du département du Nord』の数値によれば、一八七〇年代から二〇世紀初めまで嫡出子・非嫡出子ともに出生数に大きな変動はみられない。しかし捨て子の年間受け入れ数の推移（グラフ4―1）をみると、捨て子防止策が講じられていたにもかかわらず一八七〇年代半ばから増加の傾

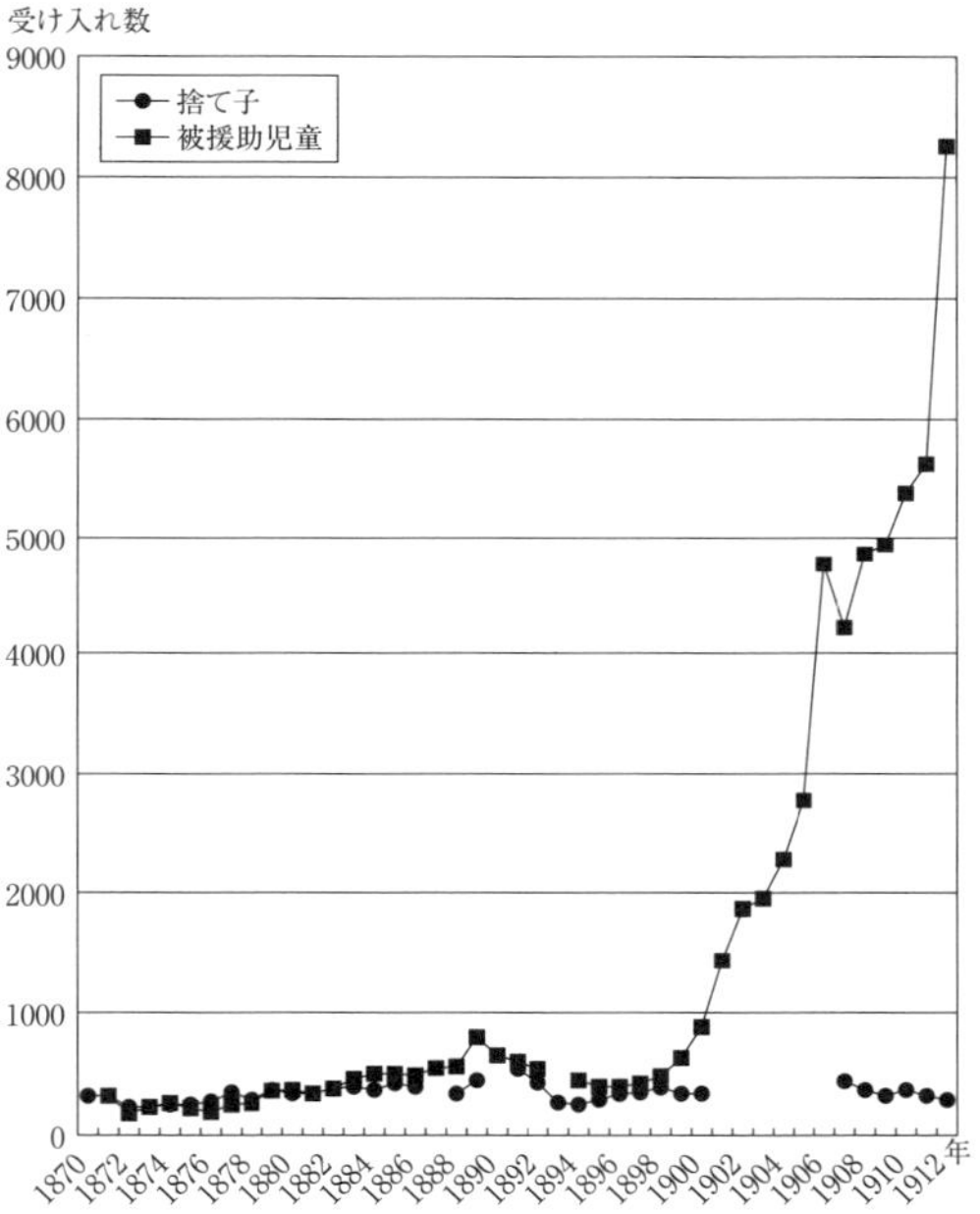

グラフ４－１　ノール県における捨て子と被援助児童の年間受け入れ数の推移

※捨て子は1890年頃までは12歳未満、それ以降は13歳未満に関する数値（正確な変更時期については史料の記述にばらつきがあり不明）。

出典：*EA*（1870年度に関してのみ *RPN*）.

向を示し、一八九〇年代初めにひとつのピークに達している。つまり、世紀末大不況の影響によって一時的援助を受けても子どもを養育できない母親が増えたと考えられる。[31] リール養育院に収容された捨て子の年齢と理由を分類した表４－２と表４－３[32]からも、非嫡出子は一時的援助の対象となる生後一歳未満で捨てられるケースが最も多く、またほぼ半数が貧窮を理由としていたことがわかる。

こうした捨て子増加の原因を非嫡出子にのみ帰することはできない。たとえば一八七〇年代にリール養育院が受け入れた捨て子について、非嫡出子が全体の約四八パーセント、嫡出子（姦通による子ども enfant adultérin も含まれる）が約四六パーセント、嫡出・非嫡出不明が約六パーセントという比率であった。[33] ノール県全体に関しても、一九〇七年初めの時点で被扶助児童となっていた捨て子のほぼ半数が嫡出子であり、[34] 捨て子の中には多くの嫡出子が含まれていたのである。

嫡出子の捨て子が児童扶助行政に受け入れられるためには、父親と母親の双方に関して子どもを捨てる明確な理由が必要とされた。その組み合わせは多岐にわたっているが、親の失踪や死亡といった理由が含まれてい

表4－2　リール養育院における捨て子（満12歳未満）の収容時の年齢（1881～1904年）

	年齢	1881-1885年	1886-1890年	1891-1895年	1896-1900年	1901-1904年	全体
非嫡出子	満1歳未満	109（61.6%）	76（48.4%）	108（61.4%）	134（64.4%）	131（70.4%）	558（61.7%）
	満1歳～5歳未満	40（22.6%）	44（28.0%）	38（21.6%）	48（23.1%）	34（18.3%）	204（22.6%）
	満5歳～12歳未満	28（15.8%）	37（23.6%）	30（17.0%）	26（12.5%）	21（11.3%）	142（15.7%）
	合計	177（100.0%）	157（100.0%）	176（100.0%）	208（100.0%）	186（100.0%）	904（100.0%）
嫡出子	満1歳未満	25（10.3%）	14（6.7%）	6（3.8%）	13（9.0%）	6（4.8%）	64（7.3%）
	満1歳～5歳未満	60（24.8%）	45（21.4%）	44（27.8%）	49（34.0%）	29（23.2%）	227（25.8%）
	満5歳～12歳未満	157（64.9%）	151（71.9%）	108（68.4%）	82（56.9%）	90（72.0%）	588（66.9%）
	合計	242（100.0%）	210（100.0%）	158（100.0%）	144（99.9%）	125（100.0%）	879（100.0%）

出典：ADN, 96J/268, 281-283, 592, 1418-1420, 1423-1424.

るケースが最も多くみられる（表4－3）。また非嫡出子とは対称的に、満五歳を過ぎてから捨てられる場合が最も多かった（表4－2）。しかし、実際には捨て子の理由として貧窮と失踪とを区別することが困難な場合もあった。たとえば、一八八五年度の業務報告は次のように述べる。

「［中略］多くの労働者階級の正式な夫婦 ménages légitimes が万策尽きて仕事もなく、通常の住居を離れてよそで生活手段を見つけようとする。出発する際に彼らは小さな子どもを親戚か隣人にあずける。仕事探しの成果がないと、これらの夫婦は［子どもの世話に対する］申し合わせた報酬を支払える状態にないため、次の居所を知らせずに姿を消してしまう。子どもをあずかった者は、自らがしばしばひどく貧乏であり、たちまち養育院に対して小さな捨

表４－３　リール養育院における捨て子（満12歳未満）の理由（1881～1904年）

	捨て子の理由	1881-1885年	1886-1890年	1891-1895年	1896-1900年	1901-1904年	全体
非嫡出子	犯罪	12 (6.8%)	11 (7.0%)	13 (7.4%)	5 (2.4%)	5 (2.7%)	46 (5.1%)
	失踪	24 (13.6%)	24 (15.3%)	23 (13.1%)	16 (7.7%)	13 (7.0%)	100 (11.1%)
	貧窮	91 (51.4%)	76 (48.4%)	111 (63.1%)	157 (75.5%)	135 (72.6%)	570 (63.1%)
	入院	41 (23.2%)	45 (28.7%)	28 (15.9%)	29 (13.9%)	33 (17.7%)	176 (19.5%)
	死亡	8 (4.5%)	0 (0.0%)	1 (0.6%)	1 (0.5%)	0 (0.0%)	10 (1.1%)
	その他	1 (0.6%)	1 (0.6%)	0 (0.0%)	0 (0.0%)	0 (0.0%)	2 (0.2%)
	合計	177 (100.1%)	157 (100.0%)	176 (100.1%)	208 (100.0%)	186 (100.0%)	904 (100.1%)
嫡出子	片親の犯罪を含むもの	30 (12.4%)	61 (29.0%)	52 (32.9%)	33 (22.9%)	13 (10.4%)	189 (21.5%)
	片親の失踪を含むもの	141 (58.3%)	114 (54.3%)	67 (42.4%)	83 (57.6%)	73 (58.4%)	478 (54.4%)
	片親の貧窮を含むもの	16 (6.6%)	4 (1.9%)	5 (3.2%)	2 (1.4%)	1 (0.8%)	28 (3.2%)
	片親の入院を含むもの	94 (38.8%)	59 (28.1%)	63 (39.9%)	53 (36.8%)	70 (56.0%)	339 (38.6%)
	片親の死亡を含むもの	158 (65.3%)	122 (58.1%)	104 (65.8%)	92 (63.9%)	66 (52.8%)	542 (61.7%)
	不明・その他を含むもの	4 (1.7%)	4 (1.9%)	6 (3.8%)	4 (2.8%)	3 (2.4%)	21 (2.4%)
	全体	242 (100.0%)	210 (100.0%)	158 (100.0%)	144 (100.0%)	125 (100.0%)	879 (100.0%)

出典：ADN, 96J/268, 281-283, 592, 1418-1420, 1423-1424.

て子の受け入れを懇願せざるを得なくなるのである［中略］[35]」

一八八七年度の報告でも、多くの嫡出子の親が子どもを捨てるために「失踪をよそおっている」との指摘がみられる[36]。この指摘の信憑性は不明だが、当時の民衆層の家族生活において、貧窮のみを理由とする捨て子と親の失踪による捨て子を区別することが困難であったことがうかがえる。さらに一八七〇年代のリール養育院文書には、非嫡出子と嫡出子が同じ家庭で育てられたり、父親の別居・死亡などによって嫡出子が非嫡出子と同様の家庭環境に置かれる事例も少なからずみられる[37]。つまり、子どもの生活環境という点では、嫡出子か非嫡出子かという法律上の区分は必ずしも明確な意味を持たなかったのである。

こうした中で、非嫡出子の捨て子防止策であり、また未婚の母親を道徳化する手段であった一時的援助の実態はどのようなものだったのか。この援助が支給された主な地域については、一八八〇年代後半においてリール郡が県全体の八割以上を占めており、捨て子よりもさらにリール郡に集中していた[38]。この一時的援助を受けた児童（以下「被援助児童」と表記）の出身階層については不明であるが、一八九一年度の業務報告は母親の大部分が日雇労働者、奉公人、縫い子、そして特に工場で働く女性 filles de fabrique であったとしており[39]、捨て子の場合とほぼ一致していたと考えられる。

被援助児童の年間受け入れ数は、一八七〇年代末頃から捨て子の受け入れ数と並行して増加しており（グラフ4―1）、したがって一時的援助が捨て子防止策として有効に機能していたとは必ずしも言えない。むしろ当時の県視察官が評したように、大不況下での「極貧 extrême misère への援助」という性格を持っていたと考えることもできる[40]。

未婚の母親の道徳化という点でも、この一時的援助は有効なものではなかった。その指標として、被援助児童のうち母親の結婚によって嫡出子となった子どもの比率をみてみると、一八七〇年代から八〇年代にかけて、ほとんど全体の一割に満たなかった。ただしノール県の被援助児童には未婚の母親の子ども以外に、親族や他人が引き取った捨て子や孤児（「引き取られ児童 enfants recueillis」と呼ばれた）が含まれており[41]、この比率は実際にはさらに高かったと考えられる。それでも、未婚の母親が一時的援助を受けて結婚するケースはかなり少なかったと言わなければならない。

こうした一時的援助の実態に対して、県当局は「多すぎる援助は子どもの遺棄を減少させない」という認識を持つに至る[42]。道徳化の機能についても一八八〇年代前半には積極的な評価がみられるが[43]、一八九〇年代には有効性が疑問視されるようになる。一八九一年の県視察官は、内縁関係を結んだり、子どもを自分の母親に育てさせたり、あるいは無秩序な生活を続けていたりする母親にも援助が与えられ、そのため非嫡出子の母親でありさえすれば必ず援助を受けられるという誤解を招いていると指摘する。そのような援助は、「子どものためにならぬ施し」、「道徳的退廃の一要因」であるとされた[44]。県知事もまた、援助を得られないのなら子どもを捨てるしかないと脅すという「悪習」の多さを指摘している[45]。同年県議会は一時的援助を大幅に削減することを決定し[46]、被援助児童の年間受け入れ数はその後しばらく減少することになる（グラフ4―1）。ただし、二〇世紀初めにおいても「母親としての感情を完全に保護する」と県視察官が評価しているように[47]、一時的援助の道徳面での有効性そのものが否定されたわけではなかった。

以上のように、当時のノール県社会における捨て子の問題は、世紀末大不況によって深刻化した都市民衆層の貧困問題と密接に結びついており、民衆家族の道徳化によって対処できるものではなかった。こうした中で、県当局は捨て子を初めとする被扶助児童の保護そのものに一層の関心を払うことになる。

働者、さらに日雇農業労働者であった。[49]

（二）被扶助児童の保護の強化

被扶助児童は、突然の訪問によって効率的な監視をおこなうために、可能な限り広い地域に分散してあずける方針がとられていた。その範囲は一八七〇年代において県内の二七〇から三〇〇の市町村に及んでいる。[48] 彼らを養育した里親の職業については不明だが、一八八〇年代の県知事や県視察官によれば、工場 fabrique や鉱山の労

里親による養育の目的は、子どもの健康を維持するだけでなく、その教育や道徳性に配慮することによって、彼らが社会に対する脅威となることを防止することにあった。[50] 業務報告では被扶助児童の状況について全般的に良好とされているが、一八八〇年代後半には里親の家庭環境の不備が指摘されている。たとえば、一八七〇年の一般規則第三九条では里親になるためには市町村長の適性証明書が必要とされたが、一八八六年の県視察官は家屋の不衛生さや品行の悪さなどのために子どもを取り上げられた里親が再び証明書を入手した事例を報告している。県当局はこの問題に対して、数回にわたって規則を遵守するよう市町村に呼びかけている。[51] しかし最も懸念されたのは、貧困層の里親にあずけられた子どもの生活環境であった。一八八七年度の業務報告は、貧困層の住民が被扶助児童の里親として認められるケースがあまりにも多いと指摘し、そのような里親が子どもに及ぼす道徳面での悪影響について以下のように続ける。

「彼らにとって、狭苦しすぎる住居の中でなおも身を寄せ合って暮らし、［中略］男の子と女の子を年齢に関係なく隣りあわせのベッドに寝かせることは何でもないことなのである。こうして危険な雑居状態ができあがる。これがしばしば［子どもを］早いうちから堕落させる第一の根源なのである。[52]」

一八九〇年度の報告でも、食べ物を十分に与えられないために児童の発育が悪く、徒弟奉公に出されても雇用主に受け入れを拒否されるといった状況が報告されている。[53] こうした事態を避けるため、一八九一年に県議会は

児童一人あたりの養育費pensionを月額一〇～二〇フランから一五～二五フランに引き上げる決定をおこなった[54]。この金額はその後も維持され、一九〇四年の児童扶助業務法によって養育費の最低基準額が設定された際にも変更されることはなかった[55]。

被扶助児童の教育・医療に関しても、県当局は十分な成果をあげていないとし、改善をはかっている。たとえば初等教育は家族の助言などに頼ることのできない子どもにとって一層必要なものとされていた[56]。通学状況についてはこの時期ほとんど問題とされていないが、修了証書を取得する児童の少ないことが指摘され、県議会は一八八八年に、修了証書を取得した児童の教師には報奨金を支給することを決定している[57]。一方、児童への適切な医療を確保するため、一八八九年には医師への手当の支給が決定された[58]。

里親にあずけられる子どもだけでなく、一時的援助を受ける子どもの生活環境に関しても見直しがおこなわれた。一八八八年に県視察官は、一時的援助の対象となる未婚の母親の窮乏や劣悪な環境を報告し、現行の援助額では非嫡出子の死亡を減少させるのに十分ではないという見解を示した[59]。これを受けて県議会は、満一歳未満の子どもの援助額を月額八フランから一二フランに引き上げる決定をおこなった[60]。前述の「引き取られ児童」の援助についても、引き取った人間が子どもを搾取して彼らの道徳性に悪影響を及ぼし、浮浪者や物乞いなどを生み出す温床となっているとの報告がなされ[61]、一八九一年の一時的援助の削減と同時に廃止されている。

以上のように、ノール県では一八八〇年代以降、地域社会とのかかわりの中で民衆家族の道徳化から子どもの健康や道徳性の保護へと、児童扶助行政の関心が移行していくことになった。こうした子どもそのものを重視する傾向は、さらに県レヴェルでの児童扶助行政の拡大にも結びついていくことになる。次節ではこの問題を、全国レヴェルの児童保護政策との関連において検討する。

第三節　児童扶助行政の拡大　―全国レヴェルの政策との関連で―

(一) 児童虐待と少年犯罪

第一章で述べたように、フランスでは一八八九年の児童保護法と一八九八年の児童虐待処罰法によって虐待された子どもと犯罪児童の保護が全国レヴェルで規定された。これらの法律によって、従来の捨て子や貧しい孤児に加えて、虐待された子どもと犯罪児童の保護も公的扶助機関、すなわち児童扶助行政の管轄とされたが、ノール県ではそれ以前から県当局による児童虐待問題への取組みがみられた。たとえば一八七〇年代のリール養育院文書には親による子どもへの虐待、強制猥褻、強姦といった犯罪への言及がいくつもみられる(62)。イヴォレルによれば家庭内暴力に関する司法当局の情報の大半は近隣住民によるものであり(63)、ノール県ではこの時期すでに児童虐待に対する地域社会の関心が存在したことを、こうした事例から読み取ることができる。ただし、住民が不介入の姿勢をとったり、あるいは住民間で穏便に解決されたケースが数多く存在した可能性も否定できない。たとえばアラン・フォールはパリに関して、家庭内の児童虐待に対する近隣住民の態度が多様なものであったことを指摘しており(64)、ノール県に関しても、地域社会において虐待の関心が存在したという以上の評価には慎重を期す必要がある。

こうした地域社会の関心を反映して、県当局は従来の捨て子保護の延長線上において児童虐待の対策をおこなっていた。リール養育院文書にみられる事例のように、たとえば父親が児童虐待の罪で拘留された場合、養育できる母親がいなければ子どもは捨て子として保護された。親の失踪による捨て子に関しても、県当局は親の居所がわかった場合でも、道徳面や物質面で良好な家庭環境が期待できなければ子どもを引き取らせないという方針を取っていた[65]。捨て子を家庭に戻すことよりも子ども自身の生活環境が優先されたのである。しかし親が引き取りを強く求める場合、県当局はそれを拒否できないという問題が存在した[66]。

一八八九年の児童保護法制定の背景には、こうした親による子どもの引き取りの問題が存在した[67]。この法律では児童扶助行政による虐待された子どもの受け入れが義務化されたわけではなかったが、ノール県議会は法律公布からわずか一ケ月後に実施を決定している[68]。県議会にとって、この法律は新たな児童保護措置を課すものではなく、自分たちの児童保護実践が直面していた問題を親権剥奪規定によって法的に解決するものであった[69]。

以上の経緯にみられるように、一八八九年の児童保護法はノール県の児童扶助行政を大きく変えることはなく、むしろ以前からの実践を是認・強化するものであった。この法律が適用された子どものうち実際に被扶助児童となった割合は不明だが、そうした子どものほとんどは、親による遺棄、あるいは親の不品行や犯罪といった理由で、児童保護法の実施以前から県当局によって保護されていたのである[70]。

一方、犯罪児童の保護をめぐっては、県当局の活動は全国レヴェルの政策を修正するまでに至っている。国境地帯に位置するノール県では密輸など少年犯罪の問題も深刻であり、県当局では彼らを更生させる有効な手段について議論がなされていた。県視察官は一八九一年に、現行の感化院 maison de correction では犯罪児童の更生を期待することはできず、改善の見込みのある子どもは児童扶助行政か民間の機関にあずける方が賢明かつ有効だと述べている。具体的な更生の手段としては、「孤児院、感化院、兵舎、学校のどれでもなく、かつその四つの性質を同時に持つような」特別施設の設置が求められていた[71]。

一八九八年の児童虐待処罰法では虐待された子どもと犯罪児童の双方が児童扶助行政の保護の対象とされたが、前述の事情から、ノール県において実際にその適用の対象となったのは主に犯罪児童であった[72]。この法律に基づいて実際に被扶助児童となった子どもの割合は特定できないが、一九〇九年に県視察官が個人や民間の機関はほとんど引き受けていないとしており、[73] 児童扶助行政が法律実施において重要な役割を果たしていたと考えられる。[74] しかし県当局が求めていた特別施設の設置についてこの法律では定められず、そのため犯罪児童は虐待された子どもと同じカテゴリー（「精神面で遺棄された子ども」と呼ばれた）に分類され、捨て子などと同じく里親の家庭にあずける方式がとられた。

しかし児童保護法の実施以降、ノール県では虐待された子どものあずけ先での素行の悪さが問題となっていた。県視察官は一八九六年に、彼らは家庭環境から引き継いだ悪癖を持ち込むため、他の児童と比べて里親にあずけるのがはるかに難しいと述べている。[75] 児童虐待処罰法によって犯罪児童も児童扶助行政の管轄とされたことは、この問題をさらに深刻なものとした。たとえば一八九八年にはこの法律によって受け入れられた満一三歳未満の子ども七人のうち三人が逃亡したという報告がある。[76] さらに一九〇〇年には一五歳から一九歳の子ども一九人がドゥエ郡の鉱山の家庭にあずけられたが、二人が新しい服を持って夜逃げをし、別の二人も盗みを働いて逃亡した。[77] このため県当局では、児童虐待処罰法が犯罪児童の身体的道徳的ケアの観点から不十分なものであり、彼らを里親にあずけることは児童扶助行政の評判を落とすことになるとの意見が出されることになった。ノール県議会は一九〇一年に更生可能とみなせない犯罪児童の受け入れ拒否を決定したが、[78] 翌年には裁判所による子どもの委託を県当局は拒否できないとする判例が成立し、事態は複雑化することになった。[79]

このような県当局による子どもの受け入れの拒否は全国規模でみられ、[80] 最終的に政府と議会が事態打開に乗り出すことになった。一九〇四年の児童扶助業務法では犯罪児童の受け入れが義務とされる一方、[81] その翌日に公布された被扶助児童教育法によって、里親の家庭にあずけることができない被扶助児童を引き受ける施設として職業学校 école professionnelle の設置が定められ、また児童扶助行政が犯罪児童を引き受ける場合の費用は刑務行政が負担することになった。[82] 後者の法律はノール県知事によれば、「県議会の決定の追認」であり、[83] 全国レヴェルの児童保護政策に対する地方自治体の影響力を示すものであった。

（二）一時的援助から多子家族援助へ

一八九〇年代のフランス社会では人口減少が深刻な社会問題となり、またパストゥール以降の医療技術の進展を受けて、子どもの生存や健康への関心も増していった。児童扶助行政もこうした影響を受け、一九〇四年の児童扶助業務法では、里親に支払われる養育費や一時的援助の最低基準額の設定に加え、第一章で述べた「開放受け入れ制」の導入による捨て子受け入れの拡大、さらに一時的援助の支給対象の拡大もおこなわれた。[84]前述の通り、ノール県は養育費や一時的援助の金額についてこの法律に先駆けた取組みをおこなっていたが、子どもの受け入れの拡大についても同様であり、特に問題となったのが一時的援助の拡大であった。

前節にて述べたように、ノール県では一八九〇年代前半に一時的援助が削減されたが、同年代末からは被援助児童の年間受け入れ数が再び増加している（グラフ4―1）。ここで注目すべきは、この時期には県当局が民衆家族の道徳化よりもむしろ子どもの生存や健康の問題を前面に打ち出していることである。たとえば県会議員のドロンは一時的援助削減のゆきすぎを危惧し、問題は「貧困 misère に援助を与え、嬰児殺し infanticides を防ぐこと」であり、子どもを医師にみせることを援助の条件とすべきだと主張している。[85]県視察官も一九〇二年に非嫡出子の窮乏についてふれ、「この父親なき小さな存在をもう少し幅広く救済できないものか」と述べている。[86]

生存や健康が問題となったのは非嫡出子だけではない。前述の通り、嫡出子の生活環境も場合によっては非嫡出子と大きく変わらなかった。こうした中で、一八八〇年代に嫡出子への保護拡大の要求が地域社会の側から出されることになる。リール郡議会は一八八八年に、「未婚の母親ならば捨て子が認められるような状況にある」嫡出子の母親への「特別援助」の設置を提案している。[87]さらに一八九〇年代になると、非嫡出子の状況に比較的近い寡婦（あるいは寡夫）の子どもの保護が要求された。たとえばリール郡のある市町村長は一八九七年に、捨て子防止と関係なくあらゆる貧窮寡婦の子どもに手当を支給することを求めている[88]。今や児童扶助行政は、家族秩序の維持のためではなく、子どもそのものを保護するために民衆家族の生活に関与することを地域社会から求められたのである。

全国的には、二〇世紀初めの時点ですでに多くの県が嫡出子への一時的援助の支給を始めており、たとえば一九〇一年においてセーヌ県を除く全国の被援助児童の約四分の一が嫡出子であった[89]。ノール県当局もまた嫡出子の援助に乗り出すが、問題は県の財政負担であった。たとえば、一八九七年に貧窮寡婦の子どもへの援助を求めた県会議員が、その場合大幅な支出増加になるとする調査結果を受け、要望を撤回するという事態が起こっている[90]。

ところで第一章にて述べたように、一九〇四年の児童扶助業務法は一九世紀初め以来の諸法規を全国レヴェルで統一・体系化することも目的としており、そのため県議会が児童扶助業務予算を計上することが義務とされ、同時に国家補助金が支出の五分の二に引き上げられた。この措置はノール県当局にとって、懸案の嫡出子への援助拡大を実行できる機会を提供するものであった[91]。翌年県議会はこの法律に従うことは自分たちの意に大いにかなうものであるとして、実施への積極的な意欲を示している[92]。

しかし、ノール県当局は全国レヴェルの政策を忠実に実行したわけではない。児童扶助業務法は非嫡出子だけでなく死亡や離婚などの理由で父親がいない嫡出子に対しても一時的援助が支給できるとし、さらに翌年には母親がいない嫡出子にも支給対象が広げられたが[93]、同年、ノール県が新たに作成した児童扶助業務一般規則では、病気または体が不自由な夫をもつ女性の子どもまでもが対象とされ、「引き取られ児童」への援助も再開された[94]。そもそも児童扶助業務法においては、一時的援助の具体的な支給方法を県議会が決定するとされ、県当局が独自の施策をおこなう余地が存在したのである。[95] こうして、ノール県では被援助児童の受け入れ数が捨て子に比べて飛躍的な伸びを示し、里親による子どもの養育に代わって一時的援助が児童扶助行政の主要部分を占めることになった（グラフ4―1、4―2）。なお、一九〇五年の一般規則は一時的援助の条件として新たに子どものワクチン接種を義務づけ、また母親が結婚した後も必要があれば受給を続けられるとしており、ここにも子どもの生存や健康を重視する姿勢がみられる。

このように拡大された一時的援助は捨て子防止策にとどまらず、多子家族援助としての性格を持つことになる。一九一〇年にノール県議会はさまざまな要望を受け、多子家族への手当の支給を可決した。一九一二年の支給開始時には子ども五人以上の家族が対象とされたが、援助申請の多さと予算の限界から子ども六人以上の場合に限定されることとなった。これに対して個人や大都市の市長から苦情が寄せられ、県議会でもより広範な援助を求める要望が出された。[96] こうした多子家族向けの施策はノール県だけでなく他の多くの県においてみられる。[97] 翌年七月に成立した多子家族扶助法が子ども四人以上の家族への手当を法制化したことは、[98] この地方レヴェルの実践を補完・統一する意味を持っていたと考えられる。

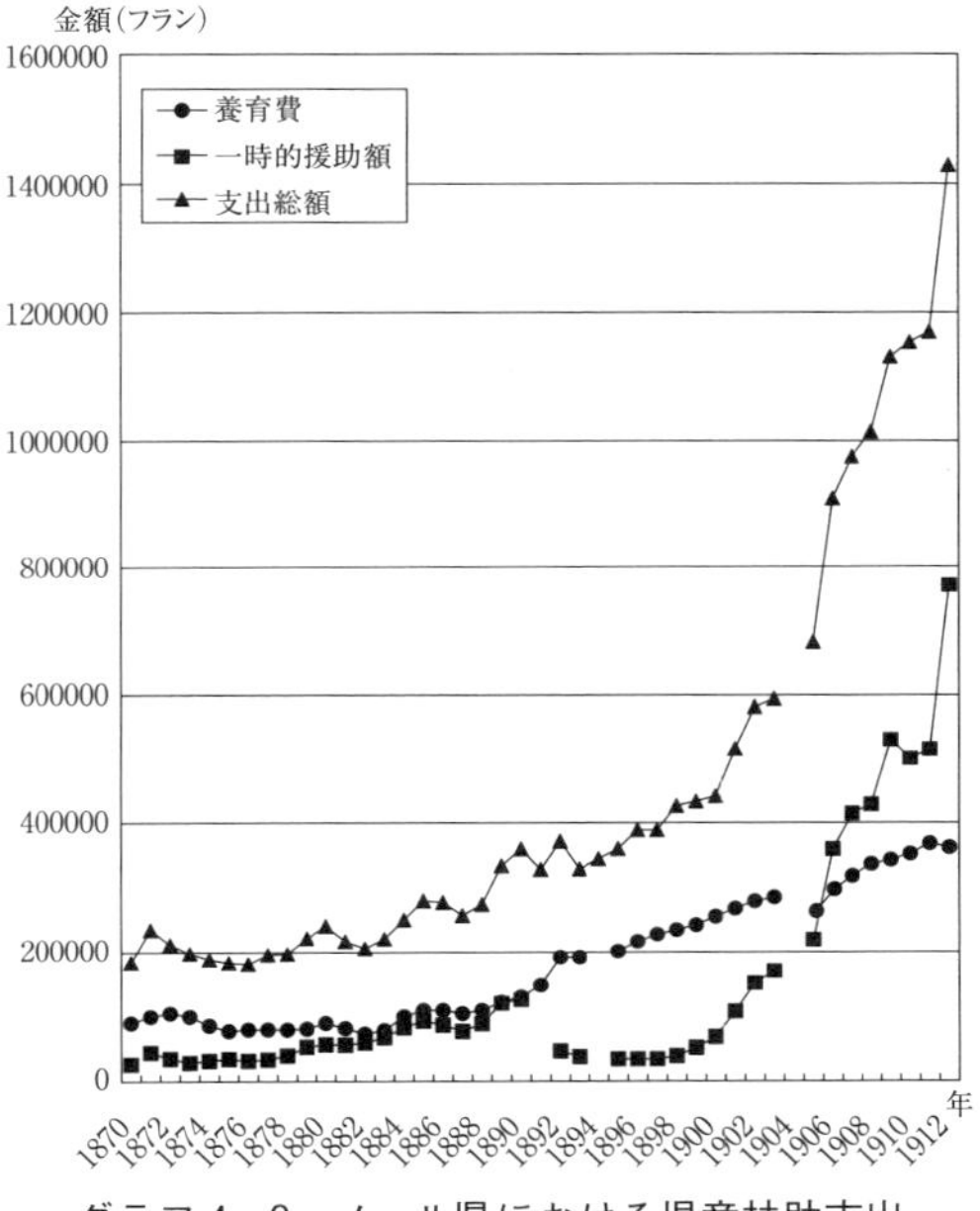

グラフ４－２　ノール県における児童扶助支出

出典：*RPN* 及び *EA* の数値より作成。

以上のように、児童扶助業務法によって全国レヴェルで制度が統一された後も、ノール県当局はイニシアティヴを発揮し続けた。さらに、彼らは自分たちが児童扶助行政を運営しているという認識を変えることはなかった。児童扶助業務法の審議の際には児童扶助行政は「本質的に国民的業務」であるとの認識が示されていたが[99]、前述の新たな一般規則では従来通り県の業務として位置づけられたのである。

最後に、県当局が児童扶助行政の拡大のみを志向していたわけではなかったことに留意しておきたい。県会議員のドゥオは一九〇三年に、寡夫の子どもなどの受け入れ要求に対して、「扶助機関の過度の集権化」を招き、「国 pays の財政負担を増し、官僚的要素をさらに拡張」するものだと主張している。彼によれば、むしろ慈善機関の方が状況を的確に判断して扶助の濫用を防止できるが、児童扶助行政の拡大はそうした機関の役割を縮小することになる。改善策はむしろ私的な機関への助成や、国と県、市町村すべてによって現行の扶助事業を補完する「社会的連帯の性格を持つ法案の可決」にある[100]。つまり、児童保護の効率性の観点から市町村や民間団体にも活動の余地を残すべきというのが県当局の主張であった。一九〇五年の一般規則も、嫡出子への一時的援助は、救貧局からも援助を受けている場合、その分を差し引いて支給されるとしており、他の機関による児童扶助をいわば前提とした措置が取られていたのである。

小括

本章での考察から、一八七〇年から一九一四年における児童扶助行政の展開は、県当局による実践やイニシアティヴを中心とするプロセスであったと言える。この時期を通じて、ノール県の児童扶助行政は捨て子や孤児だけでなく、虐待された子どもや犯罪児童、さらに多子家族の子どもにまで拡大され、被扶助児童の数も飛躍的に増加した。このことは単に児童保護による私生活介入の範囲が拡大したことを意味するものではない。捨て子の防止から家庭内の子どもに対する援助へと児童扶助行政の活動の重点が移動したことは、私生活介入の性格がより日常的なレヴェルのものに変化したことも示している。その背後には、家族秩序の維持よりも子どもの健康や道徳性を優先するという認識や心性の変化が存在しており、このような私生活に対する権力の精緻化には、地方自治体の実践が大きな役割を果たしていたのである。

このことを踏まえるならば、一九世紀末以降の児童保護政策は単に国家レヴェルで構想された統治戦略というだけでなく、地方自治体の多様な実践やイニシアティヴを法律面や財政面で補完しつつ、全国レヴェルでの調整をはかるという側面を有していたと考えられる。地域社会の要求やそれに基づいた地方自治体の実践が政策形成の重要な素地をなしていたのであり、児童虐待処罰法の例にみられるように、地方自治体が実施を拒否した場合には政策そのものが変更をよぎなくされることもあったのである。

実を言えば、一九〇四年の児童扶助行政の制度的統一の後も、中央の為政者が地方自治体のイニシアティヴそのものを否定したわけではない。児童扶助業務法の第二九条では最終的に県議会の決定権が確認されているのである。ここからは制度の統一をはかりつつ、地方レヴェルのイニシアティヴを容認するという為政者の姿勢がうかがえる。(101) こうした点からも、児童保護による国家の私生活介入は少なくとも第一次世界大戦前夜まで、地方自治体のイニシアティヴに基づいた間接的な形で進展するものであったと言える。付言するならば、このことはまた、当時の共和政による国民統合が地域的多様性を排除するのではなく、それらを前提として、まとめあげる形でも進められたことを示唆している。

注

（1）県視察官については、DE LUCA, *op.cit.* を参照。

（2）ROLLET-ECHALIER, *op.cit.*

（3）POLLET, Gilles, « La construction de l'Etat social à la française : entre local et national（XIXe et XXe siècles）», *Lien social et politiques - RIAC*, 33, 1995, pp.120-123. Cf. Do, « Pouvoir municipal et Etat-providence : Les « administrateurs » lyonnais du social（1880-1930）» in BIAREZ, Sylvie et NEVERS, Jean-Yves, *Gouvernement local et politiques urbaines*, Grenoble, IEP/CERAT, 1993, pp.303-318.

（4）当時のフランスでは、市町村議会は男性普通選挙制であり、市町村長は市町村議会による互選制であった。一方、県議会は市町村議会と同じく男性普通選挙制であったが、県知事は政府による任命制であった。県議会のイニシアティヴについては、従来の行政史では消極的な評価がされてきた（BURDEAU, François, *Histoire de l'administration française du 18e* au 20e siècle, 2e éd., Paris, Montchrestien, 1994, pp.246-247）。なお第三共和政の地方制度については、拙稿「フランス第三共和政期の地方制度改革　―一八八四年「コミューン組織法」の論理―」『史学雑誌』第一〇八編第七号、一九九九年、四六～六三頁も参照。

（5）一九世紀フランスに関しては序論の注（22）に列挙した近年の諸研究の他に、以下の文献を参照。SANDRIN, Jean, *Enfants trouvés, enfants ouvriers, XVIIe-XIXe siècle*, Paris, Aubier-Montaigne, 1982 ; FUCHS, *op.cit.*; LAPLAIGE, Danielle, *Sans famille à Paris : Orphelins et enfants abandonnnés de la Seine au XIXe siècle*, Paris, Centurion, 1989. 一方日本での研究は少なく、管見の限り、本池立「十九世紀フランス都市労働者と捨て子　―綿工業都市ルーアンの労働者」『比較家族研究』〈岡山大〉、二〇〇三年、二一～四三頁を数えるのみである。

（6）DESSERTINE, Dominique, « Le service des enfants assistés » in GARDEN, Maurice, DESSERTINE, Dominique et FAURE, Olivier, *Analyse quantitative de l'économie française, santé publique, hospitalisation et assistance（1800-1940）*, Rapport dactylographié au Ministère de la Recherche et de la Téchnologie, Lyon, Centre Pierre Léon, 1985, pp.169-202 ; JEORGER, Muriel, « L'évolution des courbes de l'abandon de la Restauration à la Première Guerre Mondiale（1815-1913）» in *Enfance abandonnée et société en Europe, XIVe-XXe siècle*, Colloque du 30 et 31 janvier 1987, Rome, Ecole française de Rome, 1991, pp.703-740.

（７）LYNCH, *op.cit.*, ch.4 ; TAEGER, Angela, « L'Etat, les enfants trouvés et les allocations familiales en France, XIXe, XXe siècles », *Francia - 19/20 Jahrhundert*, Band 16/3, 1989, pp.15-33.

（８）POTASH, *op.cit.* ; PASSION, Luc, « Législation et prophylaxie de l'abandon à Paris au début du XXème siècle », *Histoire, Economie et Société*, a.2, n.3, 1983, pp.475-493. CARLIER, Bruno. *Sauvageons des villes, sauvageons aux champs: Les prisesen charge des enfants délinquants et abandonnés dans la Loire*（*1850-1950*）, Publications de l'Université de Saint-Etienne, 2006, 1re partie. ただしポタシュの研究では一八六九年までしか扱われていない。

（９）*Enfants assistés : Rapport sur la situation du service.* 以下では*EA*と略記し、報告年度を（　）内に記す。

（10）この政令では捨て子は「見いだされた子ども enfants trouvés」（通りなどで発見された子ども）と「捨てられた子ども enfants abandonnés」（親の身元がわかる子ども）の二つに区分されているが、本章で「捨て子」と表記する場合はこの両方を含むものとする。ただし、本章の対象時期のノール県において前者のタイプの捨て子はほとんどみられない。

（11）ただしノール県では、すでに一八〇六年の県知事条例によって養育院での捨て子の受け入れが定められていた。この条例については、HOUZE DE L'AULNOIT, Aimé, *Enfants assistés, la question des tours*, Lille, Lefêbvre-Ducrocq, 1879, pp.33-40を参照。

（12）当時の支配階層は家族を都市の貧困問題を解決するための重要な戦略拠点とみなしていた（阪上前掲書、第五章）。

（13）この時期の改革については、FUCHS, *op.cit*, pp.34-43 ; LYNCH, *op.cit.*, ch.4 ; POTASH, *op.cit.*, ch.2を参照。たとえばノール県では一八四〇年代までにすべての回転箱が廃止されている（POTASH, *op.cit.*, p.163, note 79）。

（14）FUCHS, *op.cit.*, pp,46-48 ; POTASH, *op.cit.*, pp.105-107.

（15）このプロセスについては、POTASH, *op.cit.*, pp.101-104, 110-112を参照。

（16）ジロンド県の例であるが、オーバンはこの法律によって県議会がよりイニシアティヴを発揮するようになったとする（AUBIN, Gérard, « Enfants assistés et finances départementales : L'exemple de la Gironde sous le Second Empire », *Colloque sur l'histoire de la sécurité sociale, Avignon, 1990*, 1991, p.27）。

（17）ポタシュは一九世紀のリールとリヨンの児童扶助行政がそれぞれの政治的社会的環境によって大きく異なっていたとする（POTASH, *op.cit.*, pp.181 et 236-239）。

（18）この一般規則のテクストについては、*Recueils des actes administratifs du département du Nord*, 1870, n.18, pp.157-194 を参照した。

（19）POTASH, *op.cit.*, p.141.

（20）*PVCGN*, Séance du 22 avril 1873, p.198.

（21）FUCHS, *op.cit.*, p.102 ; POTASH, *op.cit.*, pp.289-292. ただしショーターは母性愛の欠如といった文化的要因も重視する（SHORTER, *op.cit.*, pp.168-169 et 192（前掲訳書一七六～一七七、二〇一頁））。なお近年の研究の一例として、一九世紀コート＝デュ＝ノール（現コート＝ダルモール）県の事例を分析したルブランジェは、貧困を捨て子の根本的な背景としつつも、独身の母親であることに対する社会からの重圧や偏見といった要因も重視する（LE BOULANGER, *L'abandon d'enfants, op. cit.*, ch.III）。

（22）この規則では、「私生児（自然子）enfants naturels」あるいは「婚姻外で生まれた子ども enfant né hors mariage」という語が用いられているが、本章ではすべて「非嫡出子」と表記する。

（23）ノール県の一時的援助は、一八四一年に創設された（POTASH, *op.cit.*, p.207）。

（24）*PVCGN*, Séance du 22 avril 1873, p.199.

（25）*EA (1871)*, p.463.

（26）未成年解放とは、ナポレオン法典において一五歳もしくは一八歳以上の子どもに対して、父や母、あるいは家族会が制限的行為能力を付与する行為を指す（稲本前掲書、一〇九頁）。

（27）これは基本的に一八六九年の児童扶助業務支出法の内容を踏襲したものと考えられる。

（28）一九世紀ノール県における非嫡出子の問題については、DEWAEPENAERE, Claude-Hélène, « L'enfance illégitime dans le département du Nord au XIXe siècle » in GILLET (pré), *op.cit.*, pp.139-176 を参照。なおポタシュは、未婚の母親とその子どもに寛容な地方慣習がノール県での一時的援助の導入を容易にしたとする（POTASH, *op.cit.*, p.215）。

（29）本書第三章第一節を参照。

（30）*EA (1885)*, p.536.

（31）一八八五年度の業務報告によれば、多くの未婚の母親が仕事がないために一時的援助を受けても子どもを育てられないと申したてている（*EA (1885)*, p.535）。なお、一八九〇年前後の捨て子受け入れ数の急激な増加については、一八八九年の国籍法によってフランスで生まれた外国籍（特にベルギー）の捨て子が新たに扶助の対象となったことも考慮しなければならない。

（32）表４―２、表４―３では、捨て子の姓の頭文字がＡからＤまでの書類をサンプルとして使用した。これらの書類では嫡出・非嫡出の区分が明記されていないが、他の書類の記載方法を参照した上で、父親と母親の両方に関して捨て子の理由が記載されている場合は嫡出子、母親に関してのみ理由が記載されている場合は非嫡出子であると判断した。

（33）ADN, 96J/1415-1416.

（34）*EA*（*1906*）, p.305.

（35）*EA*（*1885*）, pp.535-536.

（36）*EA*（*1887*）, p.675.

（37）ADN, 96J/1415-1416.

（38）一八八七年度の業務報告は、こうした地域間の不均衡の原因として、リール以外でこの援助が比較的知られていないこと、またリールにおける未婚の母親の深刻な貧困をあげている（*EA*（*1887*）, pp.696-697）。

（39）*EA*（*1891*）, p.565.

（40）*EA*（*1891*）, p.565. なお、一八八四年度の業務報告は、市町村や救貧局が非嫡出子にかかる費用をすべて県になすりつける傾向があるとも述べている（*EA*（*1884*）, p.575）。

（41）彼らへの援助は一八八八年と一八九〇年において一時的援助全体の約二割を占めていた（*EA*（*1887*）, p.694 ; *ibid*（*1889*）, p.599）。

（42）*EA*（*1890*）, p.545.

（43）*RPN*（*session d'aôut, 1883*）, p.108.

（44）*EA*（*1890*）, p.543.

（45）ADN, 96J/1412（一八九一年二月二七日付ノール県知事よりリール養育院管理委員への書簡）.

（46）*PVCGN*, Séance du 28 août 1891, pp.433-434. これによって援助の認可率は一八八〇年代の約七割から五割に減少している。

（47）*EA*（*1904*）, p.231.

（48）*RPN*（*session d'août, 1876*）, p.87 ; *EA*（*1876*）, p.533.

(49) *EA* (*1887*), p.685 ; *RPN* (*session d'août, 1889*), p.143.
(50) *PVCGN*, Séance du 26 août 1872, p.781.
(51) *EA* (*1885*), pp.537-538.
(52) *EA* (*1887*), p.685.
(53) *EA* (*1890*), p.553.
(54) *EA* (*1890*), p.554 ; *PVCGN*, Séance du 28 août 1891, pp.433-434. ただしこの金額は子どもの年齢によって異なる。
(55) *EA* (*1905*), p.240.
(56) *EA* (*1887*), p.688.
(57) *PVCGN*, Séance du 28 août 1888, pp.261-262.
(58) *PVCGN*, Séance du 27 août 1889, p.362.
(59) EA (*1887*), pp.697-698.
(60) *PVCGN*, Séance du 28 août 1888, p.262. 一方、援助の期間は満三歳までに短縮された。
(61) *EA* (*1890*), p.544.
(62) ADN, 96J/1415-1416.
(63) YVOREL, Jean-Jacques, « La justice et les violences parentales à la veille de la loi de 1898 », *Revue d'histoire de l'enfance «irrégulière»*, n.2, 1999, p.38. (http://rhei.revues.org/30：最終確認日：二〇一六年一一月一八日)ただしこの論文で対象とされているのは一八八七年から一八九一年の時期である。
(64) アラン・フォール、西岡芳彦訳「民衆生活とカルティエ　パリ、一八六〇～一九一四年」(中野隆生編『都市空間の社会史　日本とフランス』山川出版社、二〇〇四年所収)、一一六～一一七頁。
(65) *EA* (*1887*), p.675 ; *ibid* (*1891*)., p.577.
(66) *EA* (*1891*), p.578.
(67) ただしここで為政者が問題としたのは、慈善事業にあずけられた場合の子どもの引き取りであった。この問題については、本書第六章第三節（二）を参照。

（68）*PVCGN*, Séance du 27 août 1889, p.354.

（69）またこの法律では、虐待された子どもの受け入れを決定した県に対して国家補助金が児童扶助支出全体の五分の一に引き上げられた。

（70）*EA*（*1890*）, p.557.

（71）*EA*（*1890*）, pp.558-559.

（72）*EA*（*1899*）, p.257.

（73）SAVARY, *Les enfants assistés du Nord, il y a cent ans et aujourd'hui*, Lille, L. Danel, 1909, p.17.

（74）ただしピエールは、児童虐待処罰法では主に民間団体に子どもを委託することが意図されていたとする（PIERRE, *art. cit.*, p.115.）。

（75）*EA*（*1895*）, p.266.

（76）*EA*（*1898*）, pp.275-276.

（77）*EA*（*1900*）, p.221.

（78）*PVCGN*, Séance du 27 août 1901, pp.476-478.

（79）*EA*（*1902*）, p.228.

（80）PIERRE, *art.cit.*, pp.121-122 ; DE LUCA, *op.cit.*, pp.59-61.

（81）この法律では彼らに対して、「監護児童」の名称が付与された。

（82）なお、この法律では被扶助児童の素行が非常に問題ある場合は県が刑務行政への委託を要求できるとされた。

（83）*RPN*（*session d'août, 1903*）, p.160.

（84）児童扶助業務法の内容については、とりあえず ROLLET-ECHALIER, *op.cit.*, pp.143-152 を参照。

（85）*PVCGN*, Séance du 24 août 1899, pp.309-310 ; *ibid*, Séance du 26 août 1903, p.521. なおドロンの活動については、本書第九章も参照。

（86）*EA*（*1901*）, p.201.

(87) *PVCGN*, Séance du 30 août 1888, pp.477-478.
(88) *RPN (session d'août, 1897)*, p.549.
(89) ROLLET-ECHALIER, *op.cit.*, pp.246-247.
(90) *PVCGN*, Séance du 27 août 1897, p.738.
(91) 県議会は、国家補助金の増額によって自分たちの要望を実現できると述べている（*PVCGN*, Séance du 5 mai 1905, pp.958-959）。
(92) *PVCGN*, Séance du 27 octobre 1905, p.521.
(93) Cf. *PVCGN*, Séance du 2 octobre 1912, p.545.
(94) 一九〇五年の一般規則のテクストは、*RPN (session d'avril, 1905)*, pp.308-338 を参照。
(95) たとえばノール県では、一九〇八年に困窮寡婦の子どもの援助期間が非嫡出子よりも延長されている（*PVCGN*, Séance du 14 mai 1908, p.848 ; *RPN* (2e *session*, 1908), pp.243-244 ; *PVCGN*, Séance du 6 octobre 1908, pp.537-552）。
(96) *PVCGN*, Séance du 2 octobre 1912, pp.543-550.
(97) この点について詳しくは、本書第八章第一節を参照。
(98) ただし、一時的援助との二重給付は不可とされた。
(99) *J.O., Sénat, Deb. parl.*, Séance du 1er mars 1904, p.243.
(100) *PVCGN*, Séance du 18 août 1903, pp.138-142.
(101) ベックは、第三共和政が扶助政策に関して中央集権と地方分権の中間の戦略を取ったとする（BEC, *op.cit.*, pp.127-133）。

第5章　ノール県における児童労働規制の展開（一八七四〜一九一四年）

一九世紀の西欧諸国における工業化は、都市民衆の過酷な労働条件、劣悪な生活環境といったいわゆる「大衆的貧困 paupérisme」をもたらしたが、その中で最も早期に国家レヴェルでの対策が講じられたのが、児童労働の問題であった。[1] フランスではイギリスに続いて一八四一年に最初の児童労働法が制定され、その後一八七四年と一八九二年の二度の改正を経て、児童労働への規制が強化されていくことになる（表5―1）。

この児童労働規制の成立について、先行研究はフランス近現代史における国家の私的領域への介入の画期とみなしている。たとえばフランスにおける福祉国家形成に関する浩瀚な著作を著したエヴァルドは、一八四一年の児童労働法について、企業の自由と家長の権威という当時の自由主義秩序の二つの根本原則に抵触するものであり、国家はこれ以降、それまでの治安に加えて、人々の「将来の利益」や「将来の生活保障 prévoyance」といった領域をも受け持つようになったとする。[2] またフランスの児童労働改革に関する初の本格的な研究書を著したウェイスバックは、一九世紀の児童労働立法をめぐる議論は国家が社会の規制に取り組む上での一種の「見習い期間」をなしており、それをめぐる国民的合意の成立が、その後の家族政策や労働政策といったより広範な規

表5－1　フランスにおける児童労働法の変遷

	1841年法	1874年法	1892年法
規制の対象	(1) 機械動力または連続式加熱炉のある施設、 (2) 労働者が20人以上の工場	工業労働で働くすべての子ども（家庭内労働は対象外）	すべての工業施設の子ども（原則家庭内労働は対象外。ただし危険な施設や不衛生施設などは別）
労働許可年齢	原則8歳	原則満12歳	原則満13歳
1日の労働時間	12歳未満は8時間まで 12歳以上16歳未満は12時間まで	満12歳未満は6時間まで 12歳以上は12時間まで (ただし満15歳未満で初等教育修了証明がない場合は6時間まで)	16歳未満は10時間まで 16歳以上18歳未満は週60時間まで（1日11時間まで）
夜勤の禁止	原則13歳未満	原則満16歳未満	原則18歳未満
日曜祝日労働の禁止	16歳未満	原則16歳未満	原則18歳未満
就学義務	12歳未満	満12歳未満	記載なし（1882年義務教育法では満13歳まで）
安全・衛生上の規制措置	施行規則に記載	法文中に記載	法文中に記載

出典：DUVERGIER, *op.cit.*

制措置への道を開くことになったとする。(3) ペローもまた、一九世紀の私生活と政治に関する論稿において、児童労働規制を含む「子供をめぐる政治」が国家の私生活介入の端緒をなしたとしている。(4) さらに日本の教育史研究においても、国家による「親の教育権」および親の「教育の自由」への制限としての一八四一年児童労働法の画期的性格が評価されている。(5) こうした研究動向は、児童労働規制が単にひとつの福祉政策であるにとどまらず、近現代の国家あるいは統治権力の問題を考察する上で重要な位置を占めていることを示唆するものといえる。

では、こうした重要性を持つ児童労働規制は実際にどのような展開を示したのか。この問題に関しては先行研究の多くが、児童労働規制の実際の効力に関して否定的な評価を下している。たとえばヘイウッドは一九世紀における民衆層の子どもに関する研究において、児童労働のありかたについては改革者や政治家の努力よりも経済的な影響力が重要な意味を持ち、この問題の解決には行政的司法的介入だけでなく、長期の経済発展が必要であったとしている(6)。英仏独などの児童労働立法の国際比較をおこなったナーディネリもまた、ヘイウッドの研究を引用しつつ、児童労働の衰退は立法による規制の影響ではなく、労働市場の変化によってもたらされたと述べている(7)。さらに一九世紀前半の児童労働規制を扱ったリンチも、その地方レヴェルでの実施が権力内部の争いなどによって容易ではなかった点を指摘しており(8)、前述のウェイスバックも児童労働規制の実際の効果についてはそれほど肯定的な見解を示していない(9)。

これに対して、児童労働規制を実際に担当した労働視察官 inspecteur du travail に関するリードやヴィエットの研究は、彼らの活動を単に実効性如何という観点からだけではなく、非公式のものも含めて包括的に跡づけている(10)。特に後者の研究は、一九一四年までの時期において、労働視察官が教育や衛生などの活動を通じて労働者の世界に介入して彼らをフランス共和政に統合していくプロセスを丹念に分析しており、本章での問題関心に多くの示唆を与えるものである。しかしヴィエットの研究は児童労働規制の問題そのものを中心に論じているわけではなく、私的領域への介入についても職場への介入の問題が主に扱われており、家庭を含めた私的領域と国家との関係、特にそれが質的にどのように変化したのかという問題にはそれほど関心を払っていないように思われる。一方、日本では齊藤が一八四一年児童労働法の理念を企業家の立場から明らかにしているが、その展開については他の先行研究と同じく、法律の実効性の度合いという観点から論じるにとどまっているように思われる(11)。

以上のように、児童労働規制の具体的展開に関しては、国家による私的領域への介入という観点からの検討の余地がいまだ多く残されていると言える。そこで本章ではこの問題を、あらためて職場・家庭の双方を含めた形で明らかにし、フランス近現代における統治権力の問題に迫ることを目的とする。さらに、フランスの児童労働規制のより積極的な歴史的意義についても言及したい。

ところで、工業化の進行の遅さが指摘されるフランスでは、一九世紀後半においても産業構造が地域ごとに大きく異なり、そのことが児童労働規制のありかたにも影響を与えていたと考えられる。前述のヴィエットの研究もこの点について、一九世紀末までの労働視察官の活動がその個人的資質や地域的状況によって大きく左右されていた点を示唆している。[12] このことは、児童労働規制をある特定の地域の状況に即して具体的に分析する必要性を示すものであり、本章ではノール県の事例を取り上げることにする。[13] この県は一九世紀において児童労働が最もさかんな地域のひとつであり、[14] またさまざまな種類の産業を有していたという点でも児童労働規制とのかかわりが深く、[15] 本章の考察にとっても最も適切な地域と言える。

次に本章の対象時期であるが、児童労働規制そのものは一八四一年法を嚆矢とするが、この法律は適用範囲がきわめて狭かった上、実施手段も十分に定められていなかった。あらゆる工業施設で働く児童が規制の対象となり、また労働視察官が全国的に設置されるのは一八七四年児童労働法を待たなければならない。[16] したがって、児童労働規制の実際の展開のありかたに着目する本章では、一八七四年から第一次世界大戦が勃発する一九一四年までを対象時期とする。

以下ではまず、国家の私的領域への介入としての一八七四年児童労働法の論理を明らかにする。次に当時のノール県における児童労働の状況を確認した上で、一八七四年法の論理がノール県において実際にどのように実施されたのかを検討する。そして最後に、一八九〇年代の法改正とその後の展開によって児童労働規制がどのように変容したのかについて考察を加えることにする。

なお、本章では史料として、児童労働法に関しては『フランス共和国官報』所収の議会史料及び法令集を用い、ノール県における規制の展開に関しては、労働視察官の報告を主に参照した(17)。

第一節　一八七四年児童労働法の論理

フランス初の児童労働法である一八四一年三月の法律は、満八歳未満の子どもの労働を原則として禁止するものであったが、機械動力または連続式加熱炉 feu continu のある施設と二〇人以上の労働者のいる工場のみを対象とするものであった。また法律の実施を監督する視察委員会が地元の有力者から構成されていたため、産業家に有利な判断が下されることが多かったとされる(18)。こうした事情からこの法律は実際にはほとんど実施されず、一八四〇年代後半以降、その改正が求められることになった(19)。この動きはとりわけ一八六〇年代に高まり、第二帝政末期には本格的な改革案が提出された。

この作業は普仏戦争と帝政の崩壊によって一時中断されるが、第三共和政成立後まもなく再開され(20)、一八七一年六月にアンブロワーズ・ジュベールが国民議会に議員法案を提出し、翌年五月にこの議会の法案検討委員会を代表してウジェーヌ・タロンが委員会報告（及び法案）を提出した。この委員会法案は審議において論議を呼んだが、特に大きな修正を受けずに、一八七四年五月に新たな児童労働法として成立した(21)。以下では、この委員会報告の内容を中心に法律の論理を検討する。

まず、新たな児童労働法の制定が第三共和政成立直後のきわめて不安定な時期に国政レヴェルで議論された背景には、一八四一年法改正の要求に加えて、民衆層の子どもの身体や精神面での保護が、普仏戦争で敗北したフランスの「再生」を担うものとして認識されていたことがある。たとえば委員会報告は以下のように述べる。

「最後に、とりわけ国民的利益にかかわる人々は、多くの壮健な若者をフランスの旗の下に集め［中略］る改革の奨励に熱心であるべきではなかろうか。彼らは、教育によって若い世代の心を強くし、気高き希望を抱かせ、祖国、良心、義務といった高貴な感情に震わせようとは思わないのだろうか。彼らも承知しているように、そうすることによって、国の再生という神聖な事業が完成するのである。[22]」

しかし委員会報告は、子どもの保護や児童労働規制強化の必要性を訴えただけでなく、家族の利益に反する、あるいは工業が困難に陥る原因となるといった、規制に対する批判も同時に紹介している。また、児童労働規制が長らく「個人の自由と父親の権威に対する二重の侵害」とみなされてきたことにも言及し、さらに子どもを早くから働かせることは彼らの成長や家族の暮らしにとって必ずしも有害ではないといった主張の存在なども認めている。そしてこれらの主張に配慮した上で、児童労働規制は「労働のやむを得ない必要性と子どもの弱さへの注意深い配慮との両立」であるべきだとする。[23]つまり、ここで構想されていた児童労働規制とは、きわめて妥協的性格の強いものであった。

そして児童労働規制による職場や家庭といった私的領域への介入についても、子どもの身体や精神を損なうような「濫用」や「行き過ぎ」がなされた場合にのみおこなわれるべきであるというのが、委員会メンバーの主張であった。つまり、「社会はこうした行き過ぎを防止するためにのみ」職場における子どもと雇用主との関係に対して介入するのであり、家族への介入についても、父親が私欲などのために子どもの労働を搾取するといった「濫用」が起きた場合にのみ、「子どもの生活と道徳性を保護する必要性そのものから、社会は子どもの後見を任される」とされていた。[24]

では、一八七四年法における児童労働規制とは、具体的にどのようなものであったのか。まず法律の適用範囲については、工業労働で働くすべての子どもが対象とされた。ただしここで注意すべきは、家庭内で働く子どもは対象外とされたことである。この点についてタロンは、「不衛生または危険な産業」の場合は家庭内労働であっても規制の対象とすべきという修正案に対して、家庭内の労働においては「家族の思いやり sentiments généreux」によって子どもがそのような有害な仕事に就くことはないとし、法律の規制が家族の中に及ぶことはその内部に「嘆かわしい分裂」をもたらすことになると述べている[25]。つまり、ここでの児童労働規制＝私的領域への介入とは、基本的に工場や作業場といった職場への介入であり、家庭への介入は間接的なものに限られていた。

では、職場への介入は具体的にどのような形でおこなわれるとされたのか。これについて一八七四年法は、子どもの雇用の規制と、彼らの労働環境の整備という二つの方式を定めている。前者の方式については、まず子どもの労働許可年齢がそれまでの八歳から原則一二歳に引き上げられた。次に労働時間は成人と同じく一日最高一二時間とされたが、一二歳以前に働く場合は一日六時間までとされた。また働く子どもは一二歳になるまで学校に通わなければならないとされ、この年齢を過ぎても初等教育の修了証明を取得できない場合、就学の観点から一五歳になるまで労働時間は一日の半分、すなわち最高六時間までとされた。また夜勤や日曜祝日の労働も一定年齢まで原則禁止とされ、特に夜勤については許可年齢が従来の一三歳から一六歳に引き上げられた。

ところで、こうした雇用規制は、労働者家族のモラルの修復という側面を有するものでもあった。たとえば委員会報告は、平日の長時間の工業労働は親と子の家庭でのふれあいの時間を取り上げて彼らの間の「愛情の親密な絆」を緩めてしまうが、毎週日曜日に子どもが父母のもとにいれば、この絆が締め直されて彼らの「家族感情」に有利に働くと述べている[26]。すなわちここでの家族への間接的な介入は、支配階層にとっての「家族感情」が損なわれた場合にのみおこなわれるものであった。

一方、後者の方式については、作業場が清潔な状態に保たれていること、子どもの健康に必要な安全と衛生の条件がすべて満たされていること、機械動力を使う工場では危険な器具を労働者から隔離すること、さらに職場内の良俗や礼節を維持することなどを定めた条項が法文として初めて盛り込まれた[27]。しかし、全体としてみた場合、前者の規制の方に重点が置かれていたといえる。

児童労働規制の具体的な実施方法については、一八七四年法では全国を一五の管区に区分し、各区に規制を担当する管区視察官 inspecteurs divisionnaires を設置するとされた。このことは文字通り国家官僚が職場空間に入りこむことを意味するものであり、議会審議でも大きな争点となった[28]。ただし注意すべきは、従来の監督組織であった視察委員会も、「地方委員会」の名称でそのまま維持されたことである[29]。これについて委員会報告は、視察を完全に地方委員会に任せるわけにはいかないが、彼らの協力が役に立たないわけではないとして、以下のように述べている。

「というのも、この法律が有用であるという感情を労働住民の精神や産業の習俗のなかに浸透させることがきわめて重要だとするならば、道徳的な影響力や人々を説得する権威の方が、厳格な措置よりもはるかにその職務を達成できる。［中略］各［地方］委員会は調停の任務を請け負うことで、この法律に基づく行為が視察官の管轄になる前に、あらゆる手段で手心を加え、かつそれを公正と両立させることができ［中略］るだろう。そうすれば、［地方］委員会が自らの強制的な職務に嫌悪感を抱いて躊躇したり、［地方］委員会の活動への抵抗が起こるといったことはなくなり、産業家に対して真に効率的な影響力を行使することになるだろう[30]。」

この文章からは、私的領域への介入に際して国家官僚の法律に基づく視察だけでなく、地方有力者の産業家に対するいわば非公式の影響力も依然として重視されていたことがうかがえる。同時にこの地方委員会は、最初の慣れない段階での視察官の活動を補完することも期待されていた[31]。

以上、一八七四年児童労働法の論理を検討したが、この法律はそれまでの児童労働規制の不備の是正と青少年の保護育成によるフランスの「再生」という二つの必要性が相まって成立したものであった。にもかかわらず、第三共和政成立直後という政治的社会的に不安定な状況を反映して、フランス工業における児童労働のありかたそのものに抜本的な変更を加えることは意図されず、むしろ、現時点での児童労働の必要性を容認しつつ子どもの身体や精神を損なうような労働のみを「濫用」や「行き過ぎ」として規制するという、きわめて限定的・妥協的な性格を持つものであった。一方、私的領域への介入という点では、この法律は子どもの雇用規制と労働環境整備によって職場の雇用関係及び環境に直接的に介入する一方、前者の規制を通じて家庭における親子関係にも間接的に介入しようとする内容を含むものであった。さらに介入の具体的方式についても、政府任命の官僚による法的規制と地方有力者の非公式の影響力という二つの手段の折衷が図られており、この点でも妥協的なものであった。(32)

第二節　一九世紀後半における児童労働の状況

それでは、当時のノール県における児童労働とは具体的にどのようなものであったのか。この問題には史料的な困難がつきまとうが、以下では当時の労働視察官報告などに依拠しつつ、若干の素描を試みたい。

ノール県ではすでに七月王政期の社会調査によって過酷な児童労働のもたらす弊害が報告されているものの、(33)一八四一年の児童労働法はこの地域でも当初ほとんど守られなかった。(34)第二帝政期にノール県議会は自らの予算で全国初となる専属の視察官を設置したが、それでもこうした状況が大きく変わることはなかった。(35)

では一八七四年法の成立当時、児童労働の状況はどのようなものであったのか。表5―2は一八七〇年代後半のものと考えられる史料(36)から当時ノール県で工業労働に従事していた子どもの業種分布を示したものであるが、

表5－2　ノール県において工業労働に従事していた子どもの業種分布（1870年代後半）

業　種	12歳未満の子ども	12歳以上16歳未満の子ども	16歳以上21歳未満の未成年女子	成人労働者	全　体
石炭業	0	796	15	5,966	6,777
金属業・金属加工業	0	1,153	91	17,254	18,498
木材・石材加工業	0	21	0	372	393
ガラス工業･製陶業等	23	667	121	5,851	6,662
皮革・製紙業等	0	6	23	316	345
化学工業	0	24	6	2,266	2,296
食品業	0	793	545	8,197	9,535
繊維業	133	8,814	10,667	58,804	78,418
合　計	156	12,274	11,468	99,026	122,924

出典：AN F12/4771 より作成

繊維業で働く子どもが圧倒的に多いことがわかる。その他に多い業種として石炭業、金属・金属加工業、ガラス工業・製陶業、食品業が挙げられるが、後二者の中では特にガラス工業と製糖業が多くの子どもを雇用していた。繊維業の工程の中では特に紡績業で働く子どもが多く、一八九〇年代半ばの数値であるが、ノール県及び近隣のパ＝ド＝カレ県、ソンム県の三県における紡績労働者全体の二〜三割を一八歳未満の子どもが占めていたとされる[37]。なお、県内の地域別でみた場合、働く子どもはリール郡に比較的集中しており、この県の児童労働は主に中心部の繊維工業地帯でおこなわれていたと言える。

児童労働がおこなわれていた工業施設の規模については、これも一八九六年度の数値であるが、一八歳未満の働く子どものうち五四五一九人が四六二八の大・中規模施設（「工場・製造所 usines et manufactures」）で、九五七〇人が一七一五三の小規模施設（「作業場 ateliers」）で働いていたとされる[38]。この数値から単純に計算すれば、ひとつの工場・製造所に平均約一二人、ひとつの作業場に平均約〇・六人の児童が働いていたことになる。

ところで、当時のノール県では大規模工業が発展する反面、家内工業も広く存在していたことが指摘されており[39]、そうした職場で働く児童も数多く存在したと考えられる。ここで、労働視察において一九世紀末から問題となる「家内作業場 ateliers de famille」について述べておきたい。この時期、主に既製服製造業で働く女性労働者の家庭内労働が新たに増大したことが知られているが、[40]ノール県などの場合、家具製造業、仕立業、靴製造業、金具製造業、馬具製造業、さらに各種繊維業といった多様な職種において家庭内労働の増加がみられた。その正確な数値は不明だが、一八九八年度の管区視察官報告はパ＝ド＝カレ・ソンム両県とを合わせた概数として、「家内作業場」の数を約一万八千、そこで働く人間の数を約三万人と見積もっている。[41]

この「家内作業場」は、それ自体が顧客と直接取引するものと、仲介人や製造業者などから仕事を請け負うものとがあったが、産業家が経費削減や規制逃れのためにこの労働形態を利用することもあった。[42]こうした場所での児童労働について、管区視察官は一九〇〇年に以下のように述べている。

「とても早い時間から、子どもが男女ともに父親の横糸による仕立てを手伝っている。彼らは一三歳くらいになると見習い修業を始め、自分の織機を使うようになる。［中略］織布工は仕事がないことが多く、手間賃も下がったために時おり一日一四時間まで働く。［中略］子どもはそこまで働かず、一日の労働時間は大体一一時間ほどである。しかし一部の貧困家庭では、子どもに小さいうちから織布をさせすぎる傾向がみられる。[43]」

ここで注意すべきは、こうした家庭内労働は家庭外の労働と明確に区別できるものではなかったという点である。管区視察官報告によれば、「家内作業場」はふだん家族のみによって運営されているが、状況に応じて家族以外の人間が雇われて通常の作業場になることがあり、また逆に家族以外の労働者が解雇されて「家内作業場」に戻るということもあった。[44]

さらに、子どもの家庭外での労働自体、家族の強い結びつきのもとでおこなわれている場合がみられた。たとえばノール県の産業家で同県選出の国民議会議員であったジュール・ルラン[45]は一八七四年法の審議の際に、ノール県の紡績・織布業では父親は通常子どもと一緒に働いていると述べている[46]。この発言はあくまでも産業家の側からのものであり、必ずしも労働者の実態を言い表しているとは言えないが、一八七〇年代後半のリール郡では、子どもを解雇すると昔からそこで働いている家族全員がよそに移ってしまうので、そのまま雇い続けざるを得ないことがしばしばあるとの報告がなされている[47]。また一八九九年になっても、労働者の子どもが親に食事を届けに来る際にそこでの仕事をおこなうことを禁止すると、他の労働者が反発してデモをおこなうといった事態が起こっている[48]。

第一節においてみたように、一八七四年法は私的領域への介入に関して、職場と家庭とを区別して後者の親子関係には直接ふみこまない姿勢を示した。しかし職場における児童労働と家庭におけるそれとの区別は、実際にはかなりあいまいなものであった。次節ではこのことの影響も含めて、ノール県における児童労働規制の具体的な展開についてみていきたい。

第三節　児童労働規制の展開（一八七四〜一九一四年）

まず、ノール県における児童労働規制の枠組みを概観しておきたい。一八七四年児童労働法ではノール県は当初隣接するパ＝ド＝カレ県と合わせてひとつの管区（第六管区）を構成したが、一八八五年の管区再編によって単独でひとつの管区（第八管区）とされた。さらに一八九二年の新たな児童労働法の下ではパ＝ド＝カレ県、ソンム県と合わせてひとつの管区（第五管区）を構成した後、一九一一年以降は再びパ＝ド＝カレ県との管区構成に戻っている[49]。しかしノール県の工業施設は、管区内において常に最も高い比率を占めていた[50]。

これらの管区では管区視察官の他に、県議会が自らの予算で専属の視察官を任命できるとされ、ノール県では一八七五年にリールとヴァランシエンヌにそれぞれ県視察官が設置された[51]。なお、その後一八九二年法では県視察官も政府任命とされ、県内の定員が七人（うち一人は女性）に増やされている[52]。ただし同法では、炭鉱や採石場などの視察は鉱山技師がおこなうとされた。

一方、地方委員会については一八七五年にノール県議会がリール郡に三つ、それ以外の六つの郡にそれぞれひとつずつ設置することを決定した。前述のように、一八七四年法ではこの委員会の持つ「道徳的な影響力」が期待されており、一八七六年の管区視察官も小規模工業施設の視察に有効であるとの見解を示している[53]。しかし実際にはこの組織は視察機関としてほとんど有効に機能することはなく[54]、実際の規制はもっぱら管区及び県の視察官に委ねられることになった[55]。

以下ではノール県における児童労働規制の展開を、子どもの雇用規制と労働環境の整備という第一節で述べた二つの側面に即して、視察官の活動を中心に検討する。

（一）一八七四年法における児童労働規制の展開

雇用規制の実態

一八七四年法における子どもの雇用規制は、職場における雇用関係に介入し、さらにそのことを通じて家庭における親子関係にも間接的に介入するものであった。では、この雇用規制は、実際にはどのようにおこなわれたのか。

児童労働規制といえばまず、ある一定の年齢未満の子どもの労働を禁止する措置が想起される。一八七四年法では原則一二歳未満の子どもの労働が禁止されたが、すでにこの時期こうした年齢の子どもによる労働はかなり少なくなっていたことが先行研究によって指摘されている[56]。その理由としては、技術改良によって子どもの労働力自体がこの時期必要とされなくなっていったこと、また雇用主が視察官の訪問の際に子どもを隠したり、あるいはあらかじめ解雇することで規制を逃れていたことなどが指摘されている。[57] ノール県においても、表5―3にみられるように、視察官が実際に訪れた施設において一二歳未満の子どもはかなり少なかったと言える。[58] さらに第二節で述べたように、こうした子どもが雇用されている場合でも、職場において緊密な家族関係がみられるような場合には、彼らの仕事をやめさせることが困難になるといった事例も存在した。したがって、こうした形での雇用規制による間接的な家庭への介入は、実際にはおこなわれる機会が少なかったと考えられる。

以上のような事情から、ノール県における一八七四年法の雇用規制の主たる対象となったのは一二歳以上一六歳未満の児童であった（表5―3参照）。しかし彼らに関しても、一八七五年五月の施行規則によって連続式加熱炉を使用する砂糖製造工場やガラス工場、金属工場などで働く場合については男子のみ夜勤や日曜祝日労働が認められており、現実の雇用規制は緩和されていた。[59] そのため、先行研究でも指摘されているように、一八八〇年代半ばまでの規制の焦点となったのは、初等教育を修了していない一二歳から一五歳の子どもの労働時間の短縮をめぐる問題であった。

ところで、よく知られているように、一八七〇年代から一八八〇年代前半の時期は子どもの初等教育のありかたが国政の重要課題となった時期であり、一八七四年法第九条では一二歳を過ぎても初等教育を修了していない子どもの就学が奨励され、その労働時間は六時間までとされていた。しかしこの措置は、施行されるや否や、産業家など地方有力者からの抗議を引き起こした。たとえばノール県議会は一八七六年八月に、いくつかの産業では一二歳から一五歳の子どもが成人労働者の助手を務めており、彼らを家庭に戻すならばその仕事のみならず同数の成人労働者の仕事も奪うことになるとして、第九条の実施を数年間見合わせるべきとの要望を可決している。[60] こうした動きは県レヴェルにとどまらず、同年五月にはノール県選出の国会議員数名が、義務教育法が施行されるまで第九条の実施を延期するという内容の法案を下院と上院の双方に提出している。[61]

さらに県の有力者たちは、法律に異議を申し立てるだけでなく、それを事実上修正する措置を提案している。たとえば県南部のアヴェヌ郡商工業協会は一八七五年に、産業家が自分のところで働く子どもの教育をそれぞれ直接負担し、その代わりに一八七八年以降は初等教育修了証明を持たない一五歳未満の子どもを雇わないという提案を全会一致で可決している。[62] また県北部のダンケルク郡の地方委員会も一八七六年七月に、読み書きのできない一二歳から一五歳の働く子どもの労働時間を制限したとしても、彼らの親がその空いた労働時間を別の方法で利用するだけであるとして、産業家にこれらの子どもを一日一二時間雇用する権利を与え、それと同時に、施設内に学校を開いて一日二時間彼らに授業を受けさせることを義務づけるべきとする見解を示した。[63]

表５－３　ノール県の労働視察官が訪問した工業施設における児童労働者の数（1875〜1892年）

年	10歳以上12歳未満	12歳以上16歳未満	16歳以上21歳未満
1875〜76年	573	13,777	6,849
1876〜77年	440	12,316	10,646
1877〜78年	246	14,990	12,572
1878〜79年	167	13,284	13,372
1879〜80年	148	12,511	13,184
1880〜81年	165	13,387	15,136
1881〜82年	117	12,826	13,333
1882〜83年	45	11,945	13,258
1883〜84年	81	11,547	13,880
1884〜85年	72	11,131	13,762
1885〜86年	581	16,103	18,284
1886〜87年	76	16,214	16,592
1887〜88年	144	15,303	15,421
1888〜89年	1,193	21,198	21,739
1889〜90年	768	18,756	18,592
1890〜91年	570	19,050	19,008
1891〜92年	286	21,217	18,600

出典：*RPN*より作成。ただし16歳以上21歳未満は女子のみ記載の可能性あり。また各年の期間は６月から翌年の５月まで。

こうした中、一八七五年にノール県担当の管区視察官として着任したナドは、第九条への違反が最も多いとしつつも、その実施の難しさについては地方有力者と同様の見解を示し、[64] ダンケルク郡地方委員会の提案する措置をノール県内において「一時的な寛容」として認める方針を取った。[65] この「寛容」措置はその後一八七九年一一月に政府によって廃止されるが、ナドはこれに対して、第九条の対象となる児童が十分通えるだけの学校が設置されるまでの間、この従来の措置を継続することを求めている。[66]この要求が受け入れられたのかどうかは不明であるが、その後の報告からは「寛容」措置がその後も実質的に継続していたことがうかがえる。[67]

こうした「寛容」措置はノール県だけでなく全国的にみられるものであったが、[68]ここで留意すべきは、この措置が経済的な事情、あるいは産業家への譲歩としてだけでなく、子どもの道徳性や教育の観点からも主張されていた点である。たとえばナドは「寛容」措置に関する報告の中で、もし第九条に該当する子どもが六時間しか働けないことになれば、学校の収容定員が少ないために、実際には子どもが家の外で時間を過ごしたり、「通りをうろつかざるを得なくなる」としている。[69]またリール郡議会も、もし「寛容」措置が維持されれば、「一万五千人から二万人の子どもが通りをうろつくのを見なくてすむことになるでしょう」と述べている。[70]つまり、労働者家族や学校の実態を知る現場の視察官や地方有力者において、年長の子どもの労働時間を半分に減らして彼らを家族や学校に委ねることは、道徳性や教育の観点からむしろ有害と考えられていた。すなわち、一八七四年法において雇用規制の根拠となっていた子どもの道徳性や教育への配慮は、実際には規制を緩和する方向に働いたと言える。

ところで、一八八二年三月の義務教育法は満六歳から一三歳までの子どもの教育を義務化し、市町村の教育委員会が彼らの就学を監督することを規定した。そのためこの法律は一八七四年法の初等教育に関する条項に抵触することになったが、結局それらの条項は維持され、管区視察官の権限にも変更が加えられることはなかった。[71]こうした中、一八八五年の管区再編に伴って新たにノール県担当の管区視察官となったドラットルは、産業家が開設した学校は実際にはほとんど機能しておらず、子どもの学習効果がまったく上がっていないとして前任者の「寛容」措置を厳しく批判し、第九条の厳格な実施を主張した。[72]しかしこの問題をめぐる産業家たちの抵抗は根強く、新しい視察官も第九条をめぐる現状を打破することはできなかった。

労働環境の整備

前述のように、一八七四年法では働く子どもの保護の一環として、職場での安全や衛生の確保、さらに良俗の維持が規定されていた。もっとも一八七四年法では工業施設や作業場に危険や不衛生の原因が存在する場合、視察官は地方委員会の意見を聴かなければならないとされており、この分野での彼らの権限は制限されていた。しかし実際には子どもの事故の際のリスクの解釈をめぐって視察官と委員会が対立するケースが生じ、その結果一八八〇年代初めには地方委員会の意見聴取を不必要とする原則が確立することになった。[73]

しかしノール県において労働環境整備の問題が取り上げられるようになるのは、一八八〇年代後半以降のことである。これは前述のようにこの時期に管区視察官が交代したことが大きな要因といえるが、一八八〇年代前半に初等義務教育制度が成立して子どもの教育をめぐる問題が一段落したこともまた、視察官の目を子どもの就学以外の問題に向けさせる大きな契機となったと考えられる。[74] 前述のドラットルは早くも一八八五年度の報告において、県内の産業家の大多数が労働者の安全にも衛生にもほとんど気に留めていないと述べており、これらの問題に積極的に取り組む姿勢を示している。[75] 彼によれば職場の衛生はそこで長時間過ごさなければならない子どもにとって「生きるか死ぬかの問題」であった。[76] これに対して産業家の間では、労働環境の整備にかかる費用の負担に躊躇し、規制を避けるために子どもを解雇するといった反応がみられた。[77]

しかしここで管区視察官が問題としたのは働く子どもの労働環境だけではなかった。たとえばドラットルは一八八九年度の年次報告において、子どもよりも未成年女子の方がその衣服の長さなどのために職場での事故に遭うことが多いが、一八七四年法はそのことに配慮していないと述べている。[78] またその前年度の報告では、働く子どものための職場内の良俗の維持に関して、連続式加熱炉を使用する工場では夜間の男女入り乱れた状態promiscuité des sexesがどうしても「いくらかの習俗の緩み」を引き起こしてしまうとして、未成年女子及び成人女性の夜勤を完全に禁止すべきであると主張している。[79]さらに成人男性の労働環境についても、以下のように述べている。

「残念なのは、［職場の安全や衛生に関する一八七四年法］第一四条が子どもしか対象にしておらず、そのため産業家がこの条項の内容につけこんで子どもがいない作業場に予防措置を施すことを拒んでいることである。この法律上の不備は多くの大人の事故を引き起こしており、時にそれは彼らの命までも奪い、残された妻や子どもたちune veuve ou des orphelinsは極貧状態に置かれているのである。[80]」

さらにドラットルは、産業家が工場内での事故に対して責任を有することが望ましいとし、当時国会で審議されていた労働災害補償法案が早く可決されることを求める要望を出すと報告している。このように、管区視察官は児童労働規制において、成人労働者の安全や衛生の問題までも射程に含めた議論を展開していた。この点も先行研究ですでに指摘されているが、[81]注目すべきは、そうした視察官の主張がしばしば子どもの保護という観点からなされていたことである。つまり、一八七四年法に基づく児童労働規制は、それ自体が国家の職場への介入をさらに拡大させる方向に作用する性格を有していたといえる。そしてこれらの視察官の主張は、その後一八九〇年代の労働政策に関する諸法律に盛り込まれることになる。[82]

もっとも、この時点においても管区視察官が十分に権限を発揮できたわけではない。たとえば一八七四年法では視察官のほかに通常の警察組織が児童労働法違反に関する検証や訴追をその権限の範囲内でおこなうことが認められていたが、産業家がこの規定を盾にとって裁判所による訴追手続を要求し、その結果、管区視察官が知らない間に手続が進み、場合によっては訴追において逆に視察官が非難されるといった事態が生じることになった。[83]

これに対してドラットルは、上記の規定が自分たちの活動手段を完全に無力化しているとし、作業場の衛生改善を効率的に達成する「最良の手段のひとつ」として、その廃止を求めている[84]。また彼は労災が起きた場合、それを視察官に知らせることを警察・医師・市町村長・検事といったすべての関係者に義務づけるべきであるとも主張している[85]。

前述のように、一八七四年児童労働法では当初、子どもの就学や道徳性の観点から彼らの雇用の規制に重点が置かれていたが、その後こうした措置は施行規則による修正、地方有力者の態度、職場における労働者の家族関係、地域の教育状況といったさまざまな要因によって、大幅に緩和されることになった。その一方で、当初それほど重視されていなかった子どもの労働環境整備の問題が一八八〇年代後半以降注目され始め、女性や成人労働者を含めた職場の労働環境全体の改善へと議論の広がりをみせていくことになる。私的領域への介入という点でみるならば、この時期子どもの雇用規制を通じての家庭の親子関係への介入はあまり機能せず、むしろ環境整備という形で職場への介入の拡大が図られたといえる。次項では、一八九〇年代以降の社会情勢の中で児童労働規制とそれに伴う私的領域への介入がどのような変容を被ったのかについて検討する。

(二)　一八九二年法における児童労働規制の変容

一八四一年法の不備を是正する目的で制定された一八七四年の児童労働法であったが、実際に施行されると地方委員会の機能不全や対象となる施設の定義の曖昧さ、また義務教育法の規定とのズレなど多くの問題が指摘され、早くも一八七〇年代末から法改正の提案が議会において出されることになった。さらに一八九〇年代になると、社会主義運動や労働運動の高まり、人口問題の深刻化、医療技術の進展などによる健康や生命の問題への関心の高まりがみられ、国家による社会政策・労働政策が本格的に取り組まれ始めた。

こうした中、児童労働規制に関する法改正がおこなわれ、一八九二年一一月に再び新たな児童労働法が成立した。この法律は児童労働について職業教育施設や救貧施設などを新たに規制の対象に加え、子どもの労働許可年齢を原則満一三歳に引き上げ、労働時間を短縮し、さらに夜勤・日曜祝日労働の年齢制限を引き上げるなど、規制の一層の強化を図るものであった[86]。

では、国家の私的領域への介入という点で、この法律はどのような変化をもたらしたのか。これについてはまず、子どもの雇用規制に医学的な基準が導入されたこと（第二条）があげられる。これはそれまで子どもの年齢及び教育水準のみによっておこなわれてきた雇用規制＝家庭への間接的な介入に新たな基準を導入するものであり、具体的には一三歳未満の子どもが働く際には特定の医師が無料で交付する身体的適性能力証明が必要とされ、また労働視察官は一六歳未満の子どもの労働について体力的に問題ないかどうかを確認するための医学検査をいつでも要求できるとされた。

しかし、これらの措置に対する視察官の態度は消極的かつ否定的なものであった。たとえば彼らは医学検査について、子どもの体力のみを問題としているとしてその有効性に疑問を呈しており[87]、またこれらの措置の現場の実践をめぐってもさまざまな不備を指摘している[88]。さらに親が子どもの適性能力証明に関する医師の判断に納得しないといった事例も報告されており[89]、地域住民もこれらの措置を認めていたとは言い難い。こうした状況から、この雇用規制への医学的水準の導入は現場においてうまく機能しなかったと言える。

一方、一八九二年法におけるもうひとつの変化とは、家庭内の労働に関しても部分的に規制が適用されるようになったことである。すなわち同法第一条では、家族の成員のみが雇用される施設＝「家内作業場」での労働は規制の対象にならないという従来の原則が維持される一方、それらの施設が蒸気ボイラーや機械動力を使う場合、または危険・不衛生とされた場合には、視察官は安全や衛生に関する措置を講じる権利を有するとされた。

ところで、第二節で述べたように、ノール県では一九世紀末に「家内作業場」の増加がみられ、視察官の目はこうした施設での労働に向けられることになった。もっとも一八九二年法では家庭内労働への規制は安全や衛生に関するもののみであり、労働許可年齢や労働時間、夜勤・日曜祝日の労働といった雇用規制の問題に関しては、家庭内労働は依然として対象外とされた[90]。しかし前述のように「家内作業場」は状況に応じて通常の作業場に変わる可能性があったため、県視察官はすべてのこうした作業場に対して、雇用規制も含めた「非公式の監視」をおこなわざるを得なかった[91]。そのため、視察官の活動は法律での規定以上に家庭における児童労働を問題とすることになった。

もっとも彼らにしても、ふだん大工場や小作業場の視察で忙殺されており、「家内作業場」の視察にそれほど熱心であったわけではない[92]。また非常に数が多かったこの種の作業場を全体として把握することは事実上不可能であった。しかし県視察官は周囲からの訴えなどに基づいて調査を実施し、「家内作業場」における労働の「濫用」を管区視察官に報告した[93]。たとえば一九〇九年度の管区視察官報告では、子どもが自宅で働く母親のために重すぎる生地を運んでいる、七～八歳の子どもが家の中で鎖製造の危険な作業に長時間従事しており、しかも景気づけのために朝から家族全員でジンを飲んでいるといった事例が報告されている[94]。こうした事例に対して視察官が実際にどの程度の規制をおこなったのかについては不明であるが、児童労働規制の現場のアクターは、今や家庭内の児童労働問題に積極的に取り組む姿勢を示しつつあったと言える。たとえば一八九六年の管区視察官は以下のように述べている。

「［中略］子どもが他人によって苦しむということはほとんどなく、彼らにとっての害悪は親や養育者に起因することがほとんどである。学校でも作業場でも彼らは守られているが、家庭においてはそうではなく、そこではあらゆる種の不幸によって子どもがどうしようもないほどに弱くなったり傷ついたりすることが起こりうるのである。法律がこれらの［家内］作業場においても視察官がそうしたけしからぬ濫用を罰することができるようにしていないことは嘆かわしいことである。厳密な意味での家族の父親とは、子どもに対する権利を持つべきではなく、義務のみを有するべきである[95]。」

以上のように、一八九二年法による国家の私的領域への介入の変容は、現場においてそのままの形で実現したわけではない。地域の経済状況や医療状況、あるいは視察官の対応といった要因によって、子どもの雇用規制に関する新たな基準の導入は現場において機能しなかった一方、規制の家庭内労働への拡大は法律で定められた以上の広がりをみせることになった。児童労働規制を通じての私的領域への介入の変容は、こうした地域社会の状況に応じた形でなされたと言える。

小括

一八七四年から一九一四年にかけてのフランスにおける児童労働規制の展開は、先行研究がつとに指摘してきたように、働く子どもの保護という点で十分な成果をあげたわけではない。しかしそれは、国家と私的領域（職場・家庭）との関係におけるひとつの転換を示すものであった。一八七四年法におけるきわめて妥協的な国家の私的領域への介入のありかたは、その後の具体的な展開において、働く子どもや家族、学校の実態、地方有力者の態度、国政上の課題の変化といった諸条件に対応する形で、大きな変容を被った。国家の介入は職場空間だけでなく家庭空間にも直接及ぶこととなり、その担い手は国家官僚と地方有力者の併存から前者に一本化された。さらに国家介入の様態は、児童労働の「濫用」の取り締まりという一時的かつネガティヴな形での介入から、労働環境整備という、より恒常的かつポジティヴな意味を有する介入へと移りつつあったといえる[96]。もちろん、これらの変化はあくまでも漸次的なものであったが、従来否定的評価がなされてきたこの時期のフランスの児童労働規制の展開は、以上述べてきたような国家の私的領域への介入の変化をもたらしたものとして肯定的に捉え直すことが可能なように思われる。

ところで、一八九〇年代は児童労働だけでなく、女性労働や労働者全般に関する一連の労働政策が成立した時期にあたる。たとえば先の一八九二年法では児童労働規制が強化されただけでなく、未成年女子や成人女性の夜勤・日曜祝日労働が原則禁止とされ、また彼女らの職場における安全・衛生に関する規定が初めて設けられた。また、労災が発生した場合には企業主が四八時間以内に市町村長に届出をおこない、市町村長は直ちに管区または県の視察官に通知することも規定された。さらに翌年六月の「工業施設における勤労者の衛生と安全に関する法律 Loi concernant l'hygiène et la sécurité des travailleurs dans les établissements industriels」及び一八九八年四月の「労働災害の責任に関する法律 Loi concernant les responsabilités des accidents dont les ouvriers sont victimes dans leur travail」では、これらの安全・衛生・労災に関する措置が成人男子労働者にも拡大されている。本章で述べたように、こうした内容は法律成立以前から児童労働規制に携わる視察官によって指摘されていたことであり、彼らの報告が中央行政に影響を与えた可能性を考えるならば、児童労働規制の展開は、これらの労働政策を推進するひとつの要因をなしていたと考えられる。児童労働規制の成立がその後の労働政策への道を開くものであったことはすでに先行研究によって指摘されているが、成立のみならずその後の具体的な展開においても、この施策は労働政策の進展に影響を及ぼしていたのであり、この点に児童労働規制の、より積極的な歴史的意義が認められるように思われる。

注

（1）児童労働とは本来さまざまな業種の労働を含むものであるが、本章では工業労働のみに限定し、農業やサーヴィス業などの労働は考察対象に含めていない。

（2）EWALD, François, *L'Etat providence*, Paris, Grasset&Fasquelle, 1986, pp.95-98.

（3）WEISSBACH, *op.cit.*, pp.xiii, 230.

（4）ペロー前掲論文「私生活と政治」、一六～二一頁。

（5）梅澤収「フランス第三共和政期における義務教育の導入論議　―議会法案と児童労働法から―」牧柾名編『公教育制度の史的形成』梓出版社、一九九〇年所収、一六七頁。

（6）HEYWOOD, *Childhood*, *op.cit.*, p.323.

（7）C・ナーディネリ著、森本真美訳『子どもたちと産業革命』平凡社、一九九八年（原著一九九〇年）、二四一～二四三頁。

（8）LYNCH, *op.cit.*, pp.22, 203-218.

（9）WEISSBACH, *op.cit.*, p.229.

（10）REID, Donald, « Putting social reform into practice : labor inspectors in France, 1892-1914 », *Journal of Social History*, v.20, n.1, 1986, pp.67-87 ; VIET, *op.cit.* なお、ヴィエットの著作については清水克洋「一九世紀末フランスにおける労働監督官制度と労働市場　―V・ヴィエの議論の検討を中心に―」『商学論纂』〈中央大〉第四二巻第五号、二〇〇一年、二五五～二九一頁も参照。

（11）齊藤前掲書、第一章「一八四一年児童労働法をめぐる生産と福祉」。Cf. 同「産業革命期フランス・アルザス地方における児童労働問題　―一八四一年児童労働法と企業家―」『社会経済史学』第六四巻第五号、一九九九年、五七～八四頁。

（12）ヴィエットは一八七四年法によって最初に任命された労働視察官の最大の特徴は「個人主義」であったとしている（VIET, *op.cit.*, v.1, p.101）。また、清水は視察官の活動が地方ごとに大きく異なっていた原因として、当時のフランスにおいて労働市場が産業部門間、地方間で分断されていたことをあげている（清水前掲論文、二七五頁）。

（13）一九世紀ノール県の児童労働全般については、教育史家による以下の史料集を参照。MARCHAND, Philippe, *Le travail des enfants au XIXe siècle dans le département du Nord*, Lille, CNDP et CRDP de Lille, 1980. またこの地域の児童労働規制に関する研究としてはすでに以下の二本の修士論文が存在するが、いずれも本章の問題意識に対応したものではない。SAINFEL, Agathe, *Inspecteurs et inspection du travail de 1841 à 1874 dans le département du Nord*, Mémoire de maîtrise, Villeneuve d'Ascq, Université de Lille III, 2000 ; PRZYBOROWSKI, Maxence, *Inspecteurs et inspection du travail dans le Nord, 1874-1914*, Mémoire de maîtrise, Villeneuve d'Ascq, Université de Lille III, 2000.

（14）たとえば一八六〇年代の産業調査では児童労働者の数が一六一四六人で全国的に最も多かった（ただしパリやリヨンの数値は含まれず）（WEISSBACH, *op.cit.*, p.163）。
なお、本章の初出論文（本書「初出一覧」参照）では右のカッコ内の断り書きを記載していなかったため、『史学雑誌』第一二三編第五号の「二〇一三年の歴史学界　―回顧と展望―」の「ヨーロッパ（近代―フランス）」の項において紹介された際、ノール県が「一八六〇年代に児童労働者数がフランスでもっとも多かった」（三四二頁）との記述がなされた。これは筆者による記述上のミスによるものであり、この場を借りて評者及び読者の方々に深くお詫びする次第である。

（15）こうしたノール県の特徴は、同時代人も指摘するところである（*J.O.*du 23 janvier 1873, p.475）。

（16）ただしヴィエットは、一八九二年法によって初めて均質的な視察官制度が成立したとする（VIET, *op.cit.*, v.1, p.231）。

（17）この史料はノール県の場合、一八七四年から一八九二年については手稿史料であり、フランス国立文書館（以下ANと略記）の整理番号F12 / 4738-4739, 4742-4743の中に分類されている（"Rapport de l'inspecteur divisionnaire du travail des enfants de la 6e (ou 8e) circonscription en résidence de Lille"）。また一八九三年から一九一四年については刊行史料であり、労働省刊行の労働規制法実施報告集（MINISTERE DU TRAVAIL, *Rapports sur l'application des lois réglementaires sur le travail*）に掲載されている。以下では前者の史料をRIDTE、後者を*RALRT*と略記し、いずれもカッコ内に報告年度などを記すことにする。

（18）ただし県議会が独自に視察官を設置した例もみられる（本章第二節参照）。

（19）以上、WEISSBACH, *op.cit.*, ch.5.

（20）以上、WEISSBACH, *op.cit.*, ch.8-9, p.181.

（21）この委員会法案は当初成人女性の労働制限に関する条項を含んでいたが、議会審議での反対の結果、未成年女子のみの制限に限定されている（WEISSBACH, *op.cit.*, pp.185-186, 190-191）。なお、法律の名称からもうかがえるように、こうした経緯からこの法律には未成年女子に関する内容も含まれているが、本章では児童労働に関する内容を主に扱っている。

（22）RAPPORT fait au nom de la commission chargée d'examiner la proposition de loi de M. Joubert, relative au travail des enfants dans les manufactures, etc., par M. Eugène Tallon,〔...〕, Annexe n.1132（Séance du 11 mai 1872）in *J.O.* du 30 mai 1872（以下 RAPPORT de Tallon と略記）, p.3612.

（23）以上、RAPPORT de Tallon, *op.cit.*, p.3607.

（24）以上、RAPPORT de Tallon, *op.cit.*, p.3607.

（25）*J.O.* du 23 janvier 1873, p.486.

（26）RAPPORT de Tallon, *op.cit.*, p.3610.

（27）一八四一年法においてもこうした措置に関する言及はあったが、具体的には施行規則において定めるとされていた。

（28）WEISSBACH, *op.cit.*, pp.191-192.

（29）一八七四年法では県議会がこれを各郡に最低一つ設置し、メンバーは県議会の推薦名簿に基づいて知事が任命するとされた。ただし各委員会にはできるだけ国家技師や初等教育視察官、鉱山技師などを参加させるべきとされていた。

（30）RAPPORT de Tallon, *op.cit.*, p.3612.

（31）RAPPORT de Tallon, *op.cit.*, p.3612.

（32）Cf. REID, *art.cit.*, p.70.

（33）VILLERME, *op.cit.*, p.149.

（34）ノール県における一八四一年法の実施については以下を参照。SAINFEL, *op.cit.*, pp.76-84 ; LYNCH, *op.cit.*, pp.203-218. なお第二帝政期については、PIERRARD, *La vie ouvrière*, *op. cit.*, pp.170-178 も参照。

（35）一八五一年にノール県議会は県の特別視察官設置のための予算一五〇〇フランを可決している。同様の試みはその後セーヌ県などでもおこなわれた。この視察官の活動については、MARCHAND, *op. cit.*, pp.11-12 ; HEYWOOD, *Childhood*, *op. cit.*, pp.250-251 ; PIERRARD, *La vie ouvrière*, *op. cit.*, pp.173-176 ; WEISSBACH, *op.cit.*, pp.126-127 などを参照。

（36）Ministère de l'agriculture et du commerce, Statistique relative au personnel des établissements soumis à l'inspection du travail des enfants dans les manufactures (6e circonscription-Nord), AN F12/ 4771. この史料には日付が存在しないが、請求記号の分類から一八七六年から一八七八年のものと考えられる。

（37）一八九七年の管区視察官によれば、一八歳未満の児童の割合は綿紡績業で二七・四三％、ジュート紡績業で三三・六〇％、亜麻・麻紡績業で二九・五四％、羊毛紡績業で二二・七五％であった（*RALRT* (*1896*), p.110）。

（38）*RALRT* (*1896*), pp.106, 109. ただしこの数値には炭鉱などが含まれていない。

（39）WYTTEMAN, *op.cit.*, pp.249-250.

（40）この点について、本章では以下の文献を参照。BOXER, Marilyn J., « Protective legislation and home industry : the marginalization of women workers in late nineteenth-early twentieth-century France », *Journal of Social History*, v.20, n.1, 1986, pp.45-65 ; マドレーヌ・ルベリウ「女工」ジャン＝ポール・アロン編（片岡幸彦監訳）『路地裏の女性史　一九世紀フランス女性の栄光と悲惨』新評論、一九八四年（原著一九八〇年）所収、九〇頁。

（41）以上、*RALRT* (*1894*), p.147 : *RALRT* (*1898*), p.142.

（42）*RALRT* (*1894*), p.147 : *RALRT* (*1899*), p.181 ; *RALRT* (*1903*), p.79. なお一九〇三年度の報告では、ある下着製造工場の経営者が児童労働法違反で処罰されるや否や、そこの機械が女性労働者の家に運びこまれて、生産が家族による長時間労働に切り替えられたという事例が紹介されている。

（43）*RALRT* (*1899*), p.181.

（44）*RALRT* (*1894*), p.147 : *RALRT* (*1896*), pp.111-112 : *RALRT* (*1898*), p.141.

（45）ルランについては、以下の議員辞典を参照。MENAGER, Bernard, FLORIN, Jean-Pierre et GUISLIN, Jean-Marc (éds.), *Les parlementaires du Nord-Pas-de-Calais sous la IIIe République*, Villeneuve d'Ascq, CRHENO-Université Charles de Gaulle-Lille 3, 2000, pp.249-250.

（46）*J.O.* du 19 mai 1874, p.3355.

（47）RIDTE (octobre 1877), AN F12 / 4738.

（48）*RALRT* (*1899*), pp.185-186. ただしこの事例は報告書の中で地域が特定されておらず、当時同じ視察管区であったパ＝ド＝カレ県やソンム県で起こった可能性も否定できない。

（49）以上、ノール県の管区区分については、VIET, *op.cit.*, v.1, pp.68, 218 を参照。

（50）たとえば一八九三年の第五管区の工業施設数は、おおよそノール県が二四七四九、パ＝ド＝カレ県が五八二二、ソンム県が三七〇九であった（*RALRT (1893)*, p.109）。

（51）PRZYBOROWSKI, *op.cit.*, p.23.

（52）*RALRT (1894)*, p.142. なお、男性の県視察官が県内の六つの地区 section をそれぞれ担当し、女性視察官はリール・ルーベ・トゥルコワン・アルマンティエールの各小郡内の女性を雇用している施設を担当するとされた。ただし地区の数はその後増やされている。

（53）RIDTE（1875）, AN F12 / 4739.

（54）Cf. VIET, *op.cit.*, v.1, pp.81-85.

（55）ヴィエットは地方委員会の「無気力」によって、視察官がその影響力から「解放」され、管区の多様性に左右されない「同じ速度での働き fonctionnement synchrone」をおこなうことができるようになったとする（VIET, *op.cit.*, v.1, p.84）。

（56）VIET, *op.cit.*, v.1, p.130.

（57）WEISSBACH, *op.cit.*, p.92 ; HEYWOOD, *Childhood*, *op. cit.*, p.277.

（58）もっともノール県の場合、そこでの児童労働の大半を占めていた繊維業のいくつかの工程については、一八七五年三月の施行規則によって一〇歳以上一二歳未満の子どもの労働が認められていた（TALLON, Eugène et MAURICE, Gustave, *Législation sur le travail des enfants dans les manufactures*, Paris&Versailles, J. Baudry&Cerf et fils, 1875（Kessinger Legacy Reprints）, p.565）。

（59）TALLON et MAURICE, *op.cit.*, pp.571-573.

（60）*PVCGN*, Séance du 30 août 1876, pp.374, 379.

（61）PROPOSITION DE LOI ayant pour objet de suspendre l'application de l'article 9 de la loi du 19 mai 1874 sur le travail des enfants dans les manufactures, présentée par MM. Pierre Legrand〔...〕, Annexe n.104（Séance du 10 mai 1876）in *J.O.* du 21 mai 1876, p.3494 ; PROPOSITION DE LOI tendant à ajouter un article additionnel à la loi du 19 mai 1874 sur le travail des enfants dans les manufactures, présenté par M. Testelin, sénateur, Annexe n.30 (Séance du 10 mai 1876) in *J.O.* du 25 mai 1876, p.3587. なお、これらの法案は結局立法化されなかった（梅澤前掲論文、一七二～一七三頁）。

（62）RIDTE（1875）, AN F12 / 4739.

（63）RIDTE (juillet 1876）, AN F12 / 4738.

（64）一八七五年度の年次報告の中で彼は以下のように述べている。「第六管区では、ひとりの経営者が一二歳から一五歳の子どもを一〇〇人から一五〇人雇っていることが珍しくない。この子どもたちの九割に一日六時間仕事を離れることを課すならば、大規模工業の仕事にかなりの混乱をもたらしかねないことは明らかである。」（RIDTE（1875）, AN F12 / 4739）

（65）RIDTE（1876）, AN F12 / 4739.

（66）« Rapport de l'Inspecteur divisionnaire, au sujet de la tolérance accordée aux enfants de 12 à 15 ans ne possédant pas le certificat d'instruction（...）», s.d., AN F12 / 4765.

（67）RIDTE（1884）, AN F12 / 4739.

（68）VIET, *op.cit.*, v.1, pp.121-122. ただしヴィエットは、視察官の活動から寛容措置に関する明確な傾向を分析することはできないとも述べている。

（69）« Rapport de l'Inspecteur divisionnaire, au sujet de la tolérance accordée aux enfants de 12 à 15 ans（...）», AN F12 / 4765.

（70）« Extrait des procès-verbaux des délibérations du conseil d'arrondissement de Lille（Séance du 12 août 1880）», AN F12 / 4743.

（71）VIET, *op. cit.*, v.1, pp.129-130.

（72）RIDTE（3e trimestre, 1885）, AN F12 / 4742 ; RIDTE（1885, 1887）, AN F12 / 4743.Cf. VIET, *op.cit.*, v.1, p.120.

（73）VIET, *op.cit.*, v.1, pp.83-84.

（74）ヴィエットは義務教育法の影響によって親がより早い時期から子どもを学校に行かせるようになり、また産業家も一三歳から一五歳の子どもの就学義務から逃れるために初等教育修了証明を持つ一三歳以上の子どものみを雇う傾向にあったため、視察官は初等教育の監督から解放され、その業務は工業における安全と衛生の問題にシフトしていったと指摘する（VIET, *op.cit.*, v.1, p.131）。

（75）RIDTE（1885）, AN F12 / 4743.

（76）RIDTE（1886）, AN F12 / 4743.

（77）RIDTE（1886 et 1889）, AN F12 / 4743.

（78）RIDTE（1889）, AN F12 / 4743. なお一八七四年法は未成年女子の労働について、その労働時間や夜勤などについては規定しているが、職場での安全や衛生については言及していない。

（79）RIDTE（1888）, AN F12 / 4743.

（80）RIDTE（1889）, AN F12 / 4743.

（81）VIET, *op. cit.*, v.1,pp.143-162.

（82）この点について詳しくは、本章小括を参照。

（83）RIDTE（1887）, AN F12 / 4743.

（84）RIDTE（1887）, AN F12 / 4743.

（85）RIDTE（1889）, AN F12 / 4743.

（86）詳しくは本章の表５－１を参照。

（87）*RALRT（1897）*, p.167 ; *RALRT（1893）*, p.112.

（88）*RALRT（1893）*, pp.112-113 ; *RALRT（1894）*, p.152 ; *RALRT（1895）*, p.144, etc. こうした主張は当時の地域社会における医療体制に問題があったことをうかがわせるが、これらをそのまま受け入れることには留保が必要と思われる。たとえば視察官が医師に児童労働に関する権限を付与する措置を快く思わず、医療上の措置に対して厳しい態度を取った可能性なども考えられる。

（89）一九〇九年度の報告では、証明を出さないことに乱暴な言葉で抵抗した母親を追い出すのに警官を呼ばなければならなかった事例があげられている（*RALRT（1909）*, p.95）。

（90）BOUQUET, Louis, *La règlementation du travail : le travail des enfants, des filles mineures et des femmes dans l'industrie : commentaire de la loi du 2 novembre 1892*, Paris, Berger-Levrault, 1893（Kessinger Legacy Reprints）, p.47.

（91）*RALRT（1898）*, p.141.

（92）*RALRT (1900)*, p.175. なお一九一〇年度の管区視察官報告は、特別な状況がなければ、視察官はたとえ機械動力を有する場合でも家内作業場よりも通常の作業場や工場を監督する方を好むと述べている（*RALRT (1910)*, p.133）。
（93）Cf. *RALRT (1910)*, p.133.
（94）*RALRT (1909)*, pp.92-93.
（95）*RALRT (1895)*, p.141.
（96）この点については、本書第三章の小括も参照。

第Ⅲ部

児童保護のネットワーク
―国家・地方自治体・民間事業―

トゥルコワンの母子保護団体「乳幼児保護事業団」の様子（第九章参照）

出典：SIMON, Bruno, *Gustave Dron, 1856–1930 : député-maire de Tourcoing, sénateur du Nord*, Mémoire de maîtrise, Villeneuve d'Ascq, Université de Lille III, 1988（Web 公開版 : http://gustave.dron.free.fr/IMG/pdf/gustave_dron_1856-1930_.pdf）, p. 18（Photo Cayes）.（最終確認日：2017 年 2 月 16 日）

第6章　一九世紀フランスにおける慈善児童保護事業
——一八八一年孤児院調査を手がかりとして——

第三部では、本書の最後の課題、すなわち統治権力としての児童保護の担い手（国家・地方自治体・民間事業）の間の関係について検討するが、本章及び次章においては、特に公権力と民間事業との関係を取り上げる。

一九世紀フランスにおける児童保護の歴史は、これまでとりわけ世紀後半にかけて国家の関与が強まるプロセスとして叙述されることが多かった。たとえば前述の史家ペローは、一九世紀における児童保護の関心は、まず私的な人々によって表明され、世紀が進むにつれてそれに関する法律の制定へと発展したと述べている[1]。しかし、近年の西洋福祉史研究においては、国家以外の担い手が福祉に果たした役割を重視する傾向がみられる。たとえばイギリスに関してセインは、家族による福祉や慈善団体の活動など、いわゆる「ボランタリー部門」の役割が、福祉国家が形成される一九世紀末から二〇世紀前半においてもいぜんとして重要であったことを指摘している[2]。また、近年の日本のフランス史研究においても、結社（アソシアシオン）の重要性に関心が集まりつつある[3]。以上の研究状況は、児童保護の歴史を考察する際に、国家レヴェルの政策のみならず、民間レヴェルの活動も跡づける必要性を示唆するものと言える。

本章では、一九世紀において公的扶助以外に民間団体などによっておこなわれた児童保護活動を、「慈善児童保護事業」の名称で呼ぶことにする。[4] この事業は目的や対象とする子どものカテゴリーによってさまざまな形態を取るものであったが、これまで複数の歴史家によって研究の対象とされてきた。[5] その中でラプレージュはパリの捨て子と孤児の保護に関して、一九世紀半ば以降孤児院などの「民間部門 secteur privé」が発展し、保護する子どもの分担などによって公的扶助に対する補完的役割を果たしたとする。[6] この指摘は児童保護における慈善事業の位置を示している点で興味深いが、そうした補完関係が一九世紀末における児童保護政策の拡大とどのような関係に立つのか、そもそも慈善事業の運営に何ら問題はなかったのかといった疑問が残る。こうした点を含めて慈善児童保護事業の位置付けをおこなうためには、運営の実態や公権力との具体的な関係にまで踏みこんで考察する必要があろう。

従来の慈善児童保護事業に関する研究は、その多くが個別研究であり、フランス全体を扱ったものは管見の限りほとんどみられない。しかし全国の事業を詳細に検討することは、方法的にも史料的にもきわめて困難であることは言うまでもない。そこで本章では、一八八一年から翌年にかけて実施された、「孤児院及びその他の子ども向け慈善施設に関する調査 Enquête sur les orphelinats et autres établissements de charité consacrés à l'enfance」（以下「一八八一年調査」と略記）の分析を通じて、上記の課題に取り組みたい。この調査は議会（上院）での児童保護法案の検討の際の情報収集を目的として実施されたもので、孤児院を初めとする全国の児童保護施設の数や規模、活動内容、子どもの状況などに関する一三の質問から構成されている。その回答結果は後に議会報告としてまとめられたが、報告者自身、多くの不備や欠落があることを認めている。[7] したがって、分析には慎重を期さねばならない。とはいえ、フランスにおけるこの種の慈善事業に関する初の公式調査であり、本章の考察にとって重要な手がかりを与えるものである。本章ではこの調査を中心史料とし、前年に監獄総協会がおこなったより小規模の調査（以下「監獄総協会調査」と略記）[8]などでデータを補うことにする。
以下では、児童保護施設の設立状況、運営の実態、公権力との関係の順に論を進めていく。

第一節　児童保護施設の設立

第一章で述べたように、フランスでは一八一一年に捨て子や貧しい孤児に対する公的扶助システムが形成された。これに対して、慈善児童保護事業はどのような形で設立されたのだろうか。

一八八一年調査によれば、当時のフランスにおいて「子どもの保護 garde 育成 éducation にたずさわる慈善団体、事業、あるいは施設」（以下本章ではまとめて「児童保護施設」と表記）の数は一一一〇にのぼった。[9]このうち多数を占めたのは民間施設 établissements privés であるが、公立施設 établissements publics も少なからず含まれていた。[10]両者の数については、首都パリを含むセーヌ県など三つの県を除いたものとして、前者が七一三、後者が二一〇という数値があげられている。なおセーヌ県に関しては、公立施設が約一〇、民間施設が約一四〇と推測される。[11]したがって、民間施設が児童保護施設の大半を占めていたと考えられる。民間施設はさらに世俗施設と修道会系施設とに分けられるが、前者の数が一〇〇に対して後者が六一三と圧倒的に多く、[12]児童保護施設は基本的にカトリック教会のイニシアティヴによって運営されていたと言える。

児童保護施設は収容児童数が一〇〇人以下の小規模なものが大半を占めていたが、[13]その名称や形態はさまざまであった。一八八一年調査によれば、施設の約三分の二は「孤児院 Orphelinat」の名称で呼ばれたが、他にも「避難所 Refuge」、「保護施設 Asiles」、「作業所 Ouvroirs」などの名称が存在した。[14]ただし後述するように、ここでいう孤児院とは必ずしも孤児のみを受け入れていたわけではなかった。

表6－1　19世紀における児童保護施設の設立数の推移（設立時期がわかるもののみ）

年代	1801-1810年	1811-1820年	1821-1830年	1831-1840年	1841-1850年	1851-1860年	1861-1870年	1871-1880年
施設数	7	24	41	74	73	127	97	79

出典：*Enquête*, pp.CXCIII-CXCIX より作成（ただしセーヌ県など数県の数値が含まれていない）。

表6－2　県ごとの児童保護施設数（上位10位の県に関して）

県名（県庁所在地）	公立施設	民間施設	不明	合計
セーヌ（パリ）	10	137	17	164
セーヌ＝エ＝オワーズ（ヴェルサイユ）	14	36	1	51
マンシュ（サン＝ロ）	17	19	0	36
ブーシュ＝デュ＝ローヌ（マルセイユ）	4	31	0	35
ソール（リール）	5	25	2	32
ジロンド（ボルドー）	3	25	0	28
ガール（ニーム）	6	21	0	27
セーヌ＝アンフェリウール（ルアン）	—	—	24	24
ローヌ（リヨン）	0	23	0	23
ソンム（アミアン）	8	13	0	21
ムルト＝エ＝モゼル（ナンシー）	11	10	0	21

出典：*Enquête*, pp.519-545 の一覧表の数値より作成。ただしセーヌ県に関しては補足データからの推定値。なおセーヌ＝アンフェリウール（現セーヌ＝マリティム）県については公立民間の区別が不明。

施設の設立時期については、そのほとんどが一九世紀に入ってからのものである。表6―1からは、設立数が世紀を通じて基本的に増加傾向にあり、特に一八五〇年代に大幅な増加がみられたことがわかる。もっとも、設立されてから調査までの間に閉鎖された施設の存在も否定できず、世紀初頭において施設が少なかったと必ずしも断定はできない。

施設設立の要因として、一八八一年調査は公的扶助の不備に対する人道的反発、コレラの流行や戦争、さらに都市化の影響をあげている[15]。しかし世紀後半の施設の大幅な増加に関しては、いわゆる「子ども期の発見」の浸透や、都市の「社会問題」に対する人々の意識の高まり、またこの時期が民間団体（結社）全般が増大した時期であった点[16]なども考慮すべきと思われる。

実際、児童保護施設は一般的に大都市部に多く設立された。施設数の多い県を示した表６―２では、農村部の県もいくつかみられるが、大半はパリやリヨン、マルセイユなど大都市を含む県が占めている。一般に児童保護の問題は都市部において深刻であったとされており、こうした傾向は当然とも言える。

ただし、施設の設立が捨て子などの問題の深刻さに対応したものであったかどうかについては、必ずしも明確ではない。一八八一年調査のデータからは施設の収容児童数と実際の捨て子や孤児の数を比較することができないが、人口との関係でみるならば、たとえばノール県は当時セーヌ県に次ぐ人口密集地帯であり、三二の施設を有していたが、収容児童数は県の人口約一六〇万人中一二〇〇人あまりに過ぎなかった。フランス第二の都市リヨンを含むローヌ県においても、施設の収容児童数は人口約七三万人に対して一二〇〇人のみであった[17]。収容児童が他県の出身である場合もみられるので[18]、人口との比率はさらに少なかった可能性もある。いずれにせよ、施設の収容児童数と人口との間に明確な対応関係を見出だすことはできない。

こうした経緯で設立された児童保護施設は、当時の児童保護活動の中でどの程度の割合を占めるものだったのか。この点について一八八一年調査は、児童保護施設が引き受けていた子どもの数を約六万人としている。これに対して若干時期は異なるが、一八八三年初頭に公的扶助が引き受けていた捨て子・貧困孤児の数は約八万四千人であった[19]。したがって、児童保護施設は児童保護活動全体の中で少なからず重要な部分を担っていたと言える。なお、施設数と同じく収容児童数においても、民間施設が施設全体の中で圧倒的な比率を占めていた[20]。

ただし注意すべきは、当時において公的扶助と慈善事業は往々にして重なり合っており、両者は相互補完関係にあったという点である。たとえば一八八一年調査はいくつかの県について、公的扶助の管轄下にある子どもが児童保護施設に委託されたり、逆に施設の援助を受けている子どもが公的扶助機関にあずけられるといった事例を紹介している。[21] このことは、先の比較の結果に対して一定の留保を求めるものと言えるが、同時に慈善児童保護事業がある意味で公的扶助の管轄領域にまで及んでいたことを示すものと言える。

以上概観したように、一九世紀のフランスでは、国家政策としての児童保護システムが制度化される一方で、特に世紀半ば以降、児童保護施設が都市部を中心に設立され、児童保護活動全体において少なからず重要な位置を占めることになった。次章では、これらの施設の運営実態について検討する。

第二節　施設運営の実態

(一) 子どもの受け入れ　—公的扶助の補完?

一八八一年調査は児童保護施設が受け入れた子どもについて、孤児と捨て子、さらに貧困家庭の子どもが多かったとしている。[22] その中でも特に多かったと考えられるのは、施設の多くが「孤児院」と称していたことからもうかがえるように、孤児である。たとえばセーヌ県では、受け入れた子どものカテゴリーがわかる施設のほとんどが孤児を受け入れていた一方で、捨て子などを受け入れる施設はかなり少数であった。似たような傾向は、ノール県やローヌ県といった他の大都市部の県においても確認することができる。

では、なぜ施設は孤児を重点的に受け入れたのか。この問題については、当時の博愛主義者や支配階層の児童問題に対する考え方が参照されなければならない。一九世紀のフランスでは工業化・都市化の中での民衆層の生活状態が「社会問題」として議論を呼んでいたが、支配階層にとって捨て子とはそうした民衆層の生活習慣の乱れ、「悪徳」の結果であり、存在自体が社会秩序にとって危険なものであった。一方孤児は、「悪徳」ではなく親の死亡という「不幸」の結果であり、保護するのに何ら問題はないとされた。慈善事業は児童保護に関して捨て子と孤児をこのように区別し、基本的に後者のみ救済するに値する存在とみなしたのである。以上のような経緯から公的扶助は捨て子、慈善事業は孤児を主に引き受けるという、児童保護の役割分担がおこなわれることになった(23)。

さらに、捨て子や貧困家庭の子どもの受け入れも公的扶助の補完をなすものであった。捨て子は基本的に公的扶助の管轄であったが、一二歳以上の子どもは排除されるなど、実際にはさまざまな理由から受け入れられない子どもが存在した。また貧困児童に関しても、救貧局などによる援助は十分なものではなく、慈善事業はこうした子どもの受け皿としても機能していた。

以上のように、慈善児童保護事業はさまざまな側面において公的扶助の補完的機能を果たしていたといえる。しかしここで注意すべきは、この機能は十分なものではなかったという点である。その理由としてはまず、施設が子供の受け入れに関していくつもの条件を課していたことが挙げられる。たとえば多くの孤児院では、子どもは当該市町村、都市、あるいは県に属している場合のみ無料で養育された。また修道会系施設はカトリックの子どものみ受け入れるなど宗教上の条件も存在し、さらに多くの場合、受け入れられるのは嫡出子のみであった。加えて、障害児や「態度の悪い、もしくは反抗的な子ども enfants vicieux ou insoumis」は一般的に施設から排除されていた。特に後者は孤児院における「例外」的な存在であったとされる。したがって、こうした条件を満たさず公的扶助にも頼ることのできない子どもは、物乞いや浮浪といった状況に陥り、最終的に矯正施設か監獄にのみ居場所を見出だすといった事態が指摘されることになった(24)。

一方で、児童保護施設は子どもの収容年齢を自らの方針や都合に合わせてばらばらに設定していた。たとえば一八八一年調査では、慈善精神のさかんな施設では子どもは小さいうちから受け入れられ、子どもの労働による利益をあてにする施設では収容年齢が可能な限り高く設定されているとの指摘がみられる(25)。収容年齢の上限についても施設によって違いが存在したが、大部分の孤児院では公的扶助と同じく一二歳までとされ、したがって公的扶助の年齢制限を過ぎた子どもが受け入れられる可能性は少なかった[26]。そもそも、施設の多くが女子施設であり男子を受け入れる施設は少ないという、性別による受け入れの不均衡も存在した[27]。

(二)　子どもの集団的養育

児童保護施設では、子どもは収容されると一般に成年（二一歳）まで保護された[28]。その間の施設の役割は、子どもに規則正しい生活を送らせ、教育を施し、さらに将来に向けて技能を身につけさせることにあり、この点で公的扶助と基本的に変わるところはなかった。しかし養育方式に関しては、両者の間に著しい違いがみられた。すなわち、公的扶助では子どもは養育院に収容された後、里親のもとに個々にあずけられたのに対して、児童保護施設は通常、施設内で共同生活をさせる方式を採用していた[29]。生活は規則によって細かく規定され、一般に一二歳までは初等教育、それ以後は男子については肉体労働、女子は裁縫が中心であった[30]。

施設の関係者はこうした集団的方式をおこなうことについて、里親にあずけるよりも子どもの養育上好ましいという理由を挙げている。たとえば南仏アリエージュ県のプロテスタント孤児院の院長は、捨て子や孤児を里親にあずけることは、ふさわしいあずけ先を見つけられるならば問題はないが、実際には里親は労働の搾取のみが目的で子どもをあずかることが多いと述べている。同じく南仏オード県のある女子孤児院は、私人に子どもをあずけることは彼らから教育を奪い、過酷な労働を課すおそれがあるとして、こうした方式を禁止すべきとまで主張している。ただし、彼らの方針は必ずしも一致したものではなく、公的扶助にならって里親に子どもをあずける孤児院も存在した[31]。

しかしこうした養育方式に対して、県知事や県視察官の側からは、施設内での養育は子どもを世間から離れた場所での受動的な生活に慣れさせ、出所後の生活に支障をきたすとの批判が出されていた。たとえば中部アリエ県の視察官は、孤児院での受動的で単調な生活がしばしば子どもの知能や身体の発展を阻害すると述べている。またパリ近郊ウール＝エ＝ロワール県の知事は、子どもは孤児院において規則と規律と束縛にしか出会わないと述べている。また西部シャラント＝アンフェリウール（現シャラント＝マリティム）県の知事は、慈善施設の子どもは世間の習慣の外で育てられるため、世間を理解できず社会を憎むようになるとして、施設内での養育の弊害を強調している。市町村長もおおむね同じ立場を取っており、セーヌ＝エ＝オワーズ県では一六人の市町村長が、子どもは孤児院より里親にあずけるのが好ましいとの意見を表明している。[32] 彼らは基本的に公的扶助を擁護する立場にあり、主張の信憑性については疑問もあるが、児童保護施設の養育方式にも問題があったことがうかがえる。

施設での養育について特に批判の対象となったのは、子どもの労働に対する搾取であった。本来労働は子どもの将来に備えての職業訓練としての意味を持っていたが、児童保護施設の主要な収入源のひとつでもあったため、過剰な労働を課せられる場合が存在した。[33] たとえばある県知事は内務大臣宛ての書簡の中で以下のように述べている。

「若い娘にとって、孤児院とは成人するまで報酬なしで働く作業場 atelier に過ぎません。［中略］彼女はまだ若いのに［中略］自分が働いて得た当然の利益を奪われるだけでなく、施設での生活によってしばしば健康と将来を台無しにするのです。彼女らはいくつかの特別な仕事についてはかなりの技量を身につけるかもしれませんが、自分の身の回りの世話はできず、施設を出た時、教育も経験も貯えもなく、あらゆる危険を避けて生きのびるための戦いの用意ができていないのです。[34]」

こうした背景には、施設の財政事情が存在した。施設の財源は人々からの寄付、国家・県・自治体からの補助金、子どもの養育料などであったが、負債や借金、赤字を抱えていた施設も少なくなく、子どもの労働はこうした状況を補うために利用された。一八八一年調査によれば、子どもの労働が支出の三分の一から半分以上をカバーするといった施設も存在した[35]。

(三) 子どもの出所後の状況

子どもの出所後の状況についてまず指摘すべきは、彼らが施設での教育・職業訓練を十分に済ませないうちに、親がその労働力を当てにして引き取るケースが存在したことである。特に女子が未成年のうちに引き取られる場合、その後浮浪・物乞い・売春など、「嘆かわしい」境遇に陥るケースが多かった。たとえば南仏タルン＝エ＝ガロンヌ県では、若い娘が不品行な母親によって引き取られることが放蕩を引き起こす一因となっていると報告されている[36]。

成年まで施設で養育された子どもに関しては、出所後の状況はより良好であったとされる。施設が彼らに斡旋した職業については断片的なデータしか存在しないが、いくつかの県に関して、都市の労働者や奉公人、縫い子、徒弟、事務員等の職業名が挙げられている。また農業県の男子孤児院を出た子どもの大多数は、作男 domestiques de culture、ぶどう栽培農、車引きなどとして働きに出された。ただし監獄総協会調査では、都市出身の子どもが農業を斡旋された場合、仕事を嫌って都市に戻ってくるというケースも報告されている。上記の職業をみる限り、施設を出た子どもは主に職人・労働者になったと考えられるが、初等学校教師や自由業など、さらに上級の職業に就く可能性についても報告されている[37]。

しかし、出所した子どもに対する支援活動はきわめて不十分なものであった。たとえば施設が集中するセーヌ県においてすら、「支援 patronage は子どもが出身施設の長に自ら助言を求めに来る場合にのみ存在する」といった状況であった。[38] しかしその原因を単純に施設の怠慢などに求めることはできない。支援活動を組織できない背景には、子どもが出所後各地に散らばってしまうという状況、また支援に必要な人材を確保できないという事情も存在した。また積極的な支援はおこなわなくとも、出所した子どもとの良好な関係の維持に努める施設なども存在した。[39]

ちなみに、同様の事態は公的扶助の場合にも起こっている。南東部アン県の知事はこの件に関して、多くの県において、被扶助児童（公的扶助が引き受けた捨て子などを指す。本書第四章参照）は成年に達すると「二度捨てられることになる」と述べている。[40] 近年の研究は、公的扶助の子どもは成年に達した後もさまざまな形で行政に依存していたことを指摘しているが、[41] 上記の例は、子どもの社会への定着という点において、公的扶助が慈善事業と同様に十分なものでなかったことを示すものと言える。

第三節　公権力との関係

第一章において述べたように、一九世紀末はフランス第三共和政が児童保護の問題に大きく関与し始める時期であった。本節ではこの時期における慈善児童保護事業と公権力との関係、特に児童保護政策との関係について検討する。

（一）行政による認可と監視

一九世紀フランスにおいていわゆる「結社の自由」が存在せず、団体を設立するために行政の認可が必要であったことはよく知られているが、慈善施設に関しても同様の制度が存在した。[42] したがって、児童保護施設と公権力との関係を検討するためには、まず施設の認可状況について明らかにしておく必要がある。

一八八一年調査によれば、認可状況がわかる九一四の施設のうち、「公益性を承認された reconnus d'utilité publique」、すなわち民事上の法人格を得ていたものは一〇三、認可を受けていたものは二九二であり、残りの五一九は「何ら法的地位を有さない sans aucune situation légale」、すなわち無認可の施設であった(43)。このことは、行政当局がこうした施設を事実上黙認していたことを意味する。一九世紀においてこのような施設・団体の黙認は珍しくなかったが(44)、パリ近郊マルヌ県の知事はその理由として、児童保護施設が公的扶助の「強力な補助者」であった点を挙げている(45)。また、施設の中には認可や法人格を受けながら行政当局と何ら関係を持たないというケースも多かった(46)。

行政による監視についても、施設の置かれた立場はさまざまであった。施設の中には設立者の意志によって県行政の監督下に置かれたり、また補助金のために市町村の監視に服するものなどが少なからず存在した。またプロテスタントの施設のように、当局の支持を得るために自発的に監視を求めるケースも存在した。しかし無認可施設の場合、国家による監督をまったく受けていない場合が大半であった。そうした施設は司教や主任司祭の視察を受けている場合が多かったが、公権力にとって十分なものではなかった。ちなみにセーヌ＝エ＝オワーズ県の場合、五一の施設のうち三九が司教区当局や宗教団体の監視下にある一方で、公権力の監視下に置かれていたのは九つのみであった(47)。

以上のように、一九世紀の児童保護施設は、事実上公権力からかなり自立した活動をおこなっていたと言える。しかし世紀末における児童保護政策の拡大は、そうした両者の関係に変化をもたらすことになった。

(二)　児童保護政策と慈善事業

第二章でみたように、普仏戦争とパリ・コミューンの混乱を経て共和政が確立した一八七〇年代から一八八〇年代の時期において、治安維持と教育の観点から、従来の捨て子や孤児以外の子どもの保護が問題となった。なかでも重要とされたのが、虐待を受けた子どもの保護であった。しかしこうした子どもの施設への受け入れは孤児などと比べるとかなり少なく、慈善事業がこの問題に十分に対応しているとはいえなかった。

こうした状況を受けて、為政者は国家の法的措置による保護に乗り出す。その際議論の争点のひとつとなったのは、前節で述べたように、子どもが児童保護施設で保護されても養育期間が終わらないうちに親が再び引き取りに来て、その結果再び親の悪影響にさらされるという、「早期の引き取り retrait prématuré」の問題であった。一八八一年一月に議会(上院)に提出された児童保護法案はこれを防ぐために、親からの子どもの監護権の剥奪を可能にする条項を提案した[48]。しかしこれは施設の活動に対する公権力の介入を意味するものでもあった。施設関係者はこうした措置に対してどのような態度を示したのだろうか。

この法案の直後に実施された一八八一年調査では、施設関係者に対して、「早期の引き取り」に対処する法的措置に関する質問がなされた。しかし全体の約三分の二がこれに回答せず、そのうちの大半は修道会系の女子孤児院であった[49]。当時のフランスでは教育政策などをめぐって世俗共和政とカトリック教会が激しく対立しており、全体として修道会系施設が世俗国家の介入に好意的であったとは考えにくい。では、なぜ彼らは法的措置に反対しなかったのか。この点に関して北仏ソンム県の知事は、施設関係者は「早期の引き取り」の有害性を十分認識していたが、調査に協力することはできなかったと述べている[50]。この説明の信憑性は不明であるが、修道会系施設が自らの政治的立場と児童保護上の必要との間で明確な態度を打ち出せなかった可能性は、否定できないように思われる。

一方、回答した施設の態度も一致していたわけではなく、そこには大きく二つの傾向がみられる。まず、孤児を主に引き受ける施設などは、親による引き取りが基本的に問題とならないために規制の必要を認めず、むしろ公権力による干渉として警戒する態度を示した。ただし、彼らが現状維持を主張したのは、子どもの後見監督権を引き受けることに躊躇したり、あるいはそこに何らかの不都合を見出だしていたからでもあった。たとえば南仏アヴェロン県のある孤児院の院長は、「後見監督権があればとてもありがたいですが、大きな責任と困惑が生じることになるでしょう」と述べている。またリヨン近郊サン＝テティエンヌのある女子施設の責任者は、子どもの引き取りを禁止する法律は親を遠ざけることにならないかという不安を表明している。(51)

これに対して、病院施設や救貧局に付属する孤児院などの施設は、引き取りの規制に賛成する立場を取った。彼らは「早期の引き取り」を慈善にとっても子どもの教育にとっても害をなすものとみなし、それに対する法的規制を公権力の介入というよりもむしろ「大いなる善行」として捉えていた。ただし、規制を決定する機関については、司法当局、行政当局、特別の委員会など、さまざまな意見が存在した。(52)

このように、国家の児童保護政策の拡大に対する児童保護施設の態度は、施設の置かれた状況によって大きく異なっていた。しかし、事業の円滑な運営という観点から「早期の引き取り」に対して何らかの法的措置に頼らざるを得ないことは、大方の共通認識であったと考えられる。

では、一九世紀末の児童保護政策において、慈善事業はどのような位置を占めることになったのか。この問題をめぐる為政者の態度についてはすでに第二章において検討したので、いささかそれと重複するが、ここでは事業の法的位置についてのみ確認しておきたい。

前述の児童保護法案は、その後紆余曲折を経て一八八九年の児童保護法としてようやく成立し、虐待された子どもの親に対して裁判所が親権の剥奪を宣告できることが規定された。しかしここで注目すべきは、慈善事業が国家の児童保護政策の中に明確に位置付けられたことである。[53] すなわち、親権の失権によって公的扶助機関が子どもの後見監督権を得た場合、子どもを「他の施設」に委託できることが定められたのであり、これによって児童保護施設は政策の実施機関として法的承認を得ることとなった。[54] それはまた、公的扶助と慈善事業の補完関係の法的承認と言うことができる。同時に、慈善事業が「早期の引き取り」に対して、子どもの親権の諸権利を行使できる可能性も開かれることになった。

さらに一八九八年の児童虐待処罰法では、児童保護機関として慈善団体 institution charitable が公的扶助機関に先んじて名前を挙げられるに至った。この法律の審議では児童保護団体に虐待の訴追権を付与する提案までなされている。この提案自体は最終的に否決されるが、こうした動きは、当時の為政者の児童保護施設に対する信頼を示すものであった。[55]

ただし、慈善事業が児童保護政策の中に位置を占めることは、改めて公権力の管理下に置かれることを意味した。たとえば一八八九年児童保護法では慈善団体 associations de bienfaisance が父母の関与なしで子どもを受け入れた場合にはすみやかに市町村に届け出ること、また慈善団体が受け入れた子どもは国家の監視下に置かれることが規定されていた。さらに慈善団体が子どもに関する諸権利を行使する場合でも、県知事や公的扶助機関が「子どもの利益」を名目としてそれらを剥奪できるとされた。こうして、児童保護施設は認可や監視だけでなく、運営そのものについて従来よりも強い統制を受けることになった。

小括

一九世紀フランスにおける慈善児童保護事業は、ラプレージュの指摘するように、さまざまな側面から公的扶助を補完する役割を果たしており、両者は相互補完関係にあった。そしてそうした有用性の故に、公権力からある程度自立した存在であり得た。しかし、この事業は一方において、施設の方針の違いや財政事情などから運営上さまざまな問題を抱えていたのであり、特に世紀後半以降の新たな児童問題に対して、独力で対応することができなかった。こうして世紀末に国家が児童保護政策の拡大に乗り出すのであるが、そこにおいても慈善事業は政策の実施機関として、公的扶助機関と競合あるいは補完関係を保つことになった。ただしそれは公権力から自立した存在としてではなく、公権力の管理下の存在としてであった。すなわち、一九世紀の児童保護における慈善事業の位置付けは、公的扶助との自立的・自発的な補完関係から、いわば上から管理された補完関係への移行として考えることができる。さらに、一九世紀の児童保護の歴史についても、単なる国家の関与の拡大・強化としてではなく、上記のような公的扶助と慈善事業との関係の変化として捉えられるように思われる。

注

(1) ペロー前掲論文「私生活と政治」、一九頁。

(2) パット・セイン著、深澤和子・深澤敦監訳『イギリス福祉国家の社会史　経済・社会・政治・文化的背景』ミネルヴァ書房、二〇〇〇年（原著一九九六（初版一九八二）年）。

(3) 福井憲彦編・綾部恒雄監修『アソシアシオンで読み解くフランス史〈結社の世界史3〉』山川出版社、二〇〇六年。なお、法社会学の観点から一九世紀フランスの結社の歴史を跡づけた高村学人『アソシアシオンへの自由〈共和国〉の論理』勁草書房、二〇〇七年も参照。

(4) 本来、公的扶助以外の福祉事業の場合、「民間」の語を用いる方が一般的と思われるが、後述するように、ここでは公的な施設も含まれるので、当時の用語なども考慮して、「慈善」の語を採用した。

（５）本書序論の注（36）で挙げた近年の研究以外に、一九世紀に関してはたとえば以下のものがある。WEISSBACH, Lee Shai, *«Oeuvre Industrielle, Oeuvre Morale* : The *Sociétés de Patronage* of Nineteenth-Century France », *French Historical Studies*, v.15, n.1, 1987, pp.99-120 ; DUPRAT, *op.cit.*, v.2, 3ème partie, ch. 2.

（６）LAPLAIGE, *op. cit.*, 1989, pp.36-37, 137-139, 175-176. なお、カルリエなども同様の立場を取る（CARLIER. *op. cit.*）。

（７）SENAT, *Enquête sur les orphelinats et autres établissements de charité consacrés à l'enfance (Annexes au rapport de M. Théophile Roussel)*, Annexe au procès-verbal de la séance du 25 juillet 1882（N.451）(t.2), Paris, P. Mouillot, 1882（以下 *Enquête* と略記）, pp.V-XI. なお、この一八八一年調査を用いて女子修道会による児童保護施設の運営について分析した論稿として、以下のものがある。野口理恵「フランス第三共和政前期における女子援助修道会の役割　―法的立場の確認と児童保護施設の運営―」『寧楽史苑』第六〇号、二〇一五年、第三章。

（８）監獄総協会は一八七七年に設立された団体で、主に刑務所制度や犯罪対策に関する研究や討論を活動内容としていた（河合前掲論文「フランス第三共和制前期における児童保護政策の基本理念」、九八～九九頁）。調査は一八八〇年三月に一三五の慈善施設を対象におこなわれたが、回答をよせたのは三八のみであった。なお、この調査結果は *Bulletin de la Société générale des prisons*, v.4, n.6, juin 1880（以下 *BSGP*, 1880 と略記）, pp.570-594 に掲載されており、本章ではそれを参照した。

（９）以下の施設数に関するデータは、*Enquête*, pp.XII-XIII を参照。

（10）公立施設としては、養育院、病院（施療院）、救貧局及びそれらの付属施設、さらに市町村立の孤児院などが挙げられている。

（11）一八八一年調査はセーヌ県に関する補足データを追加しており（*Enquête*, pp.CLIX-CXCII et 581-680）、本章ではこのデータを参照した。

（12）ちなみに、セーヌ県に関しては世俗施設が四一、修道会系施設が一一三という数字が挙げられている（*Ibid.*, p.CLXVIII）。

（13）一八八一年調査によれば、収容児童数がわかる施設の人数別分布は以下の表の通りである（*Ibid.*, p.XXXVI）

児童数	一-二〇人	二〇-五〇人	五〇-一〇〇人	一〇〇-二〇〇人	二〇〇-三〇〇人	三〇〇-四〇〇人	四〇〇人以上
施設数	一九一	三二七	二一〇	七八	一七	四	三

（14）*Ibid.*, pp.XV-XXIII.
（15）*Ibid.*, p.XXVII.
（16）高村前掲書、第三部第三章第一節。
（17）*Enquête*, pp.XIV-XV. なおローヌ県の施設はすべて民間施設であった。
（18）たとえばパリ近郊のセーヌ＝エ＝オワーズ県では、人口六万人弱に対して施設の収容児童数は約三千人であったが、その多くはパリの子どもであった（*Ibid.*, p.XIV, note（1））。
（19）この数値については、一八八四年の下院議会報告に添付された資料を参照した（ただしセーヌ県の数値のみ一八八二年のもの）（*J.O., Chambre, Doc. parl.*, 1884, pp.918-921）。ただし公的扶助はこれ以外に非嫡出子に対する在宅援助をおこなっていた。
（20）一八八一年調査のデータからは、いくつかの県を除いた数値として、公立施設の子どもが約五千人、民間施設の子どもが約三万四千人と推計できる（ただし性別不明の子どもは含まれない）。
（21）*Enquête*, p.XI.
（22）*Ibid.*, p.LVI.
（23）LAPLAIGE, *op.cit.*, pp.30-32, 36-37, 137-138.
（24）以上、*Enquête*, pp.LI-LII, LVI, LVIII-LIX.「態度の悪い、もしくは反抗的な子ども」については、女子の場合「避難所 Refuge」や「良き羊飼いの館 Maison du Bon Pasteur」といった保護施設が存在したが、男子に関してはそういった施設が存在しなかったとされる。
（25）もっとも調査は、「慈善と呼ばれるに値する施設の大半」においては、人道的義務と財政事情の両立の観点から最低収容年齢が六歳から七歳に設定されているとも述べている（*Ibid.*, pp.LXXIV-LXXV）。
（26）一八八一年調査は、多くの捨て子が公的扶助に頼ることができない主な理由として、一二歳以上の子どもを受け入れないことを挙げている（*Ibid.*, p.LVI）
（27）たとえば民間施設の場合、男子施設が一三〇に対して女子施設が五八三という数値が挙げられている（*Ibid.*, p.XIII.）。
（28）一八八一年調査は、子どもをできるだけ長い間保護する理由として、彼らの長期の労働による養育費の埋め合わせとともに、子どもを可能な限り親の悪影響から遠ざけるという「道徳に関する理由」をあげている（*Ibid.*, p.LXXVII）。

（29）ただし、男女混合孤児院 orphelnats mixtes（大部分が公立施設とされる）では子どもの性別による区分がなされ、また大規模な施設では年少者と年長者との区分が一般におこなわれていた（*Ibid.*, p.LXII-LXIII）。

（30）*Ibid.*, p.LXII. ただし行政の認可のない施設の場合、規則を持たない場合が多かった（*Ibid.*, p.LXV）。

（31）*Ibid.*, pp.CXVI-CXVIII.

（32）施設内共同養育への批判については、*ibid.*, pp.CVIII-CXV を参照。

（33）*Ibid.*, pp.XLIII-XLIV.

（34）*Ibid.*, pp.XLV-XLVI, note（1）.

（35）*Ibid.*, pp.XLVII-XLIX.

（36）*Ibid.*, p.LXXXVI.

（37）*Ibid.*, pp.LXXXVI-LXXXIX ; *BSGP*, 1880, pp.578-579.

（38）*Enquête*, p.LXXXVII.

（39）*BSGP*, 1880, pp.582-583.

（40）*Enquête*, p.XC.

（41）JABLONKA, *op.cit.*, pp.262-266.

（42）*Enquête*, pp.XXIX-XXX.

（43）*Ibid.*, p.XXVIII.

（44）たとえば結社（アソシアシオン）に関して、一八一〇年の刑法典では二〇名以上の結社は事前に政府の承認を得なければならなかったが、実際には黙認という形で柔軟な法律運用がなされていたとされる（高村前掲書、九〇～九三頁）。

（45）*Enquête*, p.XXX.

（46）*Ibid.*, p.XXXI.

（47）*Ibid.*, pp.XXXIII-XXXV.

（48）PROPOSITION DE LOI de Roussel（1881）, p.44.
（49）*Enquête*, p.XCVII.
（50）*Ibid.*, pp.XCVII-XCVIII.
（51）*Ibid.*, pp.XCVIII-XCIX. また南仏カオールのある施設の関係者は、いくつかの特殊な場合を除いて後見監督権を引き受けるとしている。
（52）*Ibid.*, pp.XCIX-C.
（53）Cf. 河合前掲論文「「父権」批判と児童保護政策」、一五〇頁。
（54）慈善団体の同様の位置付けは、一八七四年の乳幼児保護法でもおこなわれている。
（55）以上、本書第二章第三節（二）を参照。

第7章　一九世紀末から二〇世紀前半における民間児童保護事業
――ノール県児童支援協会の活動を手がかりとして――

本章では、前章に引き続いて、一九世紀末から二〇世紀前半における民間の児童保護事業のありかたについて検討する。前章では一九世紀の慈善児童保護事業のありかたについて、「公的扶助との自立的・自発的な補完関係から、いわば上から管理された補完関係」へと移行した点を明らかにしたが、一九世紀末から二〇世紀前半におけるフランスの民間児童保護事業についても、すでにいくつかの評価がなされている。たとえばベックは第一次大戦前の共和派が自らの戦略として、公的サーヴィスと慈善事業との協力関係を志向したとする[1]。一方、戦間期の民間児童保護事業について検討したテタールは、この時期に民間事業が「危機」を迎えたという従来の見解に対して、むしろ公権力と民間事業との「争い」の時期であったとしている[2]。

上記の諸評価は、民間児童保護事業の活動を公的扶助や公権力との関係性において捉えようとするものであり、それなりの妥当性を有するものと考える。しかし、この時期の児童保護における民間事業の意味を明らかにするためには、より事業団体の立場に即した考察も必要と思われる。実際の民間事業の活動は果たして、公的扶助・公権力との関係性においてのみ捉えられるものであったのか。民間事業と地域社会との関係はどのようなものであったのか、公権力に対して何らかの自律性を発揮することはなかったのか。こうした問いを含めた考察は、当時の児童保護全体の性格を明らかにすることにもつながるであろう。

ところで、すでに述べたようにフランスでは民間児童保護団体に関する個別研究は数多く存在し、我々はそこから当時の団体の活動について詳細に知ることができる。しかしそれらの研究においては、個別団体の活動から当時の児童保護のありかたを明らかにしようという視点はみられても、民間事業の視点から児童保護全体を捉え直すといった姿勢はあまりみられないように思われる。そこで本章では、ノール県の児童保護団体「ノール県の精神面で遺棄された子ども、及び出所者のための支援協会 Société de patronage des enfants moralement abandonnés et des libérés du département du Nord（以下、「ノール県児童支援協会」と略記(3)）」の活動を手がかりとして、上記の問題に関する考察を試みる(4)。

なお、すでにいくつもの個別研究が存在する中でノール県の児童保護団体を改めて取り上げる理由としては、この団体が比較的広い領域を活動範囲としていたこと、また、ノール県が当時深刻な社会問題で知られたほか、第一次大戦のインパクトを最も直接的に受けた地域のひとつであり、この時期の児童問題の考察に際して格好のフィールドを提供すると考えられることなどが挙げられる。以下、この団体の年次報告を主要史料としつつ(5)、その設立時から戦間期までの活動を追っていきたい。

第一節　フランス児童保護政策の拡大と民間事業

まず、これまでの章の内容と多少重複するが、一九世紀末から二〇世紀前半における児童保護政策の拡大と、そこでの民間事業（団体）の位置付けについて確認しておきたい。

フランスでは一八八〇年代以降、子どもの生命・健康だけでなく教育や道徳性のありかたも問題とされることになった。その際、特に関心の対象となったのは、虐待された子どもや犯罪児童であり、一八八九年の児童保護法と一八九八年の児童虐待処罰法によって彼らの保護の端緒が開かれた。この時期、少年犯罪も児童虐待と同様に不適切な家庭環境の結果であるという認識が社会に浸透しつつあり、その結果、犯罪児童は処罰ではなく保護の対象とされることになった⑹。

こうした傾向は、二〇世紀に入っても継続することになる。たとえば一九〇八年四月の「未成年売春に関する法律 Loi concernant la prostitution des mineurs」では、裁判所が日常的に売春などをおこなう一八歳未満の青少年を施設や私人にあずける決定を下せることが定められた。そして一九一二年七月の少年裁判所法では、一三歳未満の犯罪児童が処罰ではなく、「後見、監視、教育、改善、救済の諸措置」に服し得るとされ、一三歳から一八歳の子どもの犯罪に関しても、第三者への監護権の委託といった措置が可能とされた。さらに戦間期になると、第一章で述べたように、一九三五年一〇月の「児童保護に関する政令」によって、職業や生活に関して何らかの問題があるすべての一八歳未満の子どもは法律による保護の対象とされることになった。

前章で述べたように、一八八九年法と一八九八年法は民間事業を児童保護政策における子どもの受け入れ機関として初めて明確に位置づけたが、そうした措置も二〇世紀前半において継続することになる。たとえば先の少年裁判所法では「慈善団体 institution charitable」が子どもの「託置 placement」の場所のひとつとして指定されており、さらに一九三五年の政令では、一八九八年法においてみられたように、「慈善団体」が児童保護機関として、公的扶助機関よりも先に言及されていた。このように、二〇世紀前半においても民間事業は、依然として児童保護における役割を期待されていたと言える。

ところで、児童保護をめぐる以上のような動きは、「支援（パトロナージュ）協会 société de patronage」と呼ばれる新たな民間児童保護事業を誕生させることになった。一九世紀末以降、こうした団体は各地で広範にみられるようになるが、その名称や活動内容はさまざまであった。(7) 以下ではこれらのうち、先に述べたノール県児童支援協会の事例を検討する。

第二節　ノール県児童支援協会の活動

ノール県児童支援協会は、一八九五年に県都リールにおいて設立された民間団体である。その詳しい成立事情については残念ながら史料の欠落のために不明であるが、以下ではその活動内容と人的構成についてみていくことにする。

(一) 活動内容

設立から第一次世界大戦開始まで

この時期の協会の年次報告の冒頭には「支援協会の目的」として、「精神面で遺棄された子どもと青少年の出所者の境遇を改善する」ことが掲げられており、この団体が虐待された子どもや犯罪児童の保護を目指していたことがみてとれる。しかしここでは同時に、「協会の援助 intervention を求める大人の出所者を支援する」ことも目的とされていた。このことから、ノール県児童支援協会が当初から児童保護に特化した団体として設立されたのではなく、大人も含めたより広範な対象への「支援」をめざすものであったことがわかる。

事実、この時期の協会の活動は多岐にわたるものであった。表7―1からわかるように、当時の協会は子どもだけでなく大人への支援(8)もおこなっており、さらに貧民の地元への送還 rapatriement、受刑者の名誉回復、彼

表７－１　ノール県児童支援協会の活動内容（1895 ～ 1912 年）

年	国際的支援	大人への支援	子どもへの支援	地元への送還	名誉回復	兵役志願のための支援	仮釈放のための支援
1895	8	97	29	10			
1896	11	137	42	30	3	2	
1897	26	149	77	42	3	7	
1898	50	210	88	44	4	2	10
1899	62	354	213	83	6	12	24
1900	47	282	217	58	8	15	18
1901	31	218	226	39		9	36
1902	67	303	266	49	2	13	32
1903	78	244	325	54	4	8	36
1904	22	249	302	85		4	42
1905	40	312	318	137	3	8	44
1906	52	278	356	160	1	17	55
1907	57	131	448	151		5	60
1908	75	329	268	71	2	6	55
1909	33	399	233	57	3	3	50
1910	36	407	115	26	1		46
1911		285	12	22	3		39
1912	64	489	115	75	2		40

出典：SPELN, *Annuaires*.

らの仮釈放 libération conditionnelle のための支援といった活動も存在した。さらにその活動は県内あるいは国内にとどまらず、外国人に対するさまざまな支援（「国際的支援」）もおこなわれていた。

ノール県児童支援協会がこうした多彩な活動を志向していた理由については、史料から直接うかがい知ることができない。しかし、それが当時の地域社会のニーズに対応したものであったと考えることは、可能なように思われる。たとえば、大人へのさまざまな支援や受刑者への援助活動は、この地域がフランス有数の工業地帯として貧困や犯罪など深刻な社会問題を抱えていたことに対応しており、外国人への国際的支援もベルギーと国境を接するノール県の地域的特殊性に由来するものであることは想像に難くない。すなわち当時の民間児童保護事業は、地域社会の状況に大きく規定される形で存在していたと言える。

では、協会の活動のうち、児童保護に関するものはどのような位置を占めていたのか。表7―1にみられるように、彼らの主な活動は大人への支援と子どもへの支援であり、援助数としては前者が後者を上回ることも多かった。しかし、より費用がかかるのは後者の方であり、そのため財政的には子どもへの支援が最も大きなウエイトを占めていた。

表7－2　ノール県児童支援協会における子ども支援の方式

年	託置	司法の場における弁護	家族に対する援助
1902	60	188	18
1903	91	228	6
1904	99	186	17
1905	112	128	78
1906	117	142	97
1907	118	173	157
1908	25	86	157
1909	38	75	120
1910	37	78	
1911	41		
1912	45	56	52

出典：SPELN, *Annuaires*.

子どもへの支援の具体的な方式としては、まず、「託置」が存在した。これは子どもを孤児院などの施設や里親のもとにあずけるというものであり、一八八九年児童保護法や一八九八年児童虐待処罰法に基づいて受け入れた子どもについては、基本的にこの種の支援が施されたと思われる(9)。しかし協会は、当時の児童保護政策のみに基づいて子どもの支援をおこなっていたわけではなかった。むしろ当時最も多くおこなわれた支援は、表7―2にみられるように、司法の場における犯罪児童の弁護であり、これは当時の政策とはいわば無関係に実施されるものであった。[10]さらに子どもへの支援は、虐待された子どもや犯罪児童のみを対象とするものではなかった。協会は失業や病気などの理由で子どもの養育が困難な家庭に対して金銭または現物の援助もおこなっており、しかもこの種の支援は一九〇〇年代において基本的に増加傾向にあった（表7―2）。こうした家族への援助は主としてリール近郊のルーベ、トゥルコワンといった都市に限定しておこなわれており、この種の援助が特定の地域のニーズに対応したものであったことがうかがえる。[11]このように、当時の協会の児童保護活動は単に国家政策の中に組み込まれていただけでなく、地域的事情に基づく自律的な要素を含むものであったと考えられる。

戦間期

北フランスを主戦場のひとつとして戦われた第一次世界大戦は、ノール県に莫大な被害をもたらす一方、[12]児童支援協会の活動にも壊滅的な打撃を与えることになった。[13]協会の活動は戦後再開されるが、その過程において大幅な拡大・再編を被ることになった。

まず、戦争終結後、協会の活動はリール裁判所の管轄区域内に限定されていたが、一九二一年以降、県内全域での活動再開のために、各郡に特派員 correspondants が置かれた。彼らは県内各地の弁護士会のメンバーから選ばれ、子どもが託置された地域においてその世話をするとされた。[14]また、この時期には子どもの状態を監督する視察官が置かれ、子どもをあずかる里親も協会の「委託者 délégué」として位置づけられるようになった。戦前の年次報告にはこうした人員に関する記述はみられず、協会は戦間期において初めて県内全域にわたる児童保護網を設置し、組織の整備を図ったといえる。

さらに一九二四年、この協会は活動範囲をノール県からフランス北部地域へと拡大し、名称も「ノール県」を「北部地域 région du Nord」に変更した。その後も活動地域は広がり、一九三〇年代後半には北部地域の一〇の県、[15]

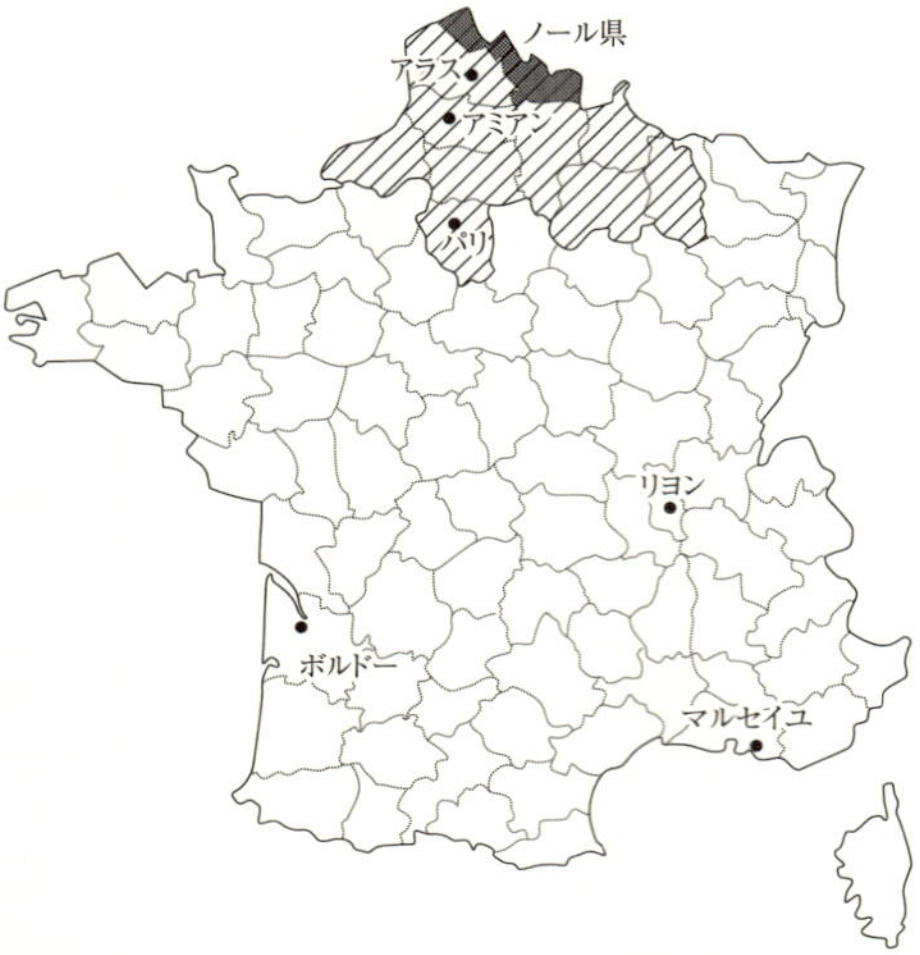

図７－１　ノール県児童支援協会の活動範囲（斜線部が最大活動範囲である北部10県）

出典：スミス前掲訳書の地図より作成。

さらにベルギーの都市トゥルネにも特派員が置かれるようになった（図７—１）。これに伴って支援する子どもの数も、一九二〇年代半ばの約七七〇人から一九三〇年代末の約一六〇〇人へと大きく増加し、年次報告によれば、支援協会としてフランス最大の規模を誇るまでになった[16]。

このように、戦間期において協会の組織は整備され、活動の範囲や規模も飛躍的に拡大したが、一方、活動内容は戦前に比べてむしろ縮小されたと言ってもよい。一九二〇年末に協会はアメリカの戦災地域復興委員会 Comité américain pour les régions dévastées の資金提供を受けて、リール郊外に子どもの収容施設を開設したが[17]、それ以降、協会の活動内容は「精神面で遺棄された子ども」（ここでは犯罪児童も含む）と「出所者」の支援に限定されることとなった。しかし後者の支援に関しては、戦後、仮釈放の許可を得ることが困難になったこともあり、一九二〇年代半ばまでにほとんどおこなわれなくなったとされる[18]。また子どもの支援に関しても、一九二〇年代前半は児童保護政策の対象となった子どもだけでなく、家庭環境の問題から「道を誤った子ども」についても「私的に」引き受けるとされていたが、一九二七年以降は児童保護政策の対象とされた子どものみが「協会に委託可能」とされた[19]。こうした結果、子どもの支援方式についても、司法の場における弁護や家族への援助に関する報告がみられなくなり、子どもはもっぱら施設か里親にあずける形でのみ支援されることになった[20]。

このように、戦間期のノール県児童支援協会は従来の多彩な活動をおこなう団体から純粋な意味での児童保護団体へと転換し、さらに児童保護政策が引き受けた子どものみを対象とすることとなった。このことは一見、協会が戦前における活動の多様性・自律性を失い、単なる国家政策の下請け機関となったことをうかがわせる。この点について検討するために、次に協会の人的構成についてみていきたい。

（二）人的構成

協会の会員については、一九〇〇年以降、年次報告の末尾に全員の氏名・職業・住所が記載された名簿が掲載されるようになるが、戦間期になるとこの名簿がみられなくなる。したがって、会員全体の構成については第一次大戦までの時期についてしか知ることができない。一方、協会の理事会と執行部 bureau のメンバーについては、戦間期に関してもデータが存在する。以下ではこうした状況を踏まえて、協会の運営に直接かかわった理事会と執行部の人的構成を中心に検討する。

まず、会員数については表７―３から、一九〇〇年代半ばまでは基本的に増加し、その後第一次大戦まで減少傾向にあったことがみてとれる。一九〇〇年代後半の減少の理由については不明であるが、少なくとも設立からしばらくの間はこの児童保護団体が着実に地域に浸透していったことがわかる。一方、会員の職業については、名簿に記載されていない場合も多いが、弁護士を初めとする法律家、工場経営者、銀行家、裁判官、公務員、医師、聖職者、教員といった多彩な職業がみられ、また男性だけでなく女性が加入する場合も少なからず存在した(21)。さらに会員は個人とは限らず、会社や地方自治体といった団体が加入する例もみられる。いずれにしても、当時の協会は地域の上流ないし中流層の人々の幅広い支持によって支えられていた。

ところで、ここで注意すべきは、会員が増加するにつれて、名簿が年次報告のかなりの頁を占めるようになっ

表7－3　ノール県児童支援協会の会員数の推移（1900～1913年）

年	リール本部	ルーベ支部	トゥルコワン支部	合計
1900	258		15	273
1901	434		14	448
1902	437		18	455
1903	449	285	187	921
1904	422	279	158	859
1905	400	268	127	795
1906	375	268	127	770
1907				
1908	358	254	104	716
1909	355	240	97	692
1910	343	240	97	680
1911	327	240	97	664
1912	315	206	82	603
1913	308	206	81	595

出典：SPELN, *Annuaires*.

たという点である。このことは、会員が協会の活動内容だけでなく、そこでの人的ネットワークにも関心を寄せており、地域の富裕層が寄付者（会員）として民間事業に参加することが、社交的な意味を有していたことを示している[22]。すなわち当時の協会は、特定の任務を遂行する専門的な団体というよりも、むしろ社交的性格の強い慈善団体としての性格を有していたと考えられる。逆に、戦間期に名簿が掲載されなくなったことは、協会がより専門的な団体へと変化したことを示すものと言える。

次に、理事会と執行部の人的構成についてみていきたい。ノール県児童支援協会の規約によれば、理事会は総会によって選ばれ、毎年四分の一ずつ改選されるが、再選が常に可能であった。執行部は会長、副会長、事務局長などからなり、理事会が理事の中から毎年選出するとされた[23]。表7―4は理事会メンバーの推移を示したものであるが、第一次大戦を境としてある程度の断絶がみられるものの、その一方で、戦争の前後での連続性もまた存在していた[24]。しかし彼らの職業別構成の推移についてみると、そこには明らかにひとつの変化が看取できる。

表7―5は理事会メンバーの職業別構成の推移を示したものであるが、一九二〇年代前半までは弁護士などの

表7−4　ノール県児童支援協会の理事会メンバーの推移（◎は執行部役員、○は理事）

	1899	1900	1901	1902	1903	1904	1905	1906	1908	1909	1910	1911	1912	1913	1922	1923	1924	1925	1926	1927	1928	1929	1930	1931	1932	1934	1937	1938	19
BATAILLE, Camille															○	○	○	○	○	○	○	○	○	○	○	○	○	○	○
BECOUR									○	○	○	○	○	○															
BECQUART, Henri																											○	○	○
BIGO, Omer								○	○	○	○	○	○	○	◎	◎	◎	◎	◎	◎	◎	◎	◎	◎	◎	◎	◎	◎	◎
BLANCHARD																○													
BORNAY																					○	○	○	○	○				
BOUDAILLIEZ, Joseph																											○	○	○
BOUDIER, Georges																											○	○	◎
BOUDRY																						○	○	○	○	○			
BOURGUIN, Maurice	○	○																											
BOUTRY, André																				○	○	○	○	○	○	○	○	○	○
BROQUET, Léon									○	○	○	○	○	○															
CANNISIE, Albert															◎	◎	◎	◎	◎	◎	◎	◎	◎	◎	◎	◎	◎	◎	◎
CARPENTIER, Paul	◎	◎	◎	◎	◎	◎	◎	◎	◎	◎	◎	◎	◎	◎	◎	◎	◎	◎	◎	◎	◎	◎	◎	◎	◎	◎			
CATEAUX, André															◎	◎	◎	◎	◎	◎	◎	○	○	○	○	○	○	○	○
CATEL-BECHIN									○	○	○	○	○	○															
CAZES, Daniel																											○	○	○
CHARRIER		○																											
CHATTELEYN, André																										○	○	○	○
CLETY, Jules					○	○	○	○	○	○	○	○	○	○	○	○	○	○	○	○	○	○	○	○	○	○	○	○	○
COINTRELLE, Henri	◎	◎	○	○	○	○	○	○	○	○	○	○	○	○	○	○	○	○	○	○	○	○	○	○	○	○	○	○	○
COUHE, Louis													◎	◎	◎	◎	◎	◎	◎	◎	◎	◎	◎						
DANEL Léonard	◎	◎	◎	◎	◎	◎	◎																						
Mme DANEL Liévin															○	○	○	○	○	○	○	○	○	○	○	○	○	○	○
DANEL Louis															○	○	○	○	○	○	○	○	○	○	○	○	○	○	○
DASSONVILLE, Georges	◎	◎	◎	◎	◎	◎	◎	◎	◎	◎	◎	◎																	
DAUCHY（le chanoine）														○															
DEBAYSER-JASPAR				○	○	○	○																						
Mme, DEGROIX, Albert															○	○	○	○	○	○	○	○	○	○	○	○			
DEHEULE, Charies																													○
DELATTRE-LEMARCE, Constant																								○	○	○	◎	◎	◎
DELAUNE, Marcel					◎	◎	◎	◎	◎	◎	◎	◎	◎	◎	◎	◎	◎	◎	◎										
DELEMER, Eugéne	○	○	○	○	○	○	○	○	○	○	○	○	○	○															
DELESALLE, Louis									○	○	○	○	○	○															
DENOYELLE, Edouard																													
DEREUX, Robert																		◎	◎	◎	◎	◎	◎	◎	◎	◎	◎	◎	
DESCHAMPS, Emile	○	○																											
Mme DES ROTOURS, Raoul																						○	○	○	○	○	○	○	○
DEMOGUE, René					○	○	○	○	○	○	○	○	○	○															
DORIGNY															○	○	○	○	○	○	○								
DRILLON, Paul				◎	◎	◎	◎	◎	◎	◎	◎	◎	◎	◎	◎	○	○	○	○	○	○	○	○	○	○	○	○	○	○
DUBOIS（l'abbé）															○	○	○												
DUMORTIER, Paul													○	○															
DUPONT-TILLOY			○	○																									
DUPONT, Jules					◎	◎	◎	◎	◎	◎	◎	◎	◎	◎															
DUTHOIT, Eugéne	○	○	○	○																									
FIEFFE															○	○	○	○	○										
FOLET, Henri	○	○	○	○	○	○	○	○																					
GAND, Maurice					○	○	○	○	○	○	○	○	○	○	○	○	○	○	○	○	○								
GAYET, Maecel	○	○	○	○	○	○	○	○	○	○	○	○	○	○	○	○	○	○	○	○	○	○	○	○	○				
GLORIAN															○														
GUILBAUT																										○			
HEBERT, E.,									○	○	○	○	○	○															
HOUDOY, Armand	○	○	○	○	○	○	○	○	○	○	○	○	○	○															
HOUDOY, Jules	◎	◎	◎	◎	◎	◎	◎	◎	◎	◎	◎	◎	◎	◎															
JACQUEY															○	○	○												
JONCKHEER, Camille	○	○	○	○	○	○	○	○																					
LAMBERT															○	○													
LANTIN					○																								
LAPOUYADE												○																	
LASNE（Mgr）	○	○	○	○	○	○	○	○	○	○	○	○	○																
LE BLAN-LACAPELLE, Marc																					○	○	○	○	○	○	○	○	○
LEDIEU-DUPAIX, Achille				○	○	○	○	◎	◎	◎	◎	◎	◎	◎															
LEGRAND, Ludovic	○	○	○	○	○	○	○	○	○	○	○	○																	
LENTZ			○	○	○	○	○	○																					
Mile LEROY, Marguerrite																	◎	◎	◎	◎	◎	◎	◎	◎	◎	◎	◎	◎	◎
LEVE, Albert	○	○	○	○	○	○	○	○	○	○	○	○	○	○															
LEREBOURS-PIGEONNIERE				○																									
MARCHANT, Lucien			◎	◎	◎	◎	◎	◎	◎	◎	◎	◎	◎	◎	○	○	○	○	○	○	○	○	○	○	○	○	○	○	○
MEUSY, A.,										○	○	○	○																
MINET, J. A,															○	○	○	○	○	○	○	○	○	○	○	○	○	○	
MINET, Joseph																			○	○	○	○	○	○	○	○	○	○	○
MOTET, Georges													◎	◎		○													
NICOLLE Louis																				○	○	○	○	○	○	◎	◎	◎	◎
PENNEUER															○	○	○	○	○	○	○								
PERCEROU	○	○	○																										
PRUDHOMME, Henri	◎	◎	◎	◎	◎	◎	◎	◎	◎	◎	◎	◎	◎	◎															
RAJAT, Raymond	○	○	○	○	○	○	○	○	○	○	○	○	○	○	○	○	○	○	○	○									
ROUSSEAU, A					○	○	○	○	○	○	○	○	○	○															
SCHOTSMANS, Auguste															○	○	○	○	○	○									
SCRIVE-LOYER, Jules									○	○	○	○	○	○	○	○	○	○	○	○	○	○	○	○	○	○			
SELOSSE															○	○	○	○											
STAHL André																						○	○	○	○	○	○	○	○
STAHL Robert															◎	◎	◎	◎	◎	◎	◎	◎	◎	◎	◎	◎	◎	◎	◎
TESTART														○															
THELLIER, Paul																													○
THIRIEZ-DELESALLE, Alfred																					○	○	○	○	○	○	○	○	○
Mme THIRIEZ, Pierre																											○	○	○
TIBERGHEN-DESURMONT				○	○	○	○	○	○	○	○	○	○	○															
VALENDUCQ, Jean	◎	◎	◎	◎	○	○	○	○	○																				
WALLAERT, Georges																			○	○	○	○	○	○	○				
WALLAERT, Marcel																										○	○	○	○
WASIER, Albert（l'abbe）																		○	○	○	○	○	○	○	○	○	○	○	○
WERQUIN, E.,									○	○	○	○	○	○	○	○	○	○											

出典：SPELN, *Annuaires*.

表7－6　ノール県児童支援協会の執行部メンバーの職業別構成の推移

年	会長	副会長			事務局長	事務局			会計
1897	I	J	L	—	—	L	L	—	L
1899	I	J	J	—	L	L	L	—	L
1900	I	J	J	—	L	L	L	—	L
1901	I	J	J	—	L	L	L	—	L
1902	I	J	J	—	L	L	L	L	L
1903	I	J	I	J	L	L	L	L	L
1904	I	J	I	J	L	L	L	L	L
1905	I	J	I	J	L	L	L	L	L
1906	A	J	I	J	L	L	L	L	L
1908	A	J	I	J	L	L	L	L	L
1909	A	J	I	J	L	L	L	L	L
1910	A	J	I	J	L	L	L	L	L
1911	A	J	I	J	L	L	L	L	L
1912	A	J	I	J	L	L	L	L	L
1913	A	J	I	J	L	L	L	L	L
1922	I	L	J	I	L	L	L	—	L
1923	I	L	J	I	L	L	—	—	L
1924	I	L	J	I	L	L	F	—	L
1925	I	L	J	I	L	L	L	F	L
1926	I	L	J	I	L	L	L	F	L
1927	I	L	J	—	L	L	L	F	L
1928	I	L	J	—	L	L	I	F	L
1929	I	L	J	—	L	I	F	—	I
1930	I	L	J	—	L	I	F	—	I
1931	I	L	—	—	L	I	F	—	I
1932	I	L	—	—	L	I	F	—	I
1934	I	L	I	—	L	I	F	—	I
1937	I	I	I	—	L	I	F	—	I
1938	I	I	I	—	L	I	F	—	I
1939	I	I	I	—	L	J	F	—	I

A：行政官、I：実業家、J：裁判官、L：法律関係、F：女性
出典：SPELN, *Annuaires*.

表7－5　ノール県児童支援協会の理事会メンバーの職業別構成の推移

年	裁判官	法律関係	実業家	女性	その他	合計
1899	3	12	1	0	4	20
1900	3	12	1	0	5	21
1901	3	13	1	0	4	21
1902	3	14	3	0	5	25
1903	3	15	4	0	7	29
1904	3	15	4	0	6	28
1905	3	14	5	0	6	28
1906	3	14	5	0	6	28
1908	3	15	7	1	5	31
1909	4	15	6	1	5	31
1910	4	15	6	1	5	31
1911	4	15	6	1	6	32
1912	4	15	6	1	6	32
1913	4	15	6	1	6	32
1922	6	15	5	2	2	30
1923	6	15	5	2	2	30
1924	4	15	5	3	3	30
1925	4	15	5	3	3	30
1926	4	13	6	3	3	29
1927	3	13	7	3	3	29
1928	4	11	9	3	3	30
1929	3	9	11	4	3	30
1930	3	10	10	4	3	30
1931	2	8	13	4	3	30
1932	2	8	13	4	3	30
1934	2	7	13	4	4	30
1937	3	6	13	4	4	30
1938	3	6	13	4	4	30
1939	3	8	12	4	3	30

出典：SPELN, *Annuaires*.

法律家の占める割合が比較的高かったのに対して、それ以降は急激に落ち込んでいる。一方、実業家の占める割合は、戦間期において大きく伸びている。さらに、一九〇〇年代末からは女性の参加がみられるようになり、これも戦間期に増加している。[25] 執行部に関しても、会長職については実業家、事務局長については法律家がほぼ一貫して席を占めているが、全体的に法律家や裁判官の減少、実業家や女性の増加など、理事会と同様の傾向がみられる（表７―６）。

こうした変化は、ノール県児童支援協会が設立以後、特に戦間期において、地域社会の有力者によって主導されるに至ったことを意味しているように思われる。当時、「支援協会」等の児童保護団体を設立したのは一般に一八八九年児童保護法や一八九八年児童虐待処罰法の影響を受けた裁判官や法律家が多く、[26] ノール県児童支援協会でも設立当初の理事会には主として裁判官や法律家が席を占めていた。しかし工業地帯であるノール県社会の利害を代表する実業家が次第に理事会や執行部に進出し、さらに地域の女性までもが協会の指導部に席を占めるに至ったという事態は、地域社会の影響力が協会の中心にまで達していったことを示すものと考えられる。前節においてみたように、協会の活動は戦間期になると、児童保護政策の下請け的な側面が強くなるが、人的構成からみた場合、協会はむしろ、この時期により地域的な性格を増していったことがうかがえる。付言するならば、子どもの託置に際して地域住民が協会に金銭面で協力した事例も大戦前から報告されており、このこともまた、協会の地域への根づきを示すものと言える。[27]

第三節　公的扶助・公権力との関係

最後に、以上のようなノール県児童支援協会の活動を踏まえた上で、協会と公的扶助・公権力との関係について、若干述べておきたい。

まず、前章で述べたように、一九世紀末以降の児童保護政策において民間事業と公的扶助は補完関係にあり、場合によっては前者が後者よりも重視されていた。しかし、当時のノール県の児童保護政策における協会の活動の比重は、実際には公的扶助に比べてかなり小さなものであったと考えられる。たとえば大戦前において協会による子どもの託置が最も多かったのは一九〇七年の一一八人であるが、同じ年にノール県の児童扶助業務が児童保護法と児童虐待処罰法によって保護した子どもは七五〇人以上にのぼっている(28)。これはひとつには民間事業の物理面あるいは財政面での制約によるものと考えられ、実際、協会は一九三〇年代後半、受け入れる子どものカテゴリーを制限している(29)。しかし、前述のように協会は公的扶助の関与しない領域での独自の支援もまたおこなっていたのであり、民間事業の立場からみた場合、両者の関係は、大戦前においては単なる補完関係よりも複雑な様相を呈するものであったと言える。

一方、公権力との関係については、協会は児童保護政策によって自らに大きな役割を付与されたことには歓迎の意を表している(30)。しかし、実際にそれらの政策に基づいて子どもを支援する際には、公権力の方針と一定の距離を取る場合もみられた。たとえば一九〇三年度の報告は、数年前に裁判所が訴追された子どもを委託してきた際、協会がその教育に対する十分な責任を負えないために抵抗せざるを得なかったと述べている(31)。また、一九〇二年度の報告は、協会が裁判所から監護権を委ねられた子どもを宗教施設に送りすぎるという批判に対して、公的扶助の場合とは異なり、協会があずかる子どもは犯罪児童など素行の悪い者が多く、彼らを更生させるためには「神への恐れ」という「道徳的な歯止め」が必要なのだと反論している(32)。この姿勢は、民間児童保護事業が現場の事情という観点から、教育の世俗性（非宗教性）という共和政の原則に対して一定の距離を取った例と言える。ただし、協会のこうした態度は、戦間期になるとほとんどみられなくなると言ってよい。

小括

以上の考察から、一九世紀末から二〇世紀前半の民間児童保護事業が、「協力」や「争い」といった公的政策や公権力との関係性の枠に収まりきらない性格を有していたことが明らかになったと思われる。ノール県児童支援協会は一九世紀末、児童保護政策の発展に伴って民間児童保護事業が叢生していく中で設立されたものであるが、当初は児童保護だけでなく多彩な支援活動を担う、いわばアマチュアの慈善団体としての性格を有していた。そのため、公的扶助との関係も複雑な様相を呈しており、公権力の方針とも一定の距離を示すことになった。このことは、当時の民間児童保護事業が国家政策の中に位置付けられつつも、地域社会のニーズに応える形で一定の自律性を保持していたことを示している[33]。

第一次大戦後、その活動は児童保護に特化され、子どもの支援のための組織の本格的整備がなされ、児童保護の専門機関としての性格を強めることになった。しかし、この時期においても協会は、その人的構成の面においてますます地域的な性格を強くしていったのであり、この変化を単に民間事業の国家政策への従属の強化として捉えることはできない。先行研究のなかにはこの時期、民間児童保護事業が財政的理由から国家の方に向かわざるを得なくなったとする見解もみられるが[34]、むしろ、当時の民間事業は地域社会のニーズに対応していく中で、児童保護政策の下請け機関となることを自発的に選択したのではないか。このように考えるならば、児童保護の具体的な展開において、民間事業とそれを支える地域社会が、従来考えられているよりも積極的な役割を果たしていたことになろう。

注

（1）BEC, *op.cit.*, pp.142-149. Cf. Id., « Deux congrès internationaux d'assistance（Paris 1889-1900）: Temps forts des rapports public-privé » in ARESPOS, *Philantropies et politiques sociales en Europe*（*XVIIIe - XXe siècles*）, Paris, Economica, 1994, pp.145-157.

（2）TETARD, Françoise, « Fin d'un modèle philanthropique ? Crise des patronages consacrés au sauvetage de l'enfance dans l'entre-deux-guerres » in ARESPOS, *op.cit.*, pp. 199-212. なお、ロワール県における公的及び民間の児童保護活動を分析したカルリエは、戦間期に児童保護の部門全体の連携がなされたとする（CARLIER, *op. cit.*, p.281）。

（3）この団体は当初別の名称を用いており、また戦間期にも名称が変更されるが（後述）、本章では混乱を避けるため、常に「ノール県児童支援協会」の名称を用いることにする。

（4）ノール県児童支援協会に関する研究は、管見の限り、ガイヤックが言及しているのみである（GAILLAC, Henri, *Les maisons de correction, 1830-1945*, 2e édition, Paris, Cujas, 1991（1970）, p.247）。

（5）今回、戦間期までに関して参照できた年次報告などは以下のものである。他の年度に関しては、残念ながら所在を確認することができなかった。ただし、第一次大戦の時期に関しては報告自体が中断されていた可能性も考えられる。SOCIETE DE PATRONAGE DES ENFANTS MORALEMENT ABANDONNES ET DES LIBERES DU DEPARTEMENT DU NORD（団体名については、以下SPELNと略記）, *Rapports du secrétaire et du trésorier*, 1897, 1899, *Statuts*, 1899 et *Annuaires*, *1899-1912, 1921-1922, 1924-1932, 1934, 1937-1940*. なお、これらのうち、一九一二年度までのものについては、フランス・リール市立図書館の貴重図書コレクション（Fonds Mahieu）に収められている。

（6）Cf. RENOUARD, Jean-Marie, *De l'enfant coupable à l'enfant inadaptée : le traitement social et politique de la déviance*, Paris, Centurion, 1990, ch.2 « L'enfant « victime » ».

（7）ここでの「支援協会」については、以下の文献を参照。GAILLAC, *op.cit.*, pp.227-232 et 244-249 ; RENOUARD, *op.cit.*, pp.82-84 ; TETARD, *art.cit.*

（8）ここでの「大人への支援」の内容は、金銭的援助、就職斡旋、住宅援助、司法の場での弁護など多岐にわたっている。

（9）SPELN, *Annuaire* (1911), p.14. ただしこの時期の年次報告において、どのような子どもが託置の対象となったのかに関する具体的な記述はほとんどみられない。

（10）ここでの子どもの犯罪とは、ほとんどが窃盗あるいは詐欺行為であった（SPELN, *Annuaire* (1905), p.15)。

（11）SPELN, *Annuaire* (1905), pp.15-16 ; *ibid* (1906-1907)., p.15 ; *ibid* (1911)., p.15, etc. ただし、なぜこの種の援助が限定的な地域でのみおこなわれていたのかについては、史料においても言及されていない。

（12）第一次大戦下のノール県に関して、本稿では以下の文献を参照した。WYTTEMAN (dir.), *op.cit.*,pp.288-302 ; WALLART, Claudine, *Le Nord en guerre, 1914-1918*, Lille, Archives départementales du Nord, 1998.

（13）SPELN, *Annuaire* (1937), p.13.

（14）SPELN, *Annuaire* (1921), pp.7-8.

（15）エヌ、アルデンヌ、マルヌ、ムーズ、ノール、オワーズ、パ＝ド＝カレ、セーヌ、セーヌ＝アンフェリウール、ソンムの一〇県である。ただし、一九三〇年代に協会の活動が一六の県に及んでいたとする史料も存在する（GAILLAC, *op.cit.*, p.247)。

（16）SPELN, *Annuaire* (1927), p.17 ; *ibid* (1938)., *p.19* ; *ibid* (1940)., p.16.

（17）SPELN, *Annuaire* (1921), pp.9-10.

（18）SPELN, *Annuaire* (1921), pp.8-9 ; *ibid* (1922)., pp.12-13 ; *ibid* (1924)., p.14.

（19）ここでの児童保護政策には、本章第一節で言及したものの他に、戦災孤児 pupilles de la Nation に関するもの（一九一七年七月の「戦災孤児を創設する法律 Loi instituant des pupilles de la nation」）も含まれていた。なお、テタールによれば、一九三六年までは戦災孤児が犯罪児童と混同されることがあった（TETARD, *art.cit.*, p.207)。

（20）一九三二年度の報告によれば、一九二〇年末から一九三一年末までに協会に委託された未成年のうち、三七パーセントが一八八九年児童保護法の適用による「精神面で遺棄された」青少年、六〇パーセントが一九一二年少年裁判所法の適用による非行青少年であった（SPELN, *Annuaire* (1932), p.14)。

（21）女性の場合、職業が記載されていない場合がほとんどであるが、基本的に富裕層に属していたと推測される。なお、一九世紀ノール県の富裕層の女性に関しては、SMITH, *op.cit.*,（井上・飯泉前掲訳書）が詳しい。

（22）これに関連して、たとえば金澤はイギリス近代の慈善活動が富裕者にとって「社交」の場として機能した点を指摘する（金澤周作『チャリティとイギリス近代』京都大学学術出版会、二〇〇八年、一九五～二〇九頁）。

（23）協会の規約については、SPELN, *Statuts*, Lille, L. Danel, 1899 を参照。なお、この規約は一九〇二年に改正されている（SPELN, *Annuaire* (1901), pp.43-52）。

（24）こうした断絶と連続性の両面については、先行研究においてすでに指摘されている（GUILLAUME, *op.cit.*, p.54 ; DESSERTINE, *op.cit.*, pp.41-53）。

（25）民間事業への女性の進出については、ソーシャルワークとの関係など興味深い問題を含んでいるが、本章ではほとんど検討できなかった。

（26）Cf. GAILLAC, *op.cit.*, pp.229-232, 245-248. なお、ここでの児童保護団体は、基本的に虐待された子どもや犯罪児童を受け入れる団体のみを指している。

（27）SPELN, *Annuaire* (1903), p.15 ; *ibid* (1910)., pp.15-16.

（28）ノール県の児童扶助業務については、ノール県文書館所蔵の県議会資料（série 1N）中の児童扶助業務報告のデータを参照した。この業務については本書第四章を参照。なお、戦間期に関しては、協会の活動が複数の県にわたっているため、児童扶助業務との比較はできなかった。

（29）SPELN, *Annuaire* (1938), p.11 ; *ibid* (1939)., p.11.

（30）SPELN, *Annuaire* (1901), pp.16-17.

（31）SPELN, *Annuaire* (1903), p.15. なおこの報告は、今日では逆に、裁判所が大臣からの再三の通達にもかかわらず、めったに子どもを協会に委託しないとも述べている。

（32）SPELN, *Annuaire* (1902), pp.17-19.

（33）この児童保護団体の自律性そのものについては、すでに先行研究（PARENT, *op.cit.*, p.52）が指摘しているが、地域社会との関係については言及されていない。

（34）PARENT, *op.cit.*, p.50.

第8章　家族政策の形成と児童保護実践
――一九一三年多子家族扶助法の成立をめぐって――

本章と次章では、統治権力としての児童保護が二〇世紀の家族政策や母子保護制度へと移行していくプロセスを取り上げ、そこで地方自治体や民間事業の活動がどのような位置を占めていたのかについて検討する。まず本章では、家族政策の歴史におけるひとつの画期とされる一九一三年の多子家族扶助法に着目し、その成立と地方レヴェルでの児童保護実践との関係について分析する。

一九一三年七月に成立した多子家族扶助法は、多子家族への扶助を県の義務的サーヴィスとし、一三歳未満の子どもを四人以上抱え、かつ彼らを養う「資力が不十分な」家族などに対して年間六〇〜九〇フランの手当を支給するというもので、実際の効力には限界があったとされているものの、特定の職業や個別の企業に限定されない普遍的な家族扶助を初めて実現した「最初の家族法」として評価されている。(1) この法律がどのように成立したのかについて、これまでの研究では主として、人口問題の深刻化や、人々が家族、特に多子家族を重視するようになったという当時の時代状況が、この法律の成立をもたらしたとされてきた。たとえばタルミーは、一九〇〇年代末以降、多子家族の団体が全国レヴェルに拡大し、さらに議会内でも多子家族を擁護する議員団体が結成さ

れ、こうした運動の高まりが一九一三年の多子家族扶助法の成立につながったとしている。(2)

しかし、ここで我々が注目すべきは、フランスでは一九世紀以来、多子家族を含む貧窮家族の子どもに対する在宅援助が地方自治体や民間団体によっておこなわれており、特に同世紀末以降は県議会による児童保護の拡大という形で広範に実施されていたという事実である。(3)この点を踏まえるならば、多子家族扶助法の成立はこうした地方レヴェルの児童保護実践の存在を前提とし、それらを補完・統一する意味を持つものであったと考えられる。(4)つまり、二〇世紀における家族政策の形成を考えるにあたっては、全国あるいは国政レヴェルでのイデオロギーや運動といった要因だけでなく、地方レヴェルでの児童保護との関係が考慮されるべきであり、この点が検討されなければ、家族政策の形成過程における重要な側面が見過ごされることになろう。

フランスにおける家族政策が児童保護実践の延長線上に成立したという点については、すでにいくつかの先行研究において指摘されている。(5)しかし多子家族扶助法の場合、それが具体的にどのようなプロセスであったのかについては、いまだ実証的なレヴェルでの検討が十分になされていないように思われる。地方レヴェルの児童保護実践はストレートに多子家族扶助法の成立に帰結する性格のものであったのか、そのプロセスにおいて何らかの転換は存在しなかったのか。こうした問題の検討がなされなければ、児童保護との関連性が考慮されたとしても、家族政策形成のプロセスの理解が平板なものとなる可能性があろう。本章では以上の問題意識から、多子家族扶助法をめぐる国政レヴェルの議論を、主に地方レヴェルの児童保護実践とのかかわりにおいて分析することで、当時における児童保護と家族政策との関連性を具体的に明らかにしていきたい。

以下、第一節ではまず、一九世紀末から二〇世紀初めにおける地方レヴェルでの貧窮家族・多子家族の子どもへの在宅援助の実態を、特に県議会の実践に即して確認する。第二節ではこうした実践が国政レヴェルに与えた影響を、一九〇〇年代初めの貧窮家族児童扶助構想を中心にみていく。そして最後に、一九〇〇年代末以降の多子家族扶助法成立にいたる議論において、児童保護実践がどのような位置を占めていたのかについて検討する。なお、本章で主に参照する史料は、『フランス共和国官報』所収の議会法案及び報告、議事録などの議会史料である。

第一節　一九〜二〇世紀転換期における地方レヴェルでの児童保護実践

一九世紀のフランスにおいて、家庭内で育てられる子どもへの援助を実施した機関としては母性慈善協会のような慈善団体や救貧局といった市町村レヴェルの福祉機関などが挙げられるが、最も大規模な形でこの援助を展開したのが各地の県議会であった(6)。以下ではこの県議会の実践を中心に当時の地方レヴェルでの在宅児童援助について概観する。

すでに述べたように、フランスでは一八三〇年代になると捨て子削減のための防止策として「一時的援助」と呼ばれる措置が各地で実施されるようになった。これは当初非嫡出子を育てる母親を援助するものであったが、この業務を担った県議会は、やがて地域の要望に押される形で非嫡出子ではない子どもに対してもこの援助を拡大していくことになる(7)。

それでは、実際の在宅児童援助はどのようなものであったのか。以下では一九〇五年と一九一二年に視察総局 inspection générale が内務大臣に提出した行政業務報告の内容を中心に、一九世紀末から二〇世紀初めにおける県当局の在宅児童援助実践の実態についてみていくことにする(8)。

まず、表8―1及び表8―2にみられるように、この時期において県議会による嫡出子への在宅援助実践の数は着実に増え続けており、特に一八九〇年代に著しい増加をみせている。よく知られるように、この時期は貧困問題に対する社会政策の必要性が広く認識された時期であり、地方レヴェルの実践もこうした動きを反映したものと思われる。このような嫡出子への援助は一九〇三年になるとほとんどの県において実施されており、援助を受けた子ども全体の約三割を占めるに至っている。こうした傾向について、たとえば西部のある県の視察官は一九〇九年度の報告において、援助を受ける子どもの中で多子家族の嫡出子の割合が約四三パーセントを占めていたと述べている。またスペイン国境のある県の県議会は一九〇六年に一時的援助の予算を用いて多子貧困家族援助をおこなうことを決定し、その四年後にはこの援助が一時的援助の大部分を占めていることが報告されている。さらにセーヌ川流域のある県では、「一時的援助は多子家族への助成金、あるいは［中略］不幸な家族への補助金でしかない」とまで報告されている(9)。

特に中部のニエーヴル県では、「貧困階級の子ども」が（一）父親か母親と死別、（二）両親と死別し親族などに引き取られる、（三）まだ生活費を稼げない年上の兄や姉が四人いる、（四）双子、（五）父親が失踪、（六）父親が軍隊に行っている、（七）父親または母親が入院中または体が不自由である、（八）父親か母親が投獄中、（九）非嫡出子という九つのカテゴリーのどれかに当てはまる場合、生後一二か月までは毎月一八フ

表8－1　一時的援助の対象となった子どもの嫡出（年末時の人数）

	1880年	1890年	1900年	1903年
非嫡出子	20, 856	23, 840	29, 978	35, 129
嫡出子	3, 930	5, 402	10, 880	14, 457
不明	8, 893	11, 739	3, 947	0
合計	33, 679	40, 981	44, 805	49, 586

表8－2　県ごとの一時的援助の状況

	1880年	1890年	1900年	1903年
非嫡出子の援助数の記載がある県	57	60	80	86
嫡出子の援助数の記載がある県	40	47	74	81
援助総数の記載がある県	79	83	86	86

出典：RAPPORT de l'inspection générale（1905）, pp.45-46より作成（ただしパリを含むセーヌ県などのデータは記載されていない）。

ラン、その後二四か月までは毎月一五フランの援助を受ける権利を有するという議決を県議会が一八九四年におこなっており[10]、ここには親の養育に何らかの問題がある場合すべてについて援助をおこなうという姿勢がみられる。すなわち、この頃すでに県議会による子どもへの在宅援助は単なる捨て子防止のためのものではなくなっており、貧窮した家族、特に多子家族の子どもを対象とするものに変化しつつあった。一九一二年の行政業務報告はこれについて、「多子家族、あるいは単に貧窮した家族」への援助が今日において「一般的な実践」となっており、それは「現在の世論の動向」を反映したものであると述べている[11]。

さらに多子家族援助については、県当局が国家の援助などに頼らずに独自の専門サーヴィスを設置する例すらみられた。一九一三年の上院の委員会報告はこれについて、当時一八の県において、そのようなサーヴィスが実施されていたと述べている。たとえばパリ近郊のセーヌ＝エ＝オワーズ県では、一九〇六年に県議会が一三歳未満の子どもが六人以上の困窮家族、子どもが四～五人おり、両親のうちの一人が慢性疾患や体がひどく不自由な状態にある家族などに対する援助サーヴィスを設置している。対象となる家族には月に一〇フランから三〇フランが支給され、県と市町村が費用を負担し、市町村は住民の人口に応じて費用の一五～七〇パーセントを負担していた。また北仏ノルマンディー地方のカルヴァドス県でも一九一一年に二人以上の子どもを抱える困窮寡婦のための、続いて翌年には五人以上の子どもを抱える父親のための扶助サーヴィスが設置されており、月に子ども一人あたり五フランが支給されていた。さらにパリでも一五歳未満の子どもが五人以上いる世帯の一部に対して、三か月ごとに三〇フランの支給がなされていたとされる[12]。

しかしこうした援助は、県によって期間や援助額、支給条件などが大きく異なるという問題を抱えていた。たとえばグラフ８―１及び８―２からは、在宅児童援助の期間が県によって大きく異なっていたことがわかる。中でも一年未満から三年の県が比較的多かったが、四年、五年、六年といった県も少数ながら存在した。また援助

グラフ８－１：嫡出子の場合　　グラフ８－２：非嫡出子の場合

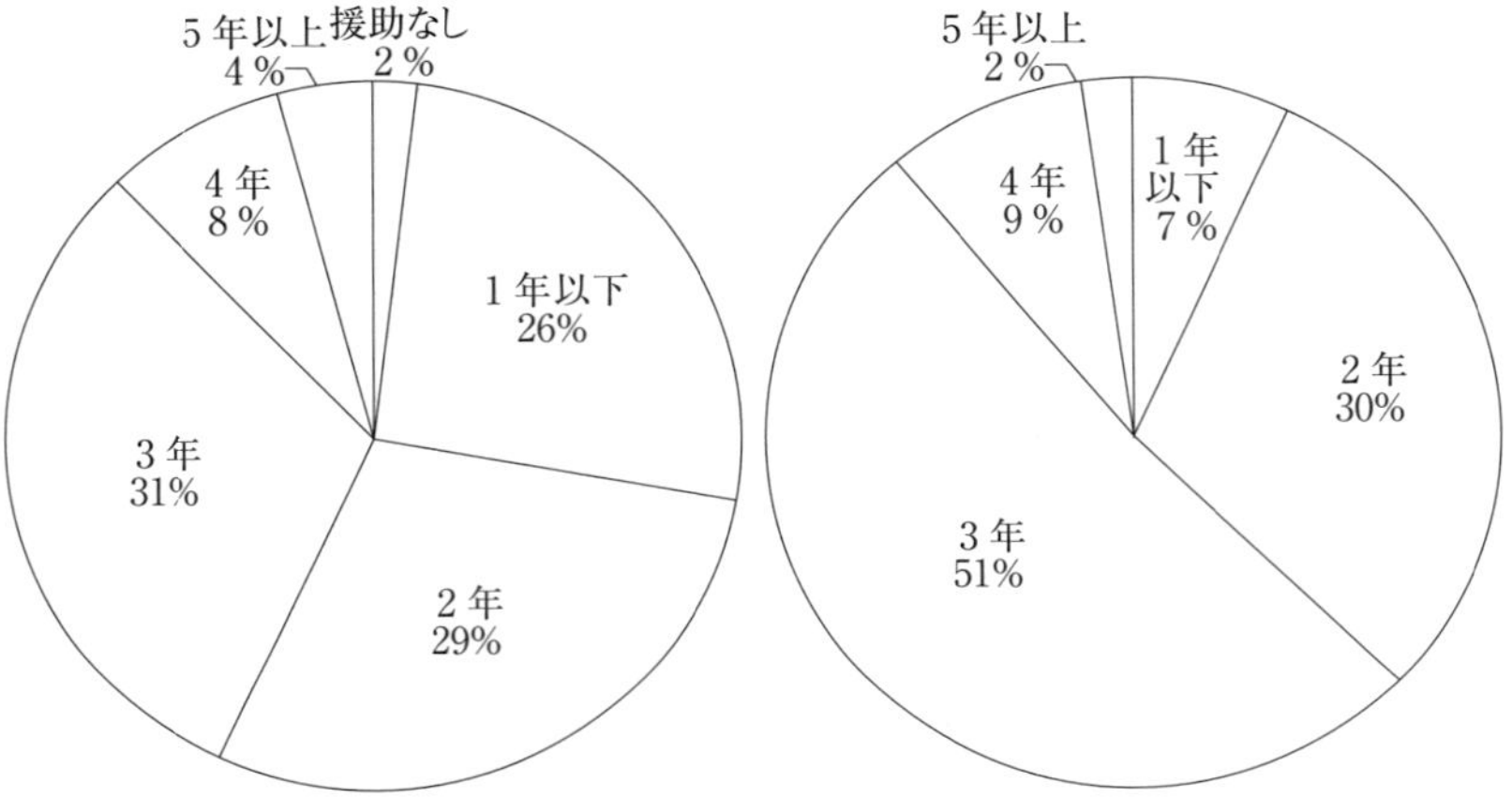

グラフ８－１、８－２　20 世紀初めの県議会による在宅児童援助実践の期間別分布

出典：RAPPORT de l'inspection générale（1905）, pp.47-48 より作成（ただしパリを含むセーヌ県などのデータは記載されていない）。

の月額も子どもが生後一年目の場合、平均では一〇〜一五フランほどであったが、実際には県によって五フランから二〇フランまでの開きが存在した[13]。支給条件についても、たとえば一九一二年の報告は多くの県において嫡出子は救貧局または無料医療扶助のリストに登録されている場合にのみ援助が認められていると述べている[14]。また多子家族への援助の場合でも、前述のセーヌ＝エ＝オワーズ県やカルヴァドス県の事例にみられるように、援助の基準となる子どもの数については県によってまちまちであった。

さらに、ひとつの県の中でも、子どもが嫡出子か非嫡出子か、あるいは母乳で育てられるかそうでないかによって援助期間や月ごとの支給額が異なる場合がみられた[15]。たとえば一九一二年の報告は、ほとんどいたるところで非嫡出子の方が嫡出子よりも援助の期間が長いことを指摘しており[16]、先のグラフ８―１と８―２からも同様の傾向がみてとれる。

以上のように、一九世紀末から二〇世紀初めの世紀転換期において、各地の県議会は地域社会の要望に応じる形でその児童保護の範囲を拡大し、事実上の貧窮家族援助、さらに多子家族への援助を実施するまでになっていた。つまり、場合によっては児童保護実践が事実上の多子家族扶助実践を含むものになっていたといえる。しかしこれらの実践は同時に、さまざまな点で不十分かつ不平等であるという問題点を有するものでもあった。こうした地方レヴェルの児童保護実践のありかたは、国政レヴェルの議論にどのような影響を与えていくことになるのか。次節ではこの問題を、一九〇〇年代初めの貧窮家族児童扶助構想に即して検討する。

第二節　一九〇〇年代初めの貧窮家族児童扶助構想

先述のように、一八九〇年代のフランスではいわゆる世紀末大不況の影響、社会主義運動や労働運動の高まりといった情勢を受けて社会政策への動きが本格化するが、公的扶助に関しても一八九三年の無料医療扶助法の成立など、国家政策の進展がみられる。(17) こうした中、子どもの扶助についても、前節でみた地方レヴェルでの実践の進展を受けて、捨て子や非嫡出子、虐待を受けた子どもだけでなく、多子家族を含めた貧窮家族の子どもを救済すべきという考えが国政の場においても表明されていくことになる。

議会においてこうした提案を最初におこなったのは、南仏ロート県選出の下院議員であったエミール・レイである。(18) 彼は一八九八年度予算案の審議において貧窮家族の子どもの援助を求める修正案を提出した後、(19) 一九〇〇年一月にこの援助に関する具体的な方策を盛り込んだ議員法案を下院に初めて提出し、その後も同様の法案を数回議会に提出している。(20) 彼はまた自らの法案に関する議会内検討委員会の報告もすべて担当しており、さらに政府の公的扶助高等評議会のメンバーも務めていた。こうした点から、彼は一九〇〇年代において地方レヴェルでの児童保護実践の法制化を最もラディカルな形で主張した人物と言える。以下ではその主張を、主に一九〇〇年に提出された下院法案の内容から検討する[21]。

まず彼は公的扶助全般に関して、自らの生活の必要を賄うことができず、支える家族もいないすべての貧窮者に対してなされるとした一八八九年の国際会議での基本原則を紹介する。こうした貧窮者とは具体的には子ども、体が不自由な者及び高齢者、そして病人という三つのカテゴリーから構成されるが、このうち後二者の扶助については全国レヴェルでの政策が実施されているか、あるいは実施される途上にあるとされる。

一方、子どもの扶助について、レイはこれまで捨て子や孤児、非嫡出子、虐待を受けた子どもなどに対する措置が国家によって実施されてきた点を高く評価する一方、「貧乏で子どもが多く、資力がなく、父親または母親がおらず、あるいは親が病気や体の不自由のために子どもの扶養ができない家族の子ども」に対する公式の扶助はこれまでまったくおこなわれてこなかったとする。しかし、母親が子どもを捨てたり、あるいは非嫡出子を育てる場合には国から保護や援助を与えられるというのに、嫡出子のいる家庭の母親に対しては何もしないというのは家族道徳の観点から問題があり、また多子家族の子どもに対して援助をおこなわないことは、フランスの人口増加や国力増進という点で問題である。レイはこのように、道徳と人口問題という二つの観点から貧窮家族の子どもの扶助の必要性を訴える。

ただしここで注意すべきは、レイにとって問題はこうした扶助が現段階において欠如していることではなく、むしろそれが市町村や県によって個別におこなわれているために、地方ごとに大きな差異が生じていた点にあったことである。たとえば彼は、救貧局が整備されている市町村では、貧窮家族が現物または金銭での援助を受け取ることができるが、そうした援助は「一定のものではなく、不定期で、断続的におこなわれる」という問題があるとする。さらに彼は、すでにほとんどの県において嫡出子に対する援助が自発的におこなわれていることにも言及しているが、そこにも以下のような問題があるとする。

「例外的な形で、しかも極度の貧困の場合にしか援助を与えることのできない県があまりに多い。正規の援助を定期的におこなっている県であっても、いくつかのカテゴリーの子どもしか利益にあずからせることができない場合が大部分である。最も扶助を受けているのは［中略］父親のいない子ども orphelins de pere であるが、県によっては［夫に］捨てられたり夫の体が不自由な妻が何の補助金も受けられないという場合がある［中略］。あるいは妻に先だたれたり妻が働くことのできない状態にある夫が援助から閉め出されている県もある。最後に、いくつかの県では多子家族への援助は子どもが二人目か三人目の後でおこなわれるが、別の県では六人目か七人目の後でしかおこなわれていない。さらに、こうした援助の期間は県によって一年のみであったり、二年、三年、四年やそれ以上であったりする。[22]」

彼はこうした県議会による貧窮家族や多子家族への援助の「不平等」を指摘した上で、その対応策として、それらの援助実践を全国レヴェルで統一的に規定する法律を提案する。彼にとってそれは、地域ごとに異なる援助のありかたをコントロールし、援助の財源を最も効率的に活用できるという利点を有するものでもあった。

それでは、彼は具体的にどのような内容の法案を提示したのか。まず彼は扶助の対象となる子どもについて、家族が貧窮状態にあるというだけでは不十分だとする。子どもを養育することは親の神聖な義務であるから、扶助を受けるためには家族が貧窮であることに加えて、その義務の達成が困難または不可能な状態にあることが必要である。レイはそうした家族の状況として、（一）父親や母親と死別していること、（二）何らかの理由で父母の片方または双方が不在であること[23]、（三）父母の片方または双方が働けない状態にあること、（四）一三歳未満の兄弟姉妹がすでに二人以上いること、（五）子どもが双子であることの計五つの条件をあげている。つまり、ここでの子どもへの援助は、単に多子家族の場合だけにとどまらず、子どもの養育が困難であるにもかかわらず、これまで児童扶助行政が対応してこなかった広範なケースが対象となっていた。彼らに対する援助は金銭または現物での支給とされ、その期間は通常子どもが満四歳の時期が終わるまでとされたが、子どもが父母双方と死別して祖父母などに育てられている場合は満一三歳の時期が終わるまでとされた。

一方、援助のシステムについては、住民の状況を把握しやすいなどの理由から、基本的に市町村が担うものとされた。具体的には市町村の扶助局 bureau d'assistance[24] が毎年の援助の内容を提案し、市町村議会がそれを決定する。県議会はこうした市町村の権限に対して一定の監督をおこない、援助の最低額及び最高額などを決定する。さらに、この援助にかかる支出は基本的に市町村が負担するが、それができない場合は県が補塡し、さらに県が補塡できない場合はその分を国家補助金が負担するとされた。

以上のように、レイの貧窮家族児童扶助構想は、当時における地方レヴェルでの非公式の児童保護実践の拡大を受けて、それらの不十分さや地域ごとの不平等の是正を目標とするとして提案されたものであった。そこには多子家族扶助も含まれていたが、それ以外にも家庭内で養育される子どもが援助を必要とするさまざまな状況が想定されており、そうした子どもの包括的な保護を目指すものであった。

ただし、この構想が単に従来の児童保護の強化・拡大のみを目指すものではなかった点にも注意が払われなければならない。たとえばレイは一九〇〇年の法案において、この新たな扶助は貧窮家族の子どもを対象としているので、子どもが非嫡出子の場合、扶助が認められるためには彼らが認知されていなければならない。なぜなら、非嫡出子の子どもは親から認知されていなければ「家族を有しているとみなすことはできない」からであると述べている。[25]この意味で、彼の構想は児童保護の一環でありながらも、「家族」の存在を前提としている点で、家族政策の方向に一歩踏み出したものとみなすことができる。

ところで、この構想は単にレイ個人のイニシアティヴによるものであったのかについては、史料の関係上詳しい検討をおこなうことができない。ただし、一九〇三年に彼とともに法案を提出した下院議員一五人の経歴をみるならば、そこにはある程度の多様性がみてとれる。[26]たとえば政治党派については、穏健共和派や急進（共和）派が多かったものの、キリスト教民主主義者や社会主義者も含まれていた。また彼らの選挙区は国境地域が比較的多く、[27]また農村地域が多い一方で、工業地域やパリの郊外などの場合もみられた。さらに彼らの職業についても、医師などが多い一方で、貴族や聖職者なども存在した。こうした点からのみ速断することはできないが、少なくとも、レイの構想は単に彼一人のイニシアティヴによるものではなく、ある程度多様な支持層に支えられていたと推測される。

こうしたレイの構想は、一九〇〇年代前半に児童保護に関する法改正がおこなわれる際に、一定程度の実現をみることになる。まず一九〇四年六月の児童扶助業務法では、従来非嫡出子のみが対象であった一時的援助が嫡出子の一部に対しても適用されることとなった。[28]さらに翌年四月の財政法の第四四条では、「資力を欠くために」親が養育できない子どもは嫡出子であれ非嫡出子であれ、一時的援助を受けられることが規定され、[29]多子家族を含めた貧窮家族の子どもへの扶助というレイの構想は原則として一応認められることになった。[30]タルミーはレイの構想を当時の多子家族扶助法案の「失敗」例として紹介しているが、[31]少なくとも児童保護の拡大という点では一定の成果をあげたと言える。

しかし、一九〇五年財政法の規定はあくまで捨て子防止という伝統的な児童保護の枠内にとどまるものであり、多子家族そのものが政策のターゲットとなったわけではなかった。さらに、この財政法では援助の期間などに関する統一的な基準が何ら明確にされておらず、また違反した際の罰則も定められていなかったため、レイの構想が目指したような従来の児童保護実践の不十分さや不平等を是正する性格のものではなかった。[32]そのため、レイはその後も自らの法案を議会に提出するが、結局それらが本格的な議論の対象とされることはなかった。その理由としては、まずこの構想を採用した場合の財政負担の大きさが考えられるが、それだけではなく、当時の為政者の間にこうした幅広い救済を実現する積極的な理由づけが欠如していたことも一因と思われる。しかしこのレイの構想は多子家族扶助を初めて国政レヴェルの議論の遡上にのせたものであり、その後の多子家族扶助法案においてもしばしば言及されることになる。

第三節　多子家族扶助法の成立　―児童保護実践との関連で―

前節で述べたように、一九〇〇年代初めにおいて多子家族扶助は貧窮家族児童の扶助という形で国政レヴェルにおいて提案されるが、十分な成果をあげることはなかった。これに対して同年代末になると、多子家族扶助そのものを求める多くの法案が議会（主に下院）において出され、そこでの議論はやがて一九一三年の多子家族扶助法の成立へと結びつくことになる。これらの議論は一九〇〇年代の貧窮家族児童扶助構想とどのような点で異なり、またどのような点において連続していたのか。本節ではこの問題について検討する。

（一）一九〇〇年代末の諸法案における議論

多子家族への扶助、具体的には手当（金銭または現物）の支給について、国政レヴェルでは一九〇〇年代後半から下院による決議案の可決や、政府が問題の検討を約束するといった動きがみられた。たとえば一九〇八年一一月に下院は、一九一〇年度予算案と同時に多子困窮家族扶助の組織法案を提出するという政府の約束を確認する決議案を可決している。[33] しかしこうした約束がなかなか果たされなかったこともあり、一九〇〇年代末にはさまざまな政治党派の議員によって多子家族扶助に関する法案が出された。[34] それらは多子家族扶助法に直接結びつくものではないが、当時における新たな世論の高まりを示すものであった。本節ではこの時期に出された法案の内容から、多子家族扶助と児童保護実践の関係について分析する。[35]

一九〇〇年代末のフランスでは、以前からの人口問題、特に出生数の低下が再び問題となっていたが、この問題は第一次大戦に向かう国際的緊張の高まりの中でますます深刻に受けとめられていた。[36] またこの時期は家族への関心の高まりという「心性の変化」を背景として、「家族擁護運動 mouvement familial」が本格的に始まった時期とされる。[37] こうした新たな時代状況の中で提出された多子家族扶助法案においては、まずフランスの人口問題、特に出生数の低下の問題を前面に打ち出す傾向がみられる。この問題はすでに一九〇〇年代初めの貧窮家族児童扶助構想においてもみられるものであるが、この時期においては、人口問題を国際比較も含めてより詳細に論じるケースがみられる。たとえば一九〇九年四月に下院議員のアルジュリエスが提出した法案では、二〇頁以上にわたる趣旨説明のほとんどが最近のフランスの人口増加率の低下の説明や他国との比較にあてられており、子どもの多い家族への扶助こそが出生率改善や乳幼児死亡率削減のための最良の手段として説明されている。[38]

さらに、これらの法案では、多子家族扶助の理由として、子どもが多くて困窮しているからというよりも、むしろ他の家族に比べて多くの人員を社会に対して提供しているのだから、そうした負担は社会全体で分かち合わなければならないという、いわば義務としての多子家族扶助が強調されていた。たとえば先のアルジュリエス法案は、貧窮している多子家族の親と子どもを窮乏から救うことが「最も急を要すること」であるとする一方、多子家族はたとえ裕福であっても、「社会活動に対して多くの力とエネルギーを供給しているために」「立法者の関心に値する」とも述べている。[39] また一九〇九年一一月の下院議員のステーグらによる多子家族扶助法案の検討委員会報告は、多子家族扶助とは「人道」や「慈善」に基づくものではなく、治安維持や国防などと同様に重要な「連帯の義務」であり、家族が多くの子どもを育てることによって利益を得るのは国民なのであるから、こうした家族は国民全体で支えるべきだと述べている。[40] さらに若干時期は後にずれるが、一九一一年四月にド＝ラ＝トる。

レモイユとギヨーム・シャストネが下院に提出した法案は、多子家族扶助の性格について以下のように述べている。

「実際注目すべきは、ここで我々があなた方に同意を求めている出費 sacrifice は慈善 bienfaisance の支出という性格を持つものではないということである。公的慈善による援助は肉体的あるいは精神的に劣っていることによって自ら生計を立てることができない人々に対してなされる。ところがここで問題になっているのは健康で丈夫な勤労者たちである。彼らは少ない子どもを苦労せずに育てることでゆとりある生活を体験することもできたのだが、実際には自分たちには苦しいけれども国の利益にはなるような状況に置かれているのである。以上のことから［中略］国家は彼らに対して負債を負っているのである。(41)」

このように、当時の多子家族扶助法案からは、人口問題の深刻化に伴って多子家族の存在や役割が重視されるようになっており、さらにそうした家族への扶助が単なる救済ではなく社会の義務であるという、新たな考え方が打ち出されていたことがわかる。(42)こうした考えは一九〇〇年代初めの貧窮家族児童扶助構想とは異なるものであり、事実、先のアルジュリエス法案はその前年にエミール・レイが上院に提出した貧窮家族児童扶助法案に対して「優れている」と評価しつつも、その「全般的な性格」によって多子家族そのものが直接的な対象となっていない点を批判している。(43)

これらの点から、先行研究が指摘するように、この時期における多子家族扶助法案の出現には、人口問題の深刻化や人々の家族に対する見方の変化といった新たな社会状況が大きな影響を与えていたといえる。しかしその一方で、これらの法案の中には、前節の貧窮家族児童扶助構想と同様に、地方レヴェルでの児童保護実践の不十分さや不平等の是正を主張するものがみられたことにも注意しなければならない。たとえば前述のステーグらの下院法案は、私的事業や市町村や県などによる任意の多子家族扶助が地方レヴェルにおいてすでにおこなわれていることに言及しつつも、そうした任意の扶助は改革への準備や予備的な実験であるならば非常に有益であるが、その分散性や多様性、不平等といった性格のために本格的な改革に結びつかないものであり、社会の援助を必要とするすべての多子家族に扶助がなされるためには、「ひとつの大規模なサーヴィス」を設立することが必要であると主張している[44]。またこの法案を検討した下院委員会の報告も、県議会が多子家族の子どもへの補助金を創設する議決を独自におこなったことは、「国会への道を開」くものであったと述べている[45]。こうした主張は、一九〇〇年代初めの貧窮家族児童扶助構想と共通するものであった。さらに前述のアルジュリエスも、法案を提出する以前には、地方自治体による多子家族扶助実践に対する国家の財政援助を求める運動などをおこなっていた[46]。

以上の点を踏まえるならば、一九〇〇年代末の多子家族扶助法案は確かに当時の国政レヴェルでの新たな社会状況のもとで提出されたものであったが、同時に、それ以前からの地方レヴェルでの児童保護実践（多子家族扶助も含む）の存在を前提とするものでもあったと言うことができる。次項ではこうした傾向が多子家族扶助法の制定過程そのものにおいてもみられるかどうかを検討する。

（二）多子家族扶助法の成立

第一次大戦前夜の一九一三年七月に成立した多子家族扶助法は、一九一二年に出されたもともと内容の異なる二つの法案の折衷案として提案されたものである。この年の二月にアンリ・シェロンとルシェルピの二人の議員が二つの法案を下院に提出するが、その法案の一方は共済組合に加入している多子家族に限って手当を支給するというものであり、もう一方は二人以上の子どもを育て、かつ資力を欠く寡婦に対して手当を支給するというものであった[47]。これらの法案は下院の社会保険共済委員会において検討されたが、前者の法案については共済組合に加入している比較的富裕な多子家族を利するという強い反対が予想されたため、委員会は子どもが四人以上で資力が不十分な家族と子どもが二人以上で資力が不十分な寡婦に対して手当が支払われるという内容の、両法案の折衷案を同年六月に提出した。[48] この法案はその後の下院審議でも上院審議においても大きな反対を受けずに、最終的に成立することになる。

こうした紆余曲折を経ながらも、法案提出から一年半足らずで多子家族扶助に関する法律が成立した背景としては、この時期人口問題への危機感がさらに高まっていたことが挙げられる。たとえば先の下院の社会保険共済委員会の報告は、その冒頭において一九一一年の死亡数が新たに出生数を三四八〇〇人も上回ったことにふれて人口問題の重大性を訴え、この問題を解決するための提案は何であれ先延ばしにすることはできないと述べている。[49] このように、少なくとも下院に関しては、内容の異なる法案が提出され、しかもその一方に対する強い反対が予想されたにもかかわらず、折衷案を作成するという形で法制化の作業を急がれたのは、この人口問題のさらなる深刻化が最大の要因であったと考えられる。

これに対して、上院において最も強調されたのは、前節の議論においても表明された、社会全体で多子家族の負担を分け合うことによってそれを軽減しなければならないという考えであった。一九一三年六月に上院の法案検討委員会報告[50]を提出したフェルディナン・ドレフュスはその中で、何よりも重要なのは、多くの子どもを育てるために過度の負担を強いられている家族を助けることによって「社会的負債を弁済する」ことであると述べている。[51] また彼は上院の法案審議の際にも、ここで問題となるのは多子家族に対する「かくも神聖な負債」であり、「それはいたるところで同じ公平さでもって支払われなければならない」と主張していた。[52] つまりここでも多子家族の存在そのものが重視されており、法案の内容はこれらの家族に対する義務とみなされていた。このように、一九一〇年代初めの多子家族扶助法の制定過程においても、人口問題への危機感、多子家族の役割の重視とそれに基づく彼らの扶助義務という、一九〇〇年代末の議論と同様の主張をみることができる。

その一方で、ドレフュスは先の上院報告において、地方レヴェルでの多子家族援助が非常に多種多様なものであることを指摘した上で以下のように述べているが、それはここでの議論においても、地方レヴェルでの多子家族援助実践の存在がいぜんとして改革の前提とされていたことを示している。

「しかし公権力の努力や私的慈善のイニシアティヴによる犠牲がどのようなものであろうと、問題は法律の介入なしには解決できない種のものである。」

「これほど正当な扶助が限られたものであることはありえないし、いくつかの恵まれた県だけがこの扶助を享受するというのは正しいことではない。それは国土全体に広がるべきであるし、したがって義務とならなければならない[53]。」

さらに法案審議の内容からは、多子家族扶助法自体が地方での実践の多様性をある意味で前提とした上で構想されており、また必ずしも地方レヴェルの実践に取って代わることを想定されていなかったことがみてとれる。たとえば法律の第一条では多子家族扶助業務は県議会が組織するとされたが、これについて下院審議では、「きわめて柔軟性に富み、あらゆる必要に適合する組織」の構築のために、「県議会を信頼する」ことが政府によって奨励されていた[54]。また同じく第一一条では、多子家族扶助と従来の「一時的援助」の両方を受給することはできないとされていたが、審議では双方のうち家族にとって有利な方を選択できることが政府や法案検討委員会によって明言されている[55]。つまり多子家族扶助が制度化される中にあっても、従来の児童保護から発展した地方の自発的な多子家族援助実践が場合によっては維持されたのである。このことは、多子家族扶助法が従来の地方レヴェルの実践の統一化を目指しつつも、可能な限りそれらの利点を生かすことも同時に企図していたことを示している。そうした措置はまた、この法律の措置では援助が不十分な、あるいはそれが適用されないような状況にある貧窮家族に対して補完措置を施すという意味において、現実に一定の効果をもたらすものであったとも考えられる。

小括

以上の考察から、この法律の成立が地方レヴェルでそれ以前からおこなわれていた児童保護実践の拡大という事態を前提とし、かつそれらの是正と統一化を図る狙いを持つものであったことが明らかになった。フランスにおける家族政策は、こうした地方での児童保護の実践をひとつの基盤として形成されたと言える。

しかし同時に、地方レヴェルの児童保護の拡大そのものが多子家族扶助法のような家族政策に必ずしも直接的・自動的に結びついたわけではなかったことにも留意しなければならない。一九〇〇年代初めにおいて、地方レヴェルの児童保護実践の制度化は貧窮家族児童扶助という、多子家族に限らないあらゆる貧しい家族の子どもの救済という形で提案されたが、こうした非常に広範囲にわたる扶助実践の制度化は明確な形では実現せず、不十分なものにとどまった。これに対して一九〇〇年代末以降の多子家族扶助法案は、一九〇〇年代初めの構想を引き継ぎつつ、人口問題のさらなる深刻化やそれに伴う多子家族に対する人々の態度変化といった新たな社会状況の中で、地方レヴェルの児童保護実践の中でも多子家族の子どもの扶助に限定して議論を展開することによって、一九一三年の多子家族扶助法の成立を可能とした。すなわち、多子家族扶助法の成立とは、児童保護との関連でみるならば、地方レヴェルの多様な実践が国政レヴェルにおいては、新たな社会状況の出現に媒介されつつ、いわば一定の限定を加えられた形で制度化されたものと考えられる。別の言い方をするならば、地方レヴェルの児童保護実践が家族政策として結実するためには、政策レヴェルにおける対象の限定というプロセスを経ることが不可欠だったのである[56]。児童保護と家族政策との関係は、こうした時代状況に即した、より複雑なプロセスの中で捉えられなければならない。

注

（１）DE LUCA BARRUSSE, Virginie, *Les familles nombreuses : Une question démographique, un enjeu politique France (1880-1940)*, Rennes, PUR, 2008, p.59 ; 深澤前掲論文「フランスにおける家族手当制度の形成と展開（上）」、二五頁。ただし一九一四年以前に家族政策は存在しなかったとする見解も存在する（PROST, Antoine, « L'évolution de la politique familiale en France de 1938 à 1981 », *Mouvement Social*, n.129, 1984, p.8）。

（２）TALMY, *op.cit.*, v.1, pp.132-161.

（３）この点については本書第四章においてすでに指摘したが、詳しくは本章第一節を参照。

（４）この点も第四章ですでに指摘したが、本章は国政レヴェルの史料からこの問題を改めて検討することを意図している。

（５）DONZELOT, *op.cit.*, pp.32-33（前掲訳書、三二～三三頁）; TAEGER, *art.cit.*, pp.15-33 ; ROLLET-ECHALIER, *op.cit.*, pp.245-249 など。特にテーガーは一九世紀における捨て子保護や捨て子防止のための在宅援助がすでに家族政策であったとする。また家族政策史においてもクセルマンが、多子家族扶助法が県のサーヴィスをモデルとしていた点を指摘している（KSELMAN, *op.cit.*, p.278）。

（６）ROLLET-ECHALIER, *op.cit.*, pp.245-246.

（７）こうした動きのうち、ノール県の事例については本書第四章第三節（二）を参照。

（８）RAPPORT présenté au ministre de l'Intérieur par le service central de l'inspection générale in *J.O., Annexe*, le 23 août 1905（以下、RAPPORT de l'inspection générale（1905）と略記）, pp.1-54 ; RAPPORT présenté au ministre de l'Intérieur par l'inspection générale des services administratifs in *J.O., Annexe*, le 6 août 1912（以下、RAPPORT de l'inspection générale（1912）と略記）, pp.1123-1145.

（９）以上、RAPPORT de l'inspection générale（1912）, *op.cit.*, pp.1133-1134.

（10）この事例については、以下の議会報告を参照。RAPPORT fait au nom de la commission d'assurance et de prévoyance sociales chargée d'examiner la proposition de loi de M. Emile Rey et plusieurs de ses collègues, ayant pour objet l'institution et l'organisation de l'assistance aux enfants des familles indigentes, par M. Emile Rey, député, Annexe n.2258（Session ord. - Séance du 20 février 1905）in *J.O., Chambre, Doc., parl.*, 1905, p.170. なお、この議決は当時の政府も認めていた。

（11）RAPPORT de l'inspection générale（1912）, *op.cit.*, pp.1133-1134.

（12）以上の事例については、以下の議会報告を参照。RAPPORT fait au nom de la commission des finances, chargée d'examiner le projet de loi（...）relatif à l'assistance aux familles nombreuses（...）par M. Ferdinand Dreyfus, sénateur, Annexe n.196（Session ord. - Séance du 4 juin 1913）, in *J.O., Sénat, Doc., parl.*, 1913, p.1012.

（13）RAPPORT de l'inspection générale（1905）, *op.cit.*, p.15.

（14）RAPPORT de l'inspection générale（1912）, *op.cit.*, p.1134.

（15）RAPPORT de l'inspection générale（1905）, *op.cit.*, pp.47-49.

（16）RAPPORT du l'inspection générale（1912）*op.cit.*, p.1134.

（17）第三共和政の公的扶助全般については、BEC, *op.cit.* を参照。

（18）なお、福島はベッシアの論文を根拠として、多子家族扶助に関する最も古い法案は一八八七年のジャヴァルによるものとするが（福島前掲書一一〇頁）、典拠とされた論文の指定箇所には彼が法案を提出したという記述はみられない（BECCHIA, Alain, « Les milieux parlementaires et la dépopulation de 1900 à 1914 », *Communications*, 44, 1986, p.225）。

（19）BOUCOIRAN, Louis, *La famille nombreuse dans l'histoire et de nos jours*, Bourg, Victor Berthod, 1921, pp.65-66.

（20）彼は一九〇三年三月にも同様の法案を他の下院議員らと共に提出し、さらに上院議員になった後、一九〇八年一二月に上院に法案を提出している。

（21）以下の内容は、PROPOSITION DE LOI ayant pour objet l'institution et l'organisation de l'assistance aux enfants des familles indigentes, présentée par M. Emile Rey, député, Annexe n. 1350（Session ord. - Séance du 18 janvier 1900）in *J.O. Chambre, Doc., parl.*, 1900（以下、PROPOSITION DE LOI d'Emile Rey（1900）と略記）, pp.184-191 を参照。

（22）PROPOSITION DE LOI d'Emile Rey（1900）, *op.cit.*, p.186.

（23）レイはここで具体的には、離婚・別居・投獄・入院・兵役といった状況を想定している（PROPOSITION DE LOI d'Emile Rey（1900), *op.cit.*, p.190)。

（24）これは一八九三年に成立した無料医療扶助法において、すでに設置されていたものである。

（25）PROPOSITION DE LOI d'Emile Rey（1900), *op.cit.*, p.187. なお、フランス・パリの国立文書館に所蔵されている同じ法案（請求記号 C5622/377）においては、この箇所の「貧窮家族の子ども」の「家族 familles」の部分がイタリックで記載されている。

（26）下院及び上院の議員の経歴については、以下の議員辞典を参照した。JOLLY, Jean（dir.), *Dictionnaire des parlementaires français ; notices biographiques sur les ministres, députés et sénateurs français de 1889 à 1940*, 8 vols, Paris, PUF, 1960-1977.

（27）たとえば北部のノール県、南西部のピレネー＝ゾリアンタル県、西部のフィニステール県、南部のブーシュ＝デュ＝ローヌ県などである。

（28）本書第四章第三節（二）を参照。

（29）当時下院の社会保険共済委員会において、レイらが一九〇三年に提出した法案が議論されていたが、会期終了が間近に迫っていたためにレイは当面の策として一時的援助のさらなる拡大を求める修正案を作成・提出し、これが翌年の財政法の条項として可決された。この経緯については以下の議会報告を参照。RAPPORT fait au nom de la commission chargée d'examiner la proposition de loi de M. Emile Rey, ayant pour objet l'institution et l'organisation de l'assistance aux enfants des familles indigentes, par M. Emile Rey, sénateur, Annexe n.80 (Session ord. - *Séance du 24 mars 1911*) in *J.O., Sénat, Doc. parl.*, 1911（以下では RAPPORT d'Emile Rey（1911）と略記), p.103.

（30）当初一九〇五年財政法の規定はその条文の文言から、両親が揃っている子どもは一時的援助の対象外とされたが、後にそうした子どもも含まれるものと解釈されるようになった（ALCINDOR, Emile, *Les enfants assistés*, Paris, Emile Paul, 1912, pp.231-232)。

（31）TALMY, *op.cit.*, v.1, pp.107-113. なおタルミーは当時の議員が捨て子の窮乏の方により関心があったとしている。

（32）RAPPORT d'Emile Rey（1911), *op.cit.*, pp.103-104. なおレイは一九一一年の議会報告で、「もし貧しい子どもへの扶助が正真正銘義務的なものとなり、その結果確実かつ全国的な générale ものになっているとしたら、これほど多くの極貧の家族が救貧局や市町村行政や県行政に嘆願をしに行ってうまくいかなかったり、まったく不確実で不十分な条件のもとでしか願いを聞いてもらえなかったりするということが果たして起こりうるのだろうか」（*Ibid.*, p.104）と述べている。

（33）BOUCOIRAN, *op.cit.*, p.83.

（34）ANTOMARCHI, *op.cit.*, pp.162-163.

（35）この時期の多子家族をめぐる法案は多岐に渡るが、ここでは多子家族扶助法と同様の措置、すなわち手当の支給を求める内容のものに限定した。なお、この時期の諸法案については、フランス国立文書館所蔵の議会史料（請求記号 C7398, C7422）も参照した。

（36）たとえばフランス全体の出生数は一九〇一年の八五七〇〇〇人から一九一〇年の七七四〇〇〇人にまで減少しており、特に一九〇七年には死亡数が出生数を上回った（TALMY, *op.cit.*, pp.122-123）。

（37）TALMY, *op.cit.*, v.1, pp.132-133, 143-144.

（38）PROPOSITION DE LOI tendant à instituer l'assistance aux familles nombreuses et nécessiteuses, présentée par M. Argeliès, député, Annexe n.2454（Session ord. - Séance du 2 avril 1909）in *J.O. Chambre, Doc. parl.*, 1909, pp.2401-2431. なおこの法案は翌年六月にも別の二人の下院議員によって再び提出されている。

（39）PROPOSITION DE LOI d'Argeliès, *op.cit.*, p. 2418.

（40）RAPPORT fait au nom de la commission d'assurance et de prévoyance sociale, chargée d'examiner la proposition de loi de M.Steeg et plusieurs de ses collègues, sur l'assistance obligatoire aux familles nombreuses, par M. Ferdinand Buisson, député, Annexe n.3311（Session ord. - 2e séance du 29 mars 1910）in *J.O., Chambre, Doc.parl.*, 1910, p.442.

（41）PROPOSTION DE LOI tendant à venir en aide aux familles nombreuses par allocation d'une rente pour chaque enfant de moins de treize ans, au-dessus de quatre, présentée par MM. De la Trémoille prince de Tarente, et Guillaume Chastenet, députés, Annexe n.932（Session ord. - 2e séance du 8 avril 1911）in *J.O., Chambre, Doc.parl.*, 1911, p.319.

（42）ここには、一九世紀末以降フランスの社会政策の基本理念となる「連帯主義 solidarisme」の思想がみてとれる。「連帯主義」については国内外を問わず多くの研究がなされているが、ここでは近年の日本語文献としてとりあえず以下の二つを参照。田中拓道前掲書、重田園江『連帯の哲学Ⅰ　フランス社会連帯主義』勁草書房、二〇一〇年。

（43）PROPOSITION DE LOI d'Argeliès, *op.cit.*, p.2418.

（44）PROPOSITION DE LOI sur l'assistance obligatoire aux familles nombreuses, présentée par MM. T. Steeg,〔...〕, députés, Annexe n.2833（Session extr. - Séance du 15 novembre 1909）in *J.O., Chambre, Doc. parl.*, 1909, p.94. なおこの法案では、独自の多子家族扶助サーヴィスの設置に成功したセーヌ＝エ＝オワーズ県が資金不足のために扶助の対象を削減するに至った例などが紹介されている。

（45）RAPPORT de Ferdinand Buisson, *op.cit.*, p.442. なお報告はそうした県議会の例として、パリ近郊のマルヌ県とセーヌ＝エ＝オワーズ県の名前を挙げている。

（46）PROPOSITION DE LOI de Steeg, *op.cit.*, p.94. なお、アルジュリエスは県議会が独自の多子家族扶助サーヴィスをおこなっていたセーヌ＝エ＝オワーズ県選出の議員であった。

（47）PROPOSITION DE LOI ayant pour but d'établir une contrubution nationale aux charges des familles prévoyantes, présentée par MM. Henry Chéron et Le Cherpy, députés, Annexe n.1644（Session ord. - Séance du 6 février 1912）in *J.O., Chambre, Doc.parl.*, 1912, pp.84-86 ; PROPOSITION DE LOI relative à l'assistance obligatoire aux veuves privées de ressources et chargées d'enfants, présentée par MM. Henry Chéron, et Le Cherpy, députés, Annexe n.1682（Séssion ord. - Séance du 22 février 1912）in *J.O., Chambre, Doc.parl.*, 1912, pp.130-132.

（48）RAPPORT fait au nom de la commission d'assurance et de prévoyance sociales chargée d'examiner : 1. la proposition de loi de MM.Henry Chéron et Le Cherpy〔...〕; 2.la proposition de loi de MM. Henry Chéron et Le Cherpy,〔...〕par M. Ernest Lairolle, député, Annexe n.2044（Session ord. - 1re séance du 25 juin 1912）in *J.O., Chambre, Doc.parl.*, 1912, p.1407. なお、福島は一九一二年一一月にデュビュイッソンが下院に提出した議会報告が多子家族法成立の直接の契機となったとしているが（福島前掲書、一一三頁）、管見の限り、法令集（DUVERGIER, *op.cit*）の注釈や先行研究においてそのような説明はなされていない。

（49）RAPPORT de Lairolle, *op.cit.*, pp.1406-1407.

（50）上院では財政委員会がこの法案の検討を担当した。

（51）RAPPORT de Ferdinand Dreyfus, *op.cit.*, p.1012.

（52）*J.O., Sénat, Déb.parl.*, Séance du 17 juin 1913, p.903.

（53）RAPPORT de Ferdinand Dreyfus, *op.cit.*, p.1012.

(54) *J.O., Chambre, Déb.parl.,* 1re séance du 11 juillet 1913, pp.2610-2611.

(55) *J.O., Sénat, Déb.parl.,* Séance du 3 juillet 1913, p.1031 ; *J.O., Chambre, Déb. parl.,* 1re séance du 11 juillet 1913, p.2615.

(56) なお、こうした対象限定のプロセスは、地方レヴェルの実践においてもすでに存在していたと考えられる。たとえば前述のセーヌ＝エ＝オワーズ県議会は、「貧窮家族児童扶助という構想を捨て、多子家族扶助という構想に与」したとされている(PROPOSITION de Steeg, *op.cit.*, p.94)。しかし本章では、地方議会レヴェルの議論についてはほとんど分析できなかった。

第9章　児童保護から母子保護制度へ
―ギュスターヴ・ドロンにおける民間事業と国家政策―

本章では、第三部での考察の最後として、児童保護が母子保護制度に移行するプロセスを取り上げ、そこにおける民間事業と国家政策の関係について検討する。

近年、フランス福祉史の研究がさかんになりつつあるが、母子保護の歴史[1]はその中でも、これまであまり取り上げられてこなかった領域といえる。現代フランスの母子保護制度 Protection maternelle et infantile（ＰＭＩ）[2]の基礎を築いたのは一九四五年の「母子保護に関するオルドナンス（行政命令）ordonnance」であるが、その起源をたどるならば、一八七四年の乳幼児保護法にまでさかのぼることができる（表９―１）。当時の乳幼児保護政策は乳幼児だけでなく、彼らを産み育てる母親の健康状態への関心をも引き起こしたのであり、それは二〇世紀半ばになると、母親の産児休暇や産前検診といった措置を含む包括的な母子保護制度へと発展していったのである。

ところで、表９―１にみられるように、国家による母子保護政策が本格的な発展をみせるのは基本的に一九三〇年代後半以降のことであり、それまでは法律自体がほとんど制定されておらず、また制定された法律の内容も、一九一三年の産児休暇法などを除いてかなり穏健なものにとどまっていた。しかしこのことは一九世紀末から一

表９－１　フランスの母子保護に関する法律の変遷

法律公布の年月	法律の名称	法律の内容
1874 年 12 月	乳幼児、特に里子の保護に関する法律（乳幼児保護法）	家庭外で「賃金と引き換えに」養育される満 2 歳未満の子どもへの保護と監視を規定。
1913 年 6 月	妊産婦の休暇に関する法律（産児休暇法）	妊娠中の女性による休暇の取得（任意）、商工業施設で雇用される女性の産後 4 週間の休暇の義務、休暇期間中の手当金の支給を規定。
1935 年 10 月	乳幼児保護に関する 1874 年 12 月 23 日法を修正する政令	1874 年乳幼児保護法の改正（母親が援助を受けている子ども、一時的に親が不在の子どもなどへの保護の拡大。保護を受ける子どもの年齢は 3 歳までに引き上げられることなどを規定）。
1939 年 7 月	フランスの家族と出生率に関する政令（家族法典）	産院における妊婦の保護、乳幼児死亡への対処などを規定。
1942 年 12 月	母性と乳幼児の保護に関する法律	夫婦の婚前検診、妊婦の産前検診、特別な事情がある妊婦への家庭訪問、生後 6 歳までの子どもへの家庭訪問などを規定。
1945 年 11 月	母子保護に関するオルドナンス	妊婦の産前産後検診などを除いて、1942 年法とほぼ同じ内容。

出典：DUVERGIER, *op.cit.*

九三〇年代前半までにおいてこの問題に対する社会的関心が低かったことを意味するものではなく、むしろ人口問題の深刻化、フェミニズム運動の高揚、[3]さらに第一次世界大戦による甚大な人的被害といった当時の歴史的状況は、民間ないし自治体によるさまざまな母子保護事業を醸成した。[4]つまり、この時期には主にこうした種類の事業が母子保護の発展に大きな役割を果たしていたということができる。

では、民間（または自治体）による母子保護事業がさかんになったにもかかわらず、それが国家政策の大幅な進展に結びつかなかった理由は何であったのか。この問題について先行研究は、当時の政府の「退嬰主義 immobilism」や国家の財政事情、さらに民間事業が有する道徳的影響力の重視といった、いわば国政レヴェルの側の動向にその要因を求めてきた。(5)これらの要因は確かにそれ自体妥当なものと考えられるが、当時における民間・自治体レヴェルの母子保護事業の隆盛といった点を考慮するならば、それらの事業の態度や動向もこうした状況に影響を与えていたと考えられる。これまで、民間・自治体の母子保護事業の発展は国家政策の進展へとつながるものとして捉えられる傾向にあったが、(6)はたして両者の関係はそのような単純なものであったのか。民間事業、あるいはそれをおこなった人物は、国家政策に対して具体的にどのような態度を示したのか。彼らにおいて民間事業と国家政策との関係はどのように理解されていたのか。こうした点について検討することが、本章の中心的な作業となる。

上記の課題に取り組むために、本章ではノール県の繊維工業都市トゥルコワンの医師で、二〇世紀前半に長期にわたってその市長を務めたギュスターヴ・ドロン（一八五六〜一九三〇年）の活動を取り上げる。(7)彼は二〇世紀前半のトゥルコワンの社会政策・都市政策全般を大きく前進させたことで知られる人物であるが、特に力を注いだのが児童保護や母子保護の領域であった。彼が一九〇四年に設立した「乳幼児保護事業団」は当時としてはきわめて稀な、総合的な母子保護事業の団体であり、その後このタイプの事業のモデルとして全国的に知られるに至ったものである。一方、彼は第三共和政前期の社会政策の策定に大きな影響力を発揮したとされる「医師議員 physician-legislators」（エリス）のひとりであり、(8)国政レヴェルにおいても下院と上院の双方において母子保護政策の策定に尽力している。これらの点から、彼の活動の分析は、母子保護に関する当時の政治家の活動の、ある意味で典型的な事例を提供するものと考えられる。

ドロンの母子保護に関する活動については、すでにカトワールによる修士論文が存在し、本章もこの研究に多くを負っている。ただしこの論文でも彼の民間事業と国家政策との関係について、前者が後者を促進したといった直線的な理解にとどまっており、本章の問題意識に対応するものではない。(9)以下ではまず、ドロンの活動の舞台となったトゥルコワンにおける母子保護の状況について概観し、次にドロンが主導した母子保護事業の内容を明らかにする。そして最後に、こうした事業をおこなったドロンが国家の母子保護政策に関してどのような態度を示したのかについて検討したい。なお、本章で主に使用した史料は『フランス共和国官報』所収の議会史料であるが、ドロンの事業についてはトゥルコワン市立文書館 Archives municipales de Tourcoing（以下注ではAMTと略記）所蔵の史料も参照した。(10)

第一節　一九世紀末トゥルコワンにおける母子保護の状況

トゥルコワンはノール県内の、ベルギーとの国境に位置する都市である（第二部冒頭の図Ⅱ—1参照）。かつてのフランドル地方に属するこの都市は古くから毛織物工業がさかんな農村都市であったが、一九世紀の工業化・都市化の中で主に羊毛を扱う繊維工業都市として大きく発展し、第二部冒頭で述べたように近隣のリール、ルーベ及びアルマンティエールの三都市とともに北フランスの一大繊維工業地帯を形成していた。また人口面でもリールやルーベほどの発展はみられなかったものの、一九世紀半ばから二〇世紀初めにかけて約二万八千人から八万五千人へと約三倍に増加している。一方、この地域は前述のように急激な工業化・都市化に伴う労働者の貧困問題が最も鮮烈な形で現れた地域であり、当時のトゥルコワンもまたそうした多くの問題を抱えていた。(11)

では、当時のトゥルコワンにおける母子保護の状況はどのようなものであったのか。前述のように、フランスでは一八七四年に初の乳幼児保護法が成立したが、この法律は乳幼児全般を保護の対象としてはおらず、乳母や子守女などにあずけられて家庭の外で養育される満二歳未満の子どものみを保護するというものであった。したがって、ここでの乳幼児の保護は一部の子どものみに限定されており、さらにこうした子どもをあずかる乳母や

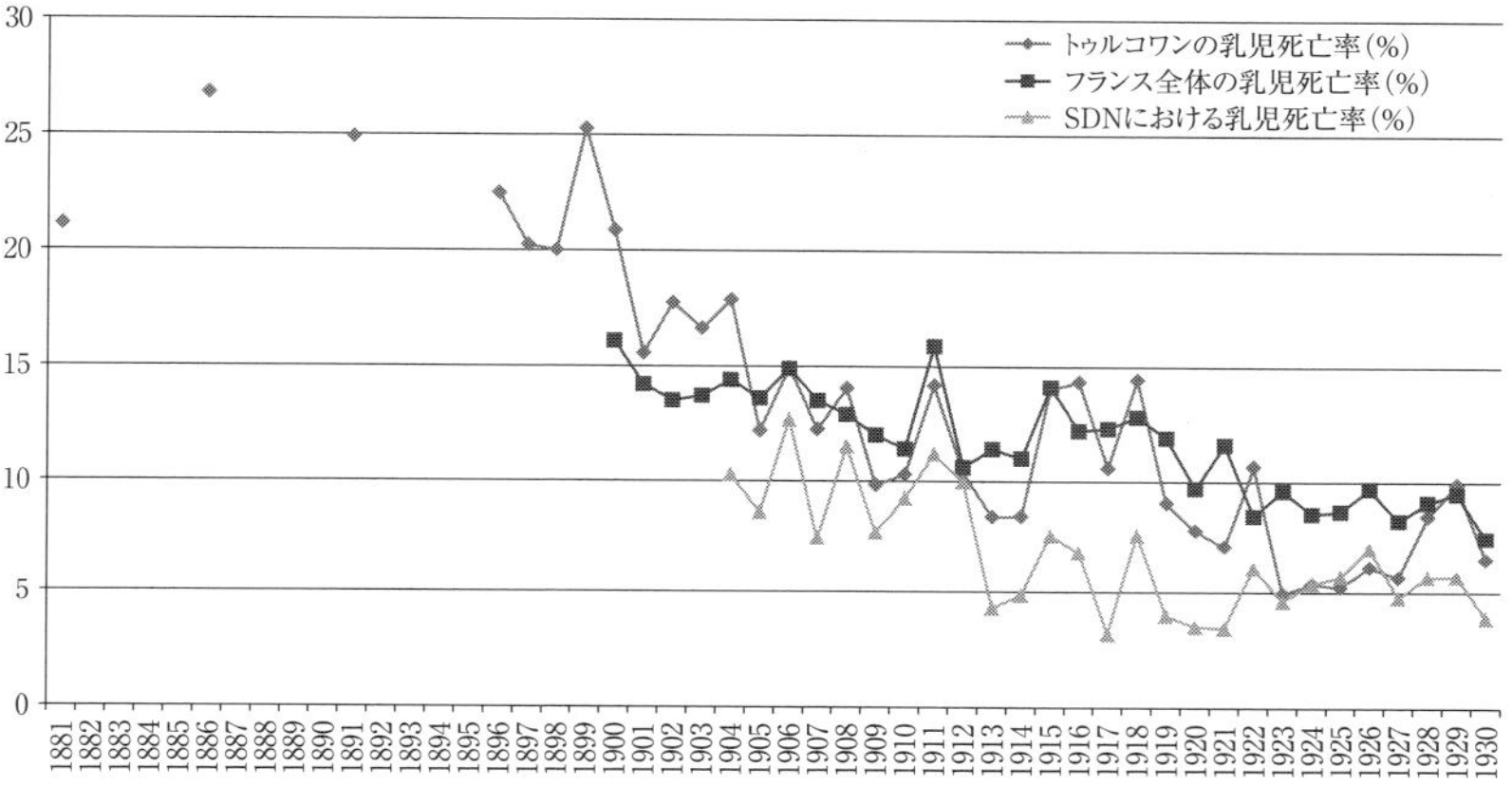

グラフ９−１　トゥルコワンにおける乳児死亡率（1881 〜 1930 年）

出典：CATOIRE, *op.cit.*, pp.17, 104, 110 より作成。

子守女が法律で義務づけられていた届出をおこなわないことも多かったので、この法律による保護の効果は実際にはさらに限定されていたと思われる[12]。事実、ノール県ではこの法律は一八八〇年から施行されているが、トゥルコワンの乳児死亡率をみると、法律施行から一九〇〇年代まで大きな減少を示しておらず（グラフ９―１）、乳幼児の死亡を防ぐという点でこの法律の効果が薄かったことがうかがえる。

しかしこの法律における子どもへの医療視察では、やがて乳母や子守女による育児にとどまらず、一般の家庭の育児についても多くの問題が指摘されるようになった。たとえばトゥルコワンの乳幼児の視察を担当した医師の一人は一八八六年に、子どもをあずかる乳母の「献身」と「賢明なる素直さ」を指摘する一方、問題は子どもの両親の習慣にあるとし、またその前年には、家庭においてうまく育てられていない子どもが、乳母にあずけられた先でまもなく死んでしまうことが多いことを指摘している[13]。その結果、より広範な範囲での乳幼児保護実践が医師たちによって求められることになった。

一方、出産前後の母親、特に働く母親の保護については、一八九〇年代初めまで全国的に何の政策も講じられていなかった。

よく知られているように繊維工業で働く女性の割合は比較的高く、一九世紀末から二〇世紀初めのノール県では労働力全体の約三割から四割を占め、しかもその割合は年々増加傾向にあった。[14] しかし彼女らはそうした状況にあって、衛生面などにおいて劣悪な環境での長時間の労働に従事することをよぎなくされていた。[15] 第五章で述べたように、一八九二年には女性労働者の労働時間の規制や職場環境の改善などを定めた法律が成立するが、トゥルコワンを含むノール県の繊維工業地帯において、そうした労働法は総じて遵守されなかったと言われる。[16] しかもノール県の女性繊維労働者は結婚後も工場での仕事を続ける場合が多く、また妊娠した場合も出産間近まで働き、また出産後はすぐに仕事に復帰するのが通例であった。[17] 働く母親のこうした状況は、当然ながら子どもの早産・死産や子どもの生まれつきの虚弱体質といった問題を引き起こすものであった。

こうした中、ノール県の繊維工業地帯において母親の保護を担ったのは、地元のブルジョワ女性による慈善事業[18]や都市自治体の事業であった。前述のように一九世紀末から二〇世紀初めのフランスにおいてこうした事業が活発化するが、ノール県でもリールやルーベなどにおいて母性慈善協会や保育所、母性共済組合 mutualités maternelles といった団体の活動がみられた。[19] しかしトゥルコワンではこうした事業はあまりみられず、リールやルーベに比べて母子保護への取り組みは十分なものではなかったと言える。

以上のように、一九世紀末のトゥルコワンにおいて、乳幼児保護あるいは母子保護はきわめて不十分な状態にあったが、こうした状況はおおむねフランス全体についてあてはまるものであったと考えられる。こうした中、都市自治体の後援による民間事業という形でこの問題の解決を図ろうとしたのが、二〇世紀前半の市長ギュスターヴ・ドロンであった。

第二節　ドロンの母子保護事業
―トゥルコワンの「乳幼児保護事業団」を中心に（一九〇四～一九三〇年）―

まず、ドロン（図9―1）の経歴について一瞥しておきたい[20]。ノール県南部の農村名士の家に生まれた彼は、パリで医学の学位を取得した後、一八八〇年から医師としてトゥルコワンに居を定め、生涯をこの地で過ごすことになる。やがて彼は地方政界に進出し、一八八四年にはトゥルコワンの市議会議員、その三年後にはノール県議会議員となる。さらに一八八九年には市長に当選し、一九一九年まで二〇年間務めた後、一九二五年から一九三〇年に死去するまでの時期にも再び同じ職に就いている。前述のように、彼は市長としてトゥルコワンの社会政策・都市政策を大きく前進させていくことになるが、彼がどのような経緯から都市の社会問題、特に母子保護の問題に関心を持つに至ったのかについて、詳しいことはわかっていない。しかし先行研究は医師として労働者階級の人々と接する中で、彼がそうした問題に関心を持つようになったことを指摘している[21]。

図9－1　ギュスターヴ・ドロン（1856～1930年）
出典：フランス上院のHP（http://www.senat.fr/senateur-3eme-republique/dron_gustave1388r3.html 最終確認日：2017年1月17日）。

では、ドロンは、具体的にどのような母子保護事業を構想し、実現させたのか。彼は市議会議員の時代から市内の病院における子どもや出産の専門部署の設置や保育所の建設に携わっているが、その母子保護事業の代表的なものが、前述の「乳幼児保護事業団 Sauvegarde des nourrissons」（以下ＳＤＮと略記）である。

ＳＤＮは、ドロンを委員会の議長として一九〇四年三月に発足した民間団体である。[22]その目的は、当初の規約では、窮乏状態の中で子どもを出産した女性に対する援助とされていたが、[23]一九一二年の新たな規約では「出生率の上昇に努め、乳児死亡の原因と戦うことによって人口減少を阻止すること」とされ、[24]事業の目的がより拡大されたものとなっている。もともとこの事業はドロンが当時パリなどでおこなわれていた乳幼児検診やミルク配給所といった乳幼児保護事業の影響を受けて設立したものとされるが、[25]以上の規約からは、当初から母親の保護も含む事業として構想されていたことがうかがえる。

表９―２はその主な活動内容を示したものだが、そこからは、一九〇〇年代においてＳＤＮがすでに母親の保護、乳幼児検診、家庭訪問といった母子保護の主要な活動をカバーしていたことがわかる。さらに第一次世界大戦後には、産前検診などに加えて母親庭園の開設といったユニークな活動も展開しており、一九三〇年代には多様な活動からなる総合的な母子保護事業を形成するに至った。

ところで、こうした広範な事業が可能であった理由として、この事業が民間事業と公的扶助機関と市議会との「緊密な結合」を基盤としていたことが挙げられる。[26]たとえばＳＤＮの会員について、一九一二年の規約では正規会員には市議会議員や市の公的扶助機関である養育院や救貧局の管理委員会のメンバーを含むことが規定されていた。またその具体的な活動についても、たとえば乳幼児検診の建物やミルクを製造するための牛舎や工場を提供したのは市の養育院であり、その一方で、困窮した産婦への援助には救貧局が関与していた。[27]さらに財政面でも、当初個人の寄付などによって収入を確保することが意図されていたが、実際の収入は市からの補助金がその多くを占めていた。[28]ドロンはこれについて、ＳＤＮとは、民間事業が運営をおこない、公的扶助機関が活動手段を提供し、市議会が必要な財源を準備するという、民間団体と公的機関、さらに地方自治体との協力体制を意味するものだと述べている。そしてこうした協力体制は、母子保護が貧困大衆のレヴェルにまで達し、かつ乳幼児への持続的なサーヴィスを保証するための必要不可欠な条件とされていた[29]。

では、この母子保護事業は実際に効果をあげたのか。前述のように、一九一二年の規約では事業の目的として、出生率を上昇させることと乳児死亡に対処することが掲げられていた。このうち出生率の問題については残念ながら本章では十分なデータを得ることができないが、乳児死亡率についてはカトワールがすでに詳細な分析をおこなっている（グラフ９―１）。それによれば、ＳＤＮが設立された一九〇四年以降、トゥルコワンの乳児死亡率

表９－２　乳幼児保護事業団の主な活動内容（1930 年代における）

活動名	開始年	内容
母親の授乳への援助	1904 ?	自ら授乳する母親への金銭などの援助。
乳幼児検診	1904	乳幼児の身長体重測定、診察、母親への助言。
乳幼児へのミルク支給	1904	母乳で育てられていない子どもに対して、独自の牛の飼育場から新鮮かつ安全なミルクを支給（1908 年からは自宅に直接配付）。
家庭訪問	1907	乳幼児検診における育児教育の継続。子どもの健康状態の監督、家族の状況の把握。
母親の授乳の監督	1913 ?	1913 年の産児休暇法成立に伴い実施。子どもに授乳していない母親を県に報告。
母親庭園	1924（1925 ? ）	呼吸器系の病気を予防する観点から、乳幼児を日々の外出によって温度変化に慣れさせる目的で設置。母子に対して庭園スペースを開放
遺伝疾患の診断・治療サーヴィス	1927	子どもの流産、死産、早期の死亡などを避ける目的で実施。
紫外線治療	1927	くる病や発育の悪い子どもなどに対して実施。
産前検診	1928	妊婦に対する検診
出産シェルターと医務室	1928	妊産婦の保護、母親の病気などの際の子どもの受け入れ

出典：LEROY, La *Sauvegarde des Nourrissons de Tourcoing*, s. l., 1933 (AMT, 2AS/1) ; *Les oeuvres d'hygiène sociale de Tourcoing*, s. l., Georges Frère, 1936 (AMT, 2AS/1) ; CATOIRE, *op.cit.*, pp.83-97.

は第一次世界大戦の時期を除いて全体的に大幅な下降傾向にあり、フランス全体のそれを下回ることになった。またSDNの保護を受けた子どもの乳児死亡率は一九二〇年代の一時期を除いて、常にトゥルコワン全体の乳児死亡率を下回るものであった(30)。このことのみをもってSDNの効果を判断することはできないが、SDNの保護を受けた乳児の比率が年々増加する傾向にあり、特に第一次大戦以降はほとんど常にトゥルコワン全体の乳児の五割以上を占めていたことからも(31)、SDNの活動が少なくとも一定の成果を示すものであったことが推測できる。そしてこのことが、市議会や住民から一貫した支援を受け、また事業内容を恒常的に拡大することを可能にしてきたと考えられる。

以上のように、ドロンは一九〇四年から一九三〇年までの期間に、全国的な政策に先駆けて、多様な活動からなる総合的な母子保護事業の構築に成功したと言える。それは地域社会において一定程度の支持を得ていただけでなく、母子保護事業のモデルとして全国的にも注目されることになった。では、こうした母子保護事業を発展させたドロンは、国政レヴェルの政策に対してどのような態度を示したであろうか。以下ではこの問題について検討する。

第三節　国政におけるドロンの母子保護活動（一八八九～一九三〇年）

すでに一八八〇年代半ばから地方政界に進出していたドロンは、労働者や小売業、一部の中間層などの広範な支持を背景として、一八八九年には共和派の候補として下院議員に当選する(32)。市長になった後も彼はこの職を保持し、さらに一九一四年からは上院議員として生涯国政に携わることになる。政治党派としては一九〇〇年代以降政権を担う急進（共和）派に属していたドロンは、国政の場においても社会政策に大きな関心を示し、そのいくつかの施策において中心的な役割を果たした。また政治家としてだけでなく、公的扶助高等評議会議長、労働高等評議会議長、乳幼児保護高等評議会副議長などの社会問題に関する行政ポストも歴任している。[33]

前節においてみたように、都市レヴェルでの母子保護事業を設立・指導したドロンは、国政の場においても母子保護に多大な関心を寄せたが、実際に積極的な活動をおこなったテーマとして、女性の産児休暇と、乳幼児検診の普及の二つが挙げられる、以下ではこの二つをめぐる彼の活動を検討する。

（一）産児休暇をめぐる議論

フランスにおいて、働く女性が妊娠・出産した際の休暇の問題が国政の場で取り上げられたのは、一八八〇年代後半のことである。[34]当時、下院では女性及び子どもの労働規制に関する法案が議論されていたが、そこでの条項のひとつとして産児休暇の法制化が提案された。一八八九年に下院議員となったドロンはこの法案を検討する労働委員会に参加しており、一八九〇年の下院審議において積極的にこの条項を擁護している。[35]また同年この条項が否決されると、同じ内容を別の法案として下院に再び提出し、さらにその検討委員会の報告者も務めるなど、産児休暇の法制化に並々ならぬ努力を注いでいる。[36]

この法案は下院の第一読会では可決されたものの、結局法律として成立することはなかった。しかしその後、一九〇〇年代末に産児休暇法案が再び国会に提出されると、彼は下院の労働委員会の副議長として再びそれを擁護する論陣を張った。この時の法案が後に一九一三年の産児休暇法として成立することになる。

この産児休暇法は、働く女性に対して出産前の休暇の取得を認め、また出産後四週間の休暇については義務とし、さらに出産前後において最大八週間分の手当金を受け取る権利を認めるというものであった。ただし一方で出産後の休暇と手当金の支給は商工業において働く女性にのみ認められており、さらに手当金の支給は「資力を欠く」女性のみに限られるなど、必ずしもすべての女性に開かれたものではない、妥協的な性格のものでもあった。しかしここでのドロンの構想は、そのような限定的な母子保護にとどまるものではなかった。たとえば彼は下院での法案審議において以下のように述べている。

「［中略］くりかえしますが、我々は今日提出されている法案を可決すればすべての義務を果たしたと考えるわけではありません。私としては、家庭の母親への扶助の義務という原則を提案し、それを支持するための最初の機会であると考える所存であります。ここでの原則とは、困窮した家庭の母親だけでなく［中略］この扶助を求めるすべての家庭の母親のためのものであり、定期的に組織される視察による監督といったいくつかの義務に従うことを承諾することのみが扶助を受けるための条件であるというものです。

［中略］

我々はさらに進んで、家族の負担を考慮し、家庭における子どもの数に応じて報奨金が与えられるようにしなければならないでしょう[37]。」

このように、産児休暇の問題においてドロンが実際に構想していたのは、いわば国民的規模での母子保護であり、後のいわゆる家族手当制度を先取りする内容すら含むものであった。つまり彼にとって一九一三年の産児休暇法とは、その最初のステップとしての意味を持つものであった。

では、ドロンにおいてこの産児休暇法という国家政策は、民間の母子保護事業とどのような関係に立つものであったのか。これについて示唆的なのは、下院での法案審議における彼の以下の発言である。

「［中略］私は、議会での手続ではなかなか結果が得られないということに気づき、大都市の市長として、この都市において母親への扶助を実現する決心をした次第です。私はこの扶助がフランス全体に広がることを望んでいます[38]。」

彼はさらに続けて、トゥルコワンでは毎年六五〇から七〇〇〇人の母親がSDNを利用し、その結果「注目すべき成果」が得られていることを紹介し、議場から拍手喝采を受けている。ここからは、自らの母子保護事業の成果を示すことで国政レヴェルの政策の有効性を強調するという意図がうかがえる。つまりドロンにおいて、民間事業とは国政レヴェルでの政策の実現が進まない場合の代替策としての意味を持つと同時に、国家政策の成立を促すひとつの契機としての役割を果たすものであった。彼は産児休暇制度の実現に関しては、基本的に国家政策を重視しており、民間事業はむしろそのための補助的な手段とみなしていたと言える。

しかし、彼が上記の発言において、母親への扶助の全国レヴェルでの普及について述べた際、それは果たして全国的な政策の実現を意味するものであったのか、それとも民間事業の自発的な拡大を意味するものであったのか、この点について明らかにするために、以下では一九二〇年代の乳幼児検診の普及をめぐるドロンの議論を検討する。

(二) 乳幼児検診の普及をめぐる議論

一八七四年の乳幼児保護法の制定後、その保護範囲の拡大を求める議論が出てきたことはすでに述べた通りだが、一九〇〇年代以降、乳幼児保護法の改正を求める動きが国政レヴェルで起こることになる。この動きは第一次大戦後も継続し、多くの法案が出され、最終的に一九三五年の乳幼児保護法の改正（表9―1参照）に帰結することになる。[39]

一九〇四年にSDNを設立したドロンであったが、彼が国政レヴェルにおいてこの問題にかかわるのは上院議員となった第一次大戦後のことである。大戦直後は戦争で失われた人口の回復という観点から乳幼児保護が一層の急務となっていた時期であるが、彼は一九二〇年七月に乳幼児検診の奨励に関する議員法案を上院に提出している。この法案はその後、二年前に同じく上院議員のポール・ストロースが提出していた議員法案と合わせて上院の法案検討委員会で検討され、一八七四年乳幼児保護法の改正案として提示された[40]。この改正案はその後上院において審議されるが、ドロンはここでも報告者として委員会を代表して答弁することになる[41]。以下ではこの議員法案の内容から、彼の母子保護政策構想についてみていく。

ドロンの法案は、それまで民間あるいは自治体レヴェルにおいて乳幼児検診が果たしていた役割を法的に承認することによって、その各地における設置を奨励するというものであった。それによれば、生まれた子どもが満二歳になるまで定期的に検査をおこなうために組織された乳幼児検診は、認可 agrément を受けた後に国家の乳幼児保護のために用いられることができる。認可の条件としては、公的扶助機関による監督を受け入れること、乳幼児への家庭訪問の実施、乳幼児の健康状態の定期的な記録といった事項が含まれる。さらに認可を受けた検診は、産児休暇の際の手当金の支給といった国家政策の実施にも関与するものとされていた[42]。

さらに彼は法案の趣旨説明の中で、大都市などと異なり人口の少ない町や村では乳幼児検診を設置するのは難しいという意見に対して、ノール県とパ＝ド＝カレ県、西部のロワール＝アンフェリウール（現ロワール＝アトランティーク）県、そして第一次大戦中の被占領地域という三つの事例を挙げ、検診がいかに容易に実施できるものであるかを力説している。特にノール県に関してはトゥルコワンのSDNについて言及し、自分が「規模の大きな検診」を設立することで人々に「模範を示すことに努めていた」ことを述べている[43]。ここからは、地方の民間事業を基盤として、全国レヴェルでの乳幼児検診の拡大を図ろうという姿勢をみることができる。

しかしここで注意すべきは、ドロンにとって乳幼児検診の普及・拡大とは、国家政策によって全国一律に強制的に実施されるものではなかったという点である。たとえば彼は法案の中で以下のように述べている。

「強制の法 lois de contrainte は、たとえそれが個人ではなく市町村のみに適用されるものであっても、我が国においてはなじまないものであり、そのような措置は抵抗を受けてその解決を長い間待たなければならないことになるでしょう。しかし我々はそれを待っていられるような状況にはありません。［中略］執行権の権威を感じられるようにさえすれば、短期間で［法律で強制するのと］同様の結果を生み出せる可能性があるというのに、どうして奨励と説得という方法を試そうとしないのでしょうか。(44)」

このように、乳幼児検診の普及は、法律による強制ではなく、あくまでも「奨励と説得」によっておこなった方が抵抗も少なく、より効率的に実現できるというのが、ここでのドロンの主張であった。彼は産児休暇については法律による全国一律の実施を求めていたが、乳幼児検診の普及に関しては、むしろ地方の自発性に依拠して進める方が確実であるとの認識に立っており、彼にとって母子保護事業の普及とは、国家政策を排除するものではないにせよ、むしろ民間事業などの自発的な拡大を意味するものであった。ＳＤＮにおいて地方自治体等との密接な協力体制を志向していたドロンにおいて、国家政策もまた民間事業に完全に取って代わるものではなく、むしろ両者の並存として認識されていたと言える。

さらに、ここでの法案における乳幼児検診の規模は、いわば最低限のレヴェルのものが想定されていた。たとえばドロンは検診の設置がいかに容易であるかについて、以下のように述べている。

「実際、乳幼児検診というのは非常に簡単なものなのです！　冬には暖房が入る部屋、学校または役場の部屋と、秤がひとつあれば十分です。後のことは医師が引き受けますし、何人かの熱心な人々が彼を手伝いますので。(45)」

本来、ドロンにとって乳幼児検診とは、自らが設立したＳＤＮのものと同レヴェルのものが望ましかったであろうことは想像に難くない。しかし実際には、農村部を含めた国内のすべての地域での検診の実施を可能にするために、設置が最も容易かつ費用のかからないタイプのものを奨励せざるを得なかった。すなわち、彼は自らの母子保護事業を全国的な政策として提示するにあたって、施策の規模そのものを最初から大きく縮小することをよぎなくされたのであり、民間の母子保護事業を国家政策に発展させることは、この点で最初から大きな譲歩を意味するものでもあった。

しかしこうした譲歩にもかかわらず、このドロンの法案を含む乳幼児保護法改正案は、上院において可決されたが、その後多くの修正が加えられ、乳幼児検診に関する部分はその過程の中で削除され、法制化されずに終わることになる。

小括

一九世紀末のフランスにおいて、地方の医師として子どもや母親の健康問題に直面したドロンは、自らが住む都市において大規模な民間母子保護事業を設立し、さらに国政レヴェルにおいても母子保護政策の進展に尽力した。しかし、本章で明らかになったように、彼にとって母子保護における民間事業と国家政策との関係は、個々の施策によって異なるものであった。まず母親の産児休暇をめぐっては、彼は国家政策による制度化を重視しており、民間事業はその代替策あるいは補助的な手段として位置づけられていた。一方、乳幼児検診の普及をめぐっては、母子保護事業をめぐる民間または自治体のイニシアティヴを喚起する方策を提示するにとどまり、民間事業における自発性を最も優先していたと言える。つまり、産児休暇のような母親の地位や権利にかかわる施策については国家政策による全国一律の実現を重視し、民間事業をそのための補助的手段とみなす一方、乳幼児検診のような具体的な事業の発展をめぐっては民間事業の有する自発性を重視し、国家政策はそれを補完・奨励するレヴェルにとどめるというのが、母子保護における民間事業と国家政策との関係をめぐるドロンの基本的な主張であったように思われる。

この時期におけるフランスのいわば代表的な民間母子保護事業のひとつを組織した人物が、国家の母子保護政策について積極的に推進する立場を必ずしも取っていなかったことは、フランス母子保護制度の形成を考える際のひとつの示唆を与えるものと言える。一九世紀末から一九三〇年代前半までのフランスにおける民間（もしくは自治体）の母子保護事業の隆盛は、この問題に対する社会的関心の増大を示す反面、全国レヴェルの政策の強化には必ずしも結びつかない性格のものであり、当時の母子保護をめぐる国家政策の消極性は、こうした民間事業の側の事情からも説明されなければならない。このような状況は一九三〇年代後半の国内環境及び国際情勢の変化[46]によって初めて、新たな展開をみせることになる。

注

（1）フランス母子保護の歴史について、本章では以下の研究を参照した。STEWART, Mary Lynn, *Women, work and the French State : Labour Protection and Social Patriarchy, 1879-1919*, McGill-Queen's University Press, 1989, ch.8 «Protecting Infants : The Long Campaign for Maternity Leave» ; NORVEZ, Alain, *De la naissance à l'école : santé, modes de garde et préscolarité dans la France contemporaine*, Paris, PUF/INED, 1990, ch.4 ; ROLLET-ECHALIER, *op.cit* ; KLAUS, Alisa, *Every Child a Lion : the Origins of Maternal and Infant Health Policy in the United States and France, 1890-1920*, Ithaca & London, Cornell University Press, 1993.

（2）現代フランスにおける「母子保護」とは、おおよそ現在の日本における「母子保健」に相当するが、本章では、現代フランスでは「労働法典」に分類される産児休暇制度なども含むものとして用いている。なお、現代フランスにおける母子保護制度については、とりあえず以下の文献の説明を参照。THEVENET, Amédée, *L'aide sociale en France*, « Que sais-je ? », 8e édition, Paris, PUF, 2007 (1973), pp.11-16.

（3）コヴェンとミッチェルによれば、一九〜二〇世紀転換期の欧米諸国では女性団体が母子福祉活動に貢献することで自らの権利主張をおこなっていったとされる（KOVEN, Seth and MICHEL, Sonya, « Womanly Duties : Maternalist Politics and the Origins of Welfare States in France, Germany, Great Britain, and the United States, 1880-1920 », *American Historical Review*, v.95, n.4, 1990, pp.1076-1077）。またクラウスも、一九世紀後半において女性の権利を求める活動家たちが母子保護事業の主要な後援者であったとする（KLAUS, *op.cit.*, p.125）。

（4）たとえば、一九一三年の公式報告によれば、母子保護に携わった民間事業や地方自治体の数は、政府補助金の対象となったものだけでも約一四〇〇にのぼっていた。

（5）STEWART, *op.cit.*, p.169 ; KLAUS, *op.cit.*, p.116.

（6）たとえば、ドロンと同じ時代に活躍した政治家ポール・ストロースに関する以下の研究を参照。FUCHS, Rachel G., «The Right to Life : Paul Strauss and the Politics of Motherhood» in ACCAMPO, Elinor A. et al., *Gender and the Politics of Social Reform in France, 1870-1914*, Baltimore and London, The John Hopkins University Press, 1995, p.95.

（7）ドロンについては、フランス・リール第三大学の修士論文や地方史研究において多くの文献が存在するが、本章では彼の活動全般に関して、主に以下のものを参照した。SIMON, Bruno, *Gustave Dron 1856-1930, député-maire de Tourcoing, sénateur du Nord*, Mémoire de maîtrise, Villeneuve d'Ascq, Université de Lille III, 1988 ; AMEYE, Jacques, « Un philanthrope, le docteur Gustave Dron, député（1899-1914）, et sénateur du Nord（1914-1930）, maire de Tourcoing（1899-1919 et 1925-1930）» *Tourcoing et le pays de Ferrain*, n.22, 1996, pp.42-49 ; DECHAMPS, Pierre et VANREMORTERE, Florent, « Un promoteur de l'action sociale collective dans le Nord : Gustave Dron », *Prevoyance sociale, passé et present*, n.37, 1998, pp.3-19 ; Numéro Spécial « Gustave Dron（1856-1930）», *Tourcoing et le pays de Ferrain*, n.42, 2012. なお、地方史研究以外でドロンの活動に焦点を当てた歴史研究は管見の限りほとんどみられないが、以下の論文は彼の一八九〇年代の労働立法に関する議論を扱っている。STEWART, Mary Lynn, « Setting the Standards ; Labor and Family Reformers » in ACCAMPO et al., *op.cit.*, pp.106-127.

（8）ELLIS, Jack D., *The Physician-legislators of France : medicine and politics in the Early Third Republic, 1870-1914*, Cambridge University Press, 1990. なおエリスはドロンを、特に児童保護や産業衛生などで活躍した議員として評価している（*ibid.*, p.241）。

（9）CATOIRE, Sergine, *Gustave Dron et la politique de la petite enfance à Tourcoing* (*Fin XIXème-1930*), Mémoire de maîtrise, Villeneuve d'Ascq, Université de Lille III, 2000.

（10）ドロンの「乳幼児保護事業団」に関する史料群は整理番号2ASとしてまとめられており、本章でもこの史料群を用いた。

（11）一九世紀のトゥルコワンについて、本章では以下の文献を参照した。AMEYE, Jacques, *La vie politique à Tourcoing sous la Troisième République*, La Madeleine -lez-Lille, Silic, 1963 ; TOULEMONDE, Jacques, *Naissance d'une métropole : histoire économique et sociale de Roubaix et Tourcoing au XIXe siècle*, Tourcoing, Georges Frère, s.d（1966）; TRENARD（dir.）, *op. cit.*, ; LOTTIN, Alain（dir.）, *Histoire de Tourcoing*, Dunkerque, Westhoek-Editions des Beffrois, 1986.

（12）以上については、本書第三章参照。なお、乳幼児のうち、家庭外で養育されていた子どもが実際にどれくらいの割合で存在したのかについては、こうした届出不履行のために数量的な把握が困難であるが、『フランス・アルジェリア都市保健衛生統計』の数値によれば、一八九二年から一八九九年のトゥルコワンにおいて、家庭の外にあずけられていた子ども（よその市町村から来た子どもも含む）は、出生数全体の八～一〇パーセントを占めていた。

（13）ここでの医師の報告については、本書第三章で使用したノール県文書館所蔵の乳幼児保護業務報告（*PEPA*）を参照。*PEPA*（*1885*）, p.19 ; *ibid*（*1886*）., p.706.

（14）国勢調査の数値による。

（15）HILDEN, Patricia, *Working Women and Socialist Politics in France, 1880-1914 : A Regional Study*, Oxford University Press, 1986, pp.103-104.

（16）HILDEN, *op.cit.*, p.103.

（17）HILDEN, *op.cit.*, pp.34-37. なお、労働者階級の女性が結婚後も賃金労働に従事し続けたのかという問題については、*ibid.*, pp.278-279（Appendix）も参照。

（18）一九世紀末の彼女らによる慈善活動については、SMITH, *op.cit*, ch.6（前掲訳書第六章）を参照。

（19）このうち母性慈善協会は出産前後の母親と子どもに対する在宅援助をおこなう組織で、母性共済組合は出産時にかかる費用を共済組合形式で支給する事業である。これらの事業全般についてはとりあえず、KLAUS, *op.cit.*, pp.113-118, 186-189, 198-205を参照。なお一九世紀ノール県の保育所については、拙稿「保育所の成立と発展に関する試論　―一九世紀フランスの事例から—」『生活科学研究』〈文教大〉第三〇集、二〇〇八年の第Ⅱ章と第Ⅲ章も参照。

（20）ドロンの経歴について、本章では CATOIRE, *op.cit.*, pp.48-62 を主に参照した。

（21）SIMON, *op.cit.*, p.18 ; CATOIRE, *op.cit.*, p.51. なお、ドロンは一八八三年から一八八七年まで乳幼児保護法の視察医師の職務を担当しているが、そこでの報告には乳幼児保護に対する関心がほとんどみられない（*PEPA*（*1883*）, p.572, *ibid*（*1884*）., p.21, *ibid*（*1885*）., p.19, *ibid*（*1886*）., p.706, *ibid*（*1887*）., p.731）。

（22）ただし先行研究の中にはＳＤＮを市長であるドロンが主導する都市自治体の事業とするものも少なくない。確かに財政面などにおいてこの事業がトゥルコワン市と深いつながりを有しており、実質的に市の事業であったとみることも可能であろうが、公式にそのような形で設立されたものではないので、本章ではあくまでも民間事業として扱っている。なお、当時のフランスの民間団体をめぐる法的枠組みについては、とりあえず高村前掲書第三部第四章第三節を参照。

（23）ＳＤＮの当初の規約については、JULIEN, Dr. L., *Le lait à Tourcoing : L'Oeuvre de la Sauvegarde des nourrissons de la ville de Tourcoing*, Lille, Le Bigo frères, 1906 (AMT, 2AS/ 1), pp.22-24 のものを参照した。

（24）AMT, 2AS/2.

（25）CATOIRE, *op.cit.*, pp.63-66. 乳幼児検診については本書第三章第三節（三）を参照。

（26）AMT, 2AS/3. "Sauvegarde des nourrissons : Reconnaissance d'utilité publique, Rapport du Maire", p.1.

（27）AMT, 2AS/3. "Sauvegarde des nourrissons...", p.2.

（28）CATOIRE, *op.cit.*, p.98.

（29）AMT, 2AS/4. « Rapport du maire concernant les contrats entre la ville et les oeuvres d'hygiène sociale, 1933 » cité par CATOIRE *op.cit.*, p.100.

（30）ただしカトワールの示す数値は表によって若干のばらつきがみられる。本章では最も詳細な数値を採用した。

（31）カトワールによれば、トゥルコワンで生まれた一歳未満の乳児のうち、ＳＤＮに加入した子どもの比率は一九〇四年には約三六パーセントであったのが、一九二〇年には約六〇パーセントにまで上昇し、その後もドロンが死去する一九三〇年までほとんど五〇パーセント台を維持していた（CATOIRE, *op.cit.*, p.102）。

（32）AMEYE, *op.cit.*, pp.27-31.

（33）ドロンの全国レヴェルにおける政治・行政の経歴については、以下の二つの議員辞典も参照した。JOLLY（dir.）, *op. cit.*, v. 4, pp.1491-1493 ; MENAGER, et al., *op. cit.*, pp.188-189.

（34）この時期の産児休暇をめぐる議論全般については、STEWART, *op.cit.*, pp.173-190 を参照。

（35）*J.O., Chambre, Déb. parl.*, Séance du 8 juillet 1890, p.1379.

（36）PROPOSITION DE LOI concernant le repos obligatoire pour les femmes, présentée par M. Gustave Dron, député〔...〕, Annexe n.1191（Session ord. - Séance du 7 février 1891）in *J.O., Chambre, Doc. parl.*, 1891, p.364 : RAPPORT fait au nom de la commission du travail chargée d'examiner les propositions de loi : 1 de M. Emile Brousse ; 2 de M. Gustave Dron, ayant pour but d'interdire le travail industriel aux accouchées pendant un certain délai et de les indemniser de ce chômage forcé, par M. Gustave Dron, député, Annexe n.2027（Session ord. - Séance du 29 mars 1892）in *J.O., Chambre, Doc. parl.*, 1892, pp.724-736.

（37）*J.O., Chambre, Déb. parl.*, 1re séance du 5 juin 1913, p.1735.

（38）*J.O., Chambre, Déb. parl.*, 1re séance du 5 juin 1913, p.1730.

（39）このプロセスについては、ROLLET-ECHALIER, *op.cit.*, pp.257-270 を参照。

（40）RAPPORT fait au nom de la commission chargée d'examiner : 1.la proposition de loi de M. Paul Strauss tendant à la révision de la loi du 23 décembre 1874 sur la protection des enfants du premier âge : 2. la proposition de loi de M. Gustave Dron tendant à reconnaître et à encourager les consultation de nourrissons, par M. Paul Strauss,〔...〕, Annexe n.393（Session ord. - Séance du 2 juin 1921）in *J.O., Sénat, Doc. parl.*, 1921, pp.834-845.

（41）当初、この委員会の報告者はポール・ストロースであったが、その後彼が大臣となったため、審議においてはドロンが代わりに報告者を務めた（ROLLET-ECHALIER, *op.cit.*, p.267）。

（42）PROPOSITION DE LOI tendant à reconnaître et à encourager les consultations de nourrissons, présentée par M. Gustave Dron,〔...〕, Annexe n.380（Session ord. - 2e séance du 27 juillet 1920）in *J.O. Sénat, Doc. parl.*, 1920（以下 PROPOPSTION DE LOI de Dron（1920）と略記）pp.1093-1094.

（43）PROPOSITION DE LOI de Dron（1920）, *op.cit.*, pp.1089-1091.

(44) PROPOSITION DE LOI de Dron (1920), *op.cit.*, p.1091

(45) PROPOSITION DE LOI de Dron (1920), *op.cit.*, p.1089.

(46) たとえば一九三九年の「家族法典」成立の背景としては、さしあたり人口問題の新たな深刻化と戦争の危機が挙げられる。

結論

フランス第三共和政期における児童保護政策の飛躍的発展は、普仏戦争の敗北による国家再建の必要や人口問題の深刻化といった当時のフランス特有の事情によるものであったが、それはまた同時に、「子ども（期）」に対する社会的関心の拡大の表れであり、また、その制度化を意味するものであった。[1]そしてこの時期にさまざまな児童保護立法が成立し、実施された結果、里子や児童労働といった家庭外の環境での保護に始まり、やがて家庭内での子どもの養育についても彼らの境遇の改善が図られ、「子ども」という存在は次第に大人とは異なる独自の権利を有するものとして社会の中に位置を占めることになった。[2]

その一方で、こうした児童保護政策の進展は、それまで不可侵とされてきた人びとの私的領域への介入を引き起こすという、「統治権力」としての側面を有するものでもあった。それは過度の児童労働や児童虐待などに対する規制だけでなく、児童保護が家族政策や母子保護制度に発展していく中で、通常の子育てにまで及ぶことになった。「子ども」への社会的関心の拡大とは、このような形で二〇世紀における福祉国家（社会国家）の形成に少なからず影響を及ぼすものであり、二〇世紀とはそうした意味においても、「子どもの世紀」[3]（エレン・ケイ）と呼ぶことができるように思われる。

しかし、フランス第三共和政期の児童保護における統治権力の内実とは、単に私的領域に介入する権力が社会に拡散していくといったものでもなければ、先行研究で指摘されているような、国家や支配階層の意図が現実の状況によって阻まれたといったものでも、単に権力のあいまいさや妥協、矛盾によってのみ特徴づけられるといったものでもなかった。そもそも統治権力としての児童保護は、すでにその形成の段階において、ひとつの方向に収斂するものではなかった。第一章の捨て子の受け入れ方法をめぐる議論にみられるように、複数の受け入れ方法をめぐる妥協の結果、統治権力をめぐるより巧妙かつ効率的な論理が成立することもあった反面、第二章の「不幸な子ども」をめぐる議論にみられるように、複数の論理の妥協に至らなかった場合は児童保護システムの効率性を妨げることになったというように、場合によって異なる様相を示すものであった。

さらに、児童保護政策における統治権力のありかたは、その現場レヴェルでの展開においても大きく変化した。本書では乳幼児保護、児童扶助行政、児童労働規制の三つのテーマに即してこの問題を考察したが、全体としてはおおむね次のように言うことができる。戦争と内乱の影響で国内外の情勢がいまだ不安定であった第三共和政初期において、児童保護における私的領域への介入とは、里子や捨て子、過度の児童労働といった、いわゆる近代家族規範からの逸脱行為に対してのみなされるものであり、保護の形式も上からの監視や規制といった、いわば一時的かつ抑圧的な形を取るものに限定されていた。つまり児童保護による私的領域介入は当初、逸脱行為に対する規制という消極的なレヴェルにとどまるものであった。しかしそうした介入は政策の現場においてはうまく機能しないことが明らかとなり、また子どもの健康や衛生、道徳性といった問題がより重視されるようになるにつれて、家庭や職場に対してより恒常的かつ積極的に働きかけ、そのために上からの規制だけでなく地域住民の自発性にも依拠するような介入が次第になされていくようになった。こうした変化は統治権力の精緻化とも言えるが、国家や支配階層の当初からの戦略というよりも、むしろ彼らの思惑を越える形で、地域住民や現場担当者との妥協やせめぎあいの結果、生じたものであった(4)。

そして、児童保護をめぐる国家・地方自治体・民間事業の間の関係もまた、単に国家政策の発展という方向に収斂していったわけではない。地方自治体も民間事業も国家政策に対して常に一定程度の自律性やイニシアティヴを発揮しており、三者の間の関係は常に一定程度の独立性を帯びたものであった。また児童保護が家族政策や母子保護制度に発展していく際にも、地方自治体や民間事業の活動がそれらの政策の成立に必ずしも直接的に結びついたわけではなく、そうした政策に対して消極的な姿勢を示すこともあった。つまり、児童保護における統治権力とは、現実にはそうした担い手間の、ある程度独立的なネットワークの中で展開するものであった。

近年の西洋史研究において、近現代社会における統治権力のありかたが論じられる場合、それが、(被支配階層の同意に基づいて)社会全体にいわば直線的に拡散していくといったイメージがいぜんとして強いように思われる。しかしフランス第三共和政期の児童保護に即して検討する限り、統治権力(私的領域への介入・管理)そのものが、いわば常に不安定かつ流動的なものであり、当時の歴史的状況全体に対応しつつ試行錯誤を繰り返し、時として権力の側の思惑を越える形で展開するものであった。しかしそのような状況において、統治権力そのものは次第に拡大・精緻化されていったのであり、そのことが当時の社会に対してひとつの新たな性格を刻印することになったのである。

子どもへの配慮や関心の増大が人々の私的領域への介入の拡大と精緻化を同時にもたらすという、統治権力としての児童保護は、それ自体が近現代社会におけるひとつの背理ないし逆説である。その社会が大きな転換期を迎えている現在において、こうした背理が展開した歴史的なプロセスの具体相を明らかにすることは、今後の社会について考える際にもひとつの有益な視座を提供するものと考える。

注

(1) cf. 岩下前掲論文「現代の子ども期と福祉国家」。なお、当時の民衆層において「子ども期」の観念が実際にどれほど浸透していたのかについて、本書ではほとんど検討することができなかった。しかし第三章などで示したように、児童保護に際して民衆層の自発性に依拠した措置が選択されたことなどを踏まえるならば、国家や支配階層は「子ども期」観念が民衆層の中にある程度浸透していたとみなしており、そうした状況を背景として児童保護政策の策定に乗り出したと考えることが可能なように思われる。たとえば一八七四年児童労働法の検討委員会報告者のタロンは、「親の子どもに対する優しい思いやりsollicitude complaisante」が「現代における特徴のひとつ」であると述べている（RAPPORT de Tallon, *op.cit.*, p.3608）。

（2）Cf. ROLLET, *op.cit.*, pp.224-225. 本書ではこの「子どもの権利」の問題についてほとんど考察できなかったが、第二次世界大戦後のユニセフ（国連児童基金）の設立や「子どもの権利条約」といった国際的な運動の前史の一端をここにみることも可能であろう。

（3）エレン・ケイ、小野寺信、小野寺百合子訳『児童の世紀』富山房、一九七九年（原著一九二七（初版一九〇〇）年）。

（4）この時期、児童保護における統治権力の質的な転換がみられたことは、フランス第三共和政前期を国民国家の確立期としてだけでなく、近現代における権力の転換期としても把握する必要性を示唆しているように思われる。この点も含めて、フーコーのいう、人びとの「生」に積極的に働きかける権力（「生―権力」）の時代ごとの変化の具体的様相を明らかにすることは、今後の西洋近現代史研究におけるひとつの課題であろう。

あとがき（謝辞に代えて）

筆者がフランス第三共和政期の児童保護に関する研究を始めたのは、フランス・リール第三大学のＤＥＡ（博士準備）課程に留学した一九九九年秋のことである。留学前にフランス第三共和政期の地方制度改革に関する小論を発表していた筆者は、博士論文の執筆を視野に入れて、留学先でもそのテーマの延長線上として、リールを事例とした都市自治体の社会政策全般について取り組むつもりだった。しかし現地の指導教授にその話をすると、それよりもむしろひとつの社会政策について、フィールドをノール県全体に広げて検討をした方が良いと言われ、その時具体的な政策の例として示されたのが、「子ども政策」であった。実はそれまで筆者はこの言葉自体を知らず、まったく新しいテーマを選択することに不安も感じたが、その後二週間ほど考えた末、そのテーマで研究することに決めた。これが本書の研究の発端である。

このように、あまり確固たる動機もなしに始めた研究であったが、特に筆者の関心を引いたのは、子どもの保護が一方で人々の私的領域への介入をもたらすという、逆説的な側面であった。もともと権力や統治の問題への関心が強かったこともあり、本書で言及したフーコーやペローなどの議論に導かれつつ研究を少しずつ進めていき、帰国して二年ほどたった頃にようやく最初の雑誌論文を発表することができた。その後の研究のペースも非常に遅々たるものであったが、「福祉の複合体」論といった近年の福祉史の動向にも影響されて児童保護の担い手の問題にも関心を持つようになり、それに関する論稿も発表していった。本書は、こうした一連の作業の中で発表した九編の論稿をもとにしているが、全体的に大幅に加筆・修正・削除などをおこなっている（詳しくは本書「初出一覧」参照）。

本書で試みたのは、「子ども」という、一見すると政治や権力と無関係に思われる存在への配慮や保護が、実際にはひとつの「統治権力」として社会を統治・管理していくという歴史上の逆説の様相を、フランスを事例として解明することであった。しかし、いざ本書をまとめてみると、残された課題があまりにも多いことに内心忸怩たる思いを禁じ得ない。何よりも、児童保護と言いながら「子ども」そのものについてはほとんど論じることができなかったし、統治権力の問題についても、その部分的な側面を取り上げたに過ぎない。また、発表からだいぶ時間が経過した内容も含まれているため、全体の整合性その他で思いがけない誤りなどがあるかもしれない。読者の方々からの忌憚なき批判をお願いする次第である。とはいえ、自分の研究をようやくひとつのまとまった形にすることができたことに、今、一抹の安堵の念を覚えている。

本書が完成するまでには数多くの方々のお世話になった。ここではまず、以下の三人の先生に対して、特に御礼を申しあげたい。

まず、フランス・リール第三大学での筆者の研究指導を引き受けて下さったロベール・ヴァンダンビュッシュ先生。最初に述べたように、児童保護という未知のテーマに取り組むきっかけを作って下さり、そのことなくして本書が誕生することはなかった。また、当時大学の要職に就かれていて多忙な中、事前の紹介もなく突然門を叩いた異国からの学生に対して常に寛大な指導をして下さったことにも、深く感謝している。

次に、金沢大学在学中に御指導を仰ぎ、西洋近代史への扉を開いて下さった故・山岸義夫先生。アメリカ史を専門とされた先生から研究についての直接的な指導を受けることはあまりなかったが、常に歴史を幅広い視野で捉えることを説かれ、また学問に対する真摯な姿勢、研究者・大学人としての気概といったものを、いわばその背中から教えていただいたように思う。卒業後も折に触れて励ましの言葉をいただいたが、特に留学前に能登半島の御自宅に挨拶に伺った時のことは忘れられない。筆者の留学中に亡くなられ、もはや本書をみていただけないことが誠に残念である。

そして最後に、東京都立大学大学院入学以来、長きにわたって御指導いただいた中野隆生先生（現・学習院大学教授）。いろいろお手を煩わせてしまった筆者は文字通りの「不肖の弟子」であるが、先生には特に研究における問題設定の重要性について、徹底的に鍛えていただいた。筆者が社会政策や福祉の問題に関心を持つようになったのも、フランス近現代の社会史や都市史を福祉という視角から研究されている先生の影響が大きい。ここに改めて感謝の念を申し述べたい。

もちろん、お世話になった人達は上記の先生方にとどまらない。生来人との交流が得意とは言えない筆者でも、大学院ゼミ、さらにさまざまな学会・研究会などを通じて、諸先生方や研究仲間からこれまで多くのことを教えていただいた。今でも、そうした会への参加は筆者にとって刺激と着想の貴重な源泉である。それらの名前をここですべて挙げることはできないが、本書については、特に比較教育社会史研究会での議論から多くの刺激とインスピレーションを得たことを記しておきたい。

本書で使用した史料の収集に際しては、国内外の文書館や図書館の方々に御協力いただいたが、フランスでは特にノール県文書館、リール市立図書館、トゥルコワン市立文書館のスタッフにお世話になった。特にノール県文書館のミシェル・ヴァングリューヴ氏は史料探索や閲覧に際して数多く便宜をはかって下さり、またリール市立図書館のジャン・ヴィルバ氏には本書第七章で使用した貴重図書の閲覧を許可していただいた。また国内では特にフランス官報史料の閲覧に際して、一橋大学附属図書館にお世話になった。国内において外国の官報を現物で自由に閲覧できる環境は非常に魅力的なものであり、現在でも時折利用させていただいている。そうした環境を提供して下さっているスタッフの方々にこの場を借りて御礼申し上げたい。

筆者の本務校である熊本学園大学の同僚のみなさんにも、平素より多大な御協力をいただいている。特に熊本学園大学出版会には、昨年四月の熊本地震の発生に伴う困難の中にもかかわらず、本書に対して出版助成（二号助成）を認めていただき、本当に感謝の言葉もない。また、客員研究員としてお世話になっている文教大学生活科学研究所のみなさんにも感謝したい。十年あまり前、外部の人間である筆者を快く受け入れて下さり、研究報告や論文の発表の機会を与えていただいた。九州・熊本に居を移した現在ではあまり活動に参加できない状況が続いているが、それでもいつも温かく迎えて下さっている。本当にありがたいことだと思う。

なお、本書の初出論文の中には財団法人松下国際財団（現・公益財団法人松下幸之助記念財団）及び日本学術振興会（ＪＳＰＳ科研費）からの助成による研究成果が含まれており（本書「初出一覧」参照）、ここに記して両機関の方々にも改めて謝意を表したい。

本書の編集及び出版に際しては、昭和堂の大石泉さんにひとかたならずお世話になった。思えば二〇一四年の日本西洋史学会大会の折に、筆者が昭和堂の書籍販売ブースにいらした大石さんに向かって広告の誤りを指摘するという、今から考えると何とも失礼な「出会い」が思いがけない御縁となり、今回一緒に仕事をさせていただいた。初めての単著の出版で右も左もわからず、編集作業ではいろいろ無理なお願いをしてしまったように思うが、そんな筆者を、出版まで辛抱強く、かつ暖かく導いていただいた。心より御礼申し上げたい。

最後に、筆者のあまりにも長すぎた修業時代を、何も言わずただ見守り続けてくれた両親に感謝したい。本書が世に出るまでには本当に長い時間がかかってしまったが、今となってはこの拙い書物が、両親のこれまでの心配と苦労へのわずかばかりの慰めとなることを、ただ願うのみである。

二〇一七年二月　熊本・水前寺成趣園を臨める寓居にて、

先の震災からの当地の復興を祈念しつつ

岡部造史

初出一覧

序論　書き下ろし（ただし第一章の初出論文の内容を一部含む）。

第一章　「統治権力としての児童保護　―フランス近現代史の事例から」橋本伸也・沢山美果子編『保護と遺棄の子ども史』昭和堂、二〇一四年所収、一二九～一五二頁。

第二章　「フランス第三共和政における児童保護の論理　―「不幸な子供」をめぐる議論を中心に―」『メトロポリタン史学』第三号、二〇〇七年、一四一～一六三頁。

第二部冒頭部分　書き下ろし。

第三章　「フランスにおける乳幼児保護政策の展開（一八七四―一九一四年）―ノール県の事例から―」『西洋史学』第二一五号、二〇〇四年、一～一八頁。

第四章　「フランスにおける児童扶助行政の展開（一八七〇―一九一四年）―ノール県の事例から―」『史学雑誌』第一一四編第一二号、二〇〇五年、三五～五五頁。

第五章　「フランスにおける児童労働規制の展開（一八七四～一九一四年）―ノール県の事例から―」『社会経済史学』第七八巻第四号、二〇一三年、八九～一〇八頁。

第六章　「一九世紀フランスにおける慈善児童保護事業　―一八八一年孤児院調査を手がかりとして―」『生活科学研究』〈文教大〉、第二九集、二〇〇七年、一〇一～一一三頁。

第七章　「一九世紀末から二〇世紀前半のフランスにおける民間児童保護事業　―ノール県児童支援協会の活動を手がかりとして―」『生活科学研究』〈文教大〉第三二集、二〇一〇年、一三七～一五〇頁。

第八章　「フランスにおける児童保護と家族政策の形成　―一九一三年多子家族扶助法の成立をめぐって―」『北陸史学』

第六二号、二〇一四年、一〜二二頁。

第九章　「フランス母子保護制度の形成における民間事業と国家政策　—ギュスターヴ・ドロンの活動を通じて（一八八九〜一九三〇年）—」『社会関係研究』〈熊本学園大〉第一九巻第二号、二〇一四年、二七〜五四頁。

結論　書き下ろし。

本書刊行にあたって、論稿の転載を許可して下さった関係各位のみなさまに感謝申し上げる。なお、第七章の初出論文は二〇〇八年度財団法人松下国際財団（現・公益財団法人松下幸之助記念財団）研究助成（助成番号〇八—一二一）による研究成果の一部であり、また第一章、第五章、第八章、第九章の各初出論文は、ＪＳＰＳ科研費二二五三〇六一九の助成による研究成果の一部であることをここに付記する。

索　引

あ行

愛徳修道女会　Filles de la Charité　20
アヴェヌ郡　Avesnes　64, 76, 83, 91, 93, 139
アヴェロン県　Aveyron　172
アズブルック郡　Hazebrouck　64, 66, 79, 91, 93
アリエージュ県　Ariège　166
アリエ県　Allier　167
アリエス　1, 2, 4, 5, 10, 11, 15, 25
アルジュリエス　Argeliès　209-211, 219
アルデンヌ県　Ardennes　195
アルマンティエール　Armentières　65, 76, 152, 224
アン県　Ain　169
アンザン　Anzin　65
アンシャン・レジーム期　1, 14, 20, 37, 72
一時的援助　21, 32-36, 100, 103, 106, 107, 109, 113-116, 120, 121, 124, 199, 200, 207, 213, 217
医療視察　80, 81, 83, 84, 87, 94, 225
ヴァランシエンヌ（郡）　Valenciennes　64, 65, 86, 91, 102, 137
ヴァルデック＝ルソー　Waldeck-Rousseau　47, 48
ヴァンサン・ド・ポール　Vincent de Paul　20
ヴィエット　27, 127, 128, 148, 149, 152, 153
ヴィレルメ　Louis René Villermé　65
ウール＝エ＝ロワール県　Eure-et-Loir　167
ウェイスバック　27, 125, 127
受け入れ事務室　21, 30, 31, 33, 35
乳母　73-76, 78, 79, 81-87, 89, 91, 92, 94, 95, 224, 225
乳母産業　industrie nourricière　71, 72, 89
エヴァルド　125
エヌ県　Aisne　195
エリス　223, 238
王党派　47, 48, 51-54, 71
オーバン　119
小田中　12
オディロン＝バロ　Odilon-Barrot　51
オワーズ県　Oise　162, 167, 170, 176, 195, 201, 202, 219, 220
穏健共和派　43, 50, 70, 207

か行

カーズ Caze　50, 58
回転箱 tour　21, 30-36, 99, 119
「開放受け入れ制」　admission à bureau ouvert　32-36, 41, 113
ガヴァルディ，ドゥ　de Gavardie　47
カオール　Cahors　178
家族給付制度　22, 24
家族政策　5, 14, 24, 125, 197, 198, 206, 214, 215, 243, 244
家族手当　4, 5, 14, 22, 36, 215, 232
家族法典　22, 222, 242
家族擁護運動　mouvement familial　209
カトワール　223, 229, 240
家内作業場　ateliers de famille　135,

さ行

た行

な行

は行

226-238, 243, 245
母子保護制度　Protection maternelle et infantile（PMI）　24, 37, 197, 221, 237, 243, 245
母性慈善協会　sociétés de charité maternelle　90, 199, 226, 239
ポタシュ　98, 119, 120
ポトレ，ルネ　René Potelet　86, 87, 96
ホブズボーム　9
ボルタンスキ　25
ポレ　98

ま行

マク＝マオン　Mac-Mahon　71
マルセイユ　Marseille　162, 163
マルヌ県　Marne　170, 195, 219
未婚の母親　20, 32, 37, 100, 101, 106, 107, 109, 113, 120, 121
ミッチェル　238
ミリヤール　Milliard　52
ミルク配給所　Goutte de lait　95, 228
民間事業（団体）　7, 8, 27, 28, 52, 54, 66, 85, 116, 123, 159, 160, 163, 179-182, 188, 192, 193, 196-198, 221, 223, 226, 228, 229, 233-238, 240, 244, 245
民間児童保護事業（団体）　37, 179, 180, 182, 184, 192, 193
ムーズ県　Meuse　88, 195
無料医療扶助法　203, 217
メイエ　25, 26, 29, 41, 97

や行

養育院　21, 31, 33, 35, 99-106, 110, 119, 121, 166, 175, 228

ら行

ラプレージュ　160, 173
ランブル　Lambres　86
リード　127
リール（郡）　Lille　62, 64-67, 76-80, 82-87, 91-93, 95, 98, 99, 102-106, 110, 113, 114, 119, 121, 134, 136, 137, 140, 152, 162, 182, 185, 186, 188, 194, 224, 226, 238
リヨン　Lyon　10, 98, 119, 149, 162, 163, 172
リンチ　27, 98, 127
ルーセル，テオフィル　Théophile Roussel　18, 34, 35, 40, 42-56, 58-60, 70-74, 90
ルーベ　Roubaix　65, 76, 77, 85, 91, 92, 185, 188, 224, 226
ルシェルピ　Le Cherpy　211
ルブランジェ　120
ルポルシェ　Leporché　52
ルラン，ジュール　Jules Leurent　135, 151
レイ，エミール　Emile Rey　203-208, 210, 217
連帯主義　solidarisme　218
労働視察官　27, 127-129, 133, 139, 144, 148
労働政策　4, 125, 142, 143, 147
ロート県　Lot　203
ローヌ県　Rhône　96, 162-164, 176, 217
ロレ（＝エシャリエ）　13, 27, 69, 75, 94, 98
ロワール＝アンフェリウール（現ロワール＝アトランティーク）県　Loire-Inférieure　234

史料と文献

Ⅰ．史料

A．非刊行史料

1．フランス国立文書館（Archives Nationales: AN と略記）所蔵史料

C5622/377 : Chambre des députés : 7me législature (1898-1902) : Projets de lois et propositions–Assistance publique : [...] assistance [...] aux enfants.

C7398/1403-1405 : Chambre des députés : 9me législature (1906-1910) : Projets de lois et propositions–Familles nombreuses et nécessiteuses [...].

C7422/384bis-413 : Chambre des députés : 10me législature (1910-1914) : Projets de lois et propositions- Assistance publique : aux familles nombreuses, et nécessiteuses [...].

F12/4738-4739 : Travail des enfants dans les manufactures ; correspondance des inspecteurs des 21 circonscriptions, 1875-1892 (6ème circonscription).

F12/4742-4743 : Id (8ème circonscription).

F12/4765 : Travail des enfants dans les manufactures ; Affaires générales et diverses, 1874-1897.

F12/4771 : Id (1876-1878).

2．ノール県文書館（Archives départmentales du Nord : ADN と略記）所蔵史料

96J : リール養育院文書 Archives hospitalières de Lille

96J/1412 : Hospice dépositaire–Enfants assistés : affaires générales (surtout demandes d'admissions), 1891-1907.

96J/1415 : Enfants abandonnés : admission et quelques renseignements ultérieurs, 1872-1875.

96J/1416 : Enfants abandonnés : dossiers d'admissions (deux boîtes), 1876-1877, 1878-1879.

96J/282 : Hospice dépositaire–Enfants asisstés (dossiers A), 1826-1881.

96J/1423 : Hospice dépositaire–Enfants asisstés : dossiers d'admission (dossiers A), 1882-1904.

96J/281 : Hospice dépositaire – Enfants asisstés (dossiers B) (deux boîtes), 1864-1873, 1874-1881.

96J/1424 : Hospice dépositaire–Enfants asisstés (dossiers B) : admission (deux boîtes), 1882-1890, 1891-1905.

96J/283 : Hospice dépositaire–Enfants asisstés (dossiers C) (deux boîtes), 1865-1871, 1872-1881.

96J/1418 : Hospice dépositaire–Enfants asisstés (dossiers C) (deux boîtes), 1875-1876, 1882-

1888, 1889-1904.
96J/268 : Hospice dépositaire–Enfants asisstés : admission et quelques renseignements ultérieurs (dossiers D) (trois boîtes), -, -, 1870-1873.
96J/592 : Hospice dépositaire–Enfants asisstés (dossiers D) (trois boîtes), 1874, 1875-1878, 1879-1881.
96J/1419 : Hospice dépositaire–Enfants asisstés (dossiers D) (trois boîtes dont une manque), 1882-1885, 1886-1890.
96/1420 : Hospice dépositaire–Enfants assistés (dossiers D) (2 boîtes), 1891-1896, 1897-1905.

3．トゥルコワン市立文書館（Archives municipales du Tourcoing : AMT と略記）所蔵史料

2AS/2 : Sauvegarde de nourrissons (SDN). Statuts-Conventions, 1902-1940.
2AS/3 : SDN : Fonctionnement (Rapport activité), 1904-1940.

B．刊行史料

1．法令集・議員辞典

DUVERGIER, J. B., *Collection complète des lois, décrets, ordonnances, règlements et avis du Conseil d'Etat*.

JOLLY, Jean (dir.), *Dictionnaires des parlementaires français: notices biographiques sur les ministres, députés et sénateurs français de 1889 à 1940*, 8 vols, Paris, PUF, 1960-1977.

ROBERT, Adolphe et COUGNY, Gaston (dir.), *Dictionnaire des parlementaires français, 1789-1889*, 5 vols, Paris, Bourloton, 1889-1892 (Slatkine Reprints).

2．議会史料

（1）*Journal officiel de la République française*.（『フランス共和国官報』）
（1880 年代以降は以下のシリーズに順次分岐）
- Lois et décrets.（法令集）
- *Chambre des députés, Débats parlementaires*.（下院議会議事録）
- *Sénat, Débats parlementaires*.（上院議会議事録）
- *Chambre des députés, Documents parlementaires*.（下院議会資料集）
- *Sénat, Documents parlementaires*.（上院議会資料集）
- *Annexe*.（補遺）

（2）その他、別冊として刊行されたもの

SENAT, *Rapport fait au nom de la commission chargée d'examiner : 1.La Proposition de loi ayant pour objet la protection des enfants abandonnés, délaissés ou maltraités [...] 2.Le Projet de loi sur la protection de l'enfance [...], par M. Théophile Roussel, sénateur*, Annexe au procès-verbal de la séance du 25 juillet 1882 (N.451) (t.1), Paris, P. Mouillot, 1882.

SENAT, *Enquête sur les orphelinats et autres établissements de charité consacrés à l'enfance (Annexes au rapport de M. Théophile Roussel)*, Annexe au procès-verbal de la séance du 25 juillet 1882 (N.451) (t.2), Paris, P. Mouillot, 1882.

SENAT, *RAPPORT fait, au nom de la Commission chargée d'examiner le projet de loi sur le service des enfants assistés, par M. Théophile Roussel, sénateur*, Annexe au procès-verbal de la séance du 8 juillet 1898 (N.283), Paris, P. Mouillot, (s.d.).

3．ノール県文書館所蔵刊行史料

（1）ノール県議会資料（ADN, série 1N）（以下のものを含む）

Procès-verbaux des delibérations du Conseil Général du Nord.（県議会議事録）

Rapport du préfet du Nord.（県知事報告）

Rapports des chefs de service.（部局長報告）

- *Enfants assistés, rapport sur la situation du service*
- *Inspection de la Santé et de l'Hygiène publiques du Nord, rapport adressé à M. le Préfet du Nord par le Dr René POTELET*
- *Protection des enfants du 1er âge, rapport de l'inspecteur des enfants assistés*

（2）その他

Recueils des actes administratifs du département du Nord

4．報告書・国勢調査・統計・雑誌など

Annuaire statistique du département du Nord.

Bulletin de la Société générale des prisons.

Bulletin de la Société industirelle du Nord.

Census reports [microfiche] : Europe（フランス国勢調査）

MINISTERE DU TRAVAIL, *Rapports sur l'application des lois réglementaires sur le travail.*

Statistique sanitaire des villes de France et d'Algérie.

5．同時代の著作・パンフレットなど

ALCINDOR, Emile, *Les enfants assistés*, Paris, Emile Paul, 1912.

BALESTRE, Dr A. et GILETTA DE SAINT-JOSEPH, A., *Etude sur la mortalité de la première enfance dans la population urbaine de la France de 1892 à 1897*, Paris, Octave Doin, 1901.

BLANQUI, Adolphe, *Des classes ouvrières en France pendant l'année 1848*, Paris, Pagnerre/Paulin et Cie, 1849（阪上孝訳「リール市とノール県の労働者階級」河野健二編『資料　フランス初期社会主義　―二月革命とその思想―』平凡社、1979年所収、4～10頁［部分訳］）.

BOUCOIRAN, Louis, *La famille nombreuse dans l'histoire et de nos jours*, Bourg, Victor

Berthod, 1921.

BOUQUET, Louis, *La règlementation du travail : le travail des enfants, des filles mineures et des femmes dans l'industrie : commentaire de la loi du 2 novembre 1892*, Paris, Berger-Levrault, 1893 (Kessinger Legacy Reprints).

CAVRO, Paul, *La mortalité infantile dans le Nord et le Pas-de-Calais ; la défense de l'enfant "Consultations de nourrissons" ou "Gouttes de Lait"*, Thèse en Médicine, Lille, Le Bigot Frères, 1904.

HAUSSONVILLE, Othenin de, «L'enfance à Paris » (IV et V), *Revue des deux mondes* des 1er et 15 juin 1878, pp.598-627, 891-927.

HOUZE DE L'AULNOIT, Aimé, *Enfants assistés, la question des Tours*, Lille, Lefebvre-Ducrocq, 1879.

JULIEN, Dr. L., *Le lait à Tourcoing : L'Oeuvre de la Sauvegarde des nourrissons de la ville de Tourcoing*, Lille, Le Bigo Frères, 1906 (AMT, 2AS/1).

LALLEMAND, Léon, *Histoire des enfants abandonnés et délaissés : études sur la protection de l'enfance aux diverses époques*, Paris, Alphonse Picard/Guillaumin et Cie, 1885 (Kessinger Legacy Reprints).

LEROY, *La sauvegarde des nourrissons de Tourcoing*, [dactylographié], s.l., 1933 (AMT, 2AS/1).

Les oeuvres d'hygiène sociale de Tourcoing, s.l., Georges Frère, 1936 (AMT, 2AS/1).

PAQUET, Dr P., *Rapport sur la première année de fonctionnement de la consultation de nourrissons de Lambres (Nord)*, Lille, Le Bigot Frères, 1908.

ROUSSEL, Théophile, *De l'éducation correctionnelle et de l'éducation préventive : Etudes sur les modifications à apporter à notre législation concernant les jeunes détenus et les mineurs abandonnés ou maltraités*, Paris, A. Chaix et Cie, 1879.

SAVARY, *Les enfants assistés du Nord, il y a cent ans et aujourd'hui*, Lille, L. Danel, 1909.

TALLON, Eugène et MAURICE, Gustave, *Législation sur le travail des enfants dans les manufactures*, Paris&Versailles, J. Baudry & Cerf et fils, 1875 (Kessinger Legacy Reprints).

VILLERME, Louis-René, *Tableau de l'état physique et moral des ouvriers employés dans les manufactures de coton, de laine et de soie*, Reprinted, Paris, Etudes et Documentation internationales, 1989 (1840).

（ノール県児童支援協会関係）

SOCIETE DE PATRONAGE DES ENFANTS MORALEMENT ABANDONNES ET DES LIBERES DU DEPARTEMENT DU NORD, *Rapports du secrétaire et du trésorier*, 1897, 1899. *Statuts*, 1899. *Annuaires des 1899-1912, 1921-1922, 1924-1932, 1934, 1937-1940.*（1912年度までのものについては、リール市立図書館貴重

図書コレクション（Fonds Mahieu）の所蔵）

Ⅱ．研究文献

1．欧語文献（日本語訳も含む）

AMEYE, Jacques, *La vie politique à Tourcoing sous la Troisième République*, La Madeleine-lez-Lille, Silic, 1963.

AMEYE, Jacques, « Un philanthrope, le docteur Gustave Dron, député (1899-1914), et sénateur du Nord (1914-1930), maire de Tourcoing (1899-1919 et 1925-1930) » *Tourcoing et le pays de Ferrain*, n.22, 1996, pp.42-49.

ANTOMARCHI, Véronique, *Politique et famille sous la IIIe République, 1870-1914*, Paris, L'Harmattan, 2000.

ARIES, Philippe, « L'enfant dans la famille » in Do., *Histoire des populations françaises et de leurs attitudes devant la vie depuis le XVIIIe siècle*, Paris, Seuil, 1971 (1948), pp.322-343（森田伸子訳「家族のなかの子ども」フィリップ・アリエス著、中内敏夫・森田伸子編訳『〈教育〉の誕生』新評論、1983 年所収、81 ～ 114 頁）

ARIES, Philippe, *L'enfant et la vie familiale sous l'Ancien Régime*, éd. abrégée, Paris, Seuil, 1975 (1960, 1973).（杉山光信・杉山恵美子訳『〈子供〉の誕生　アンシァン・レジーム期の子供と家族生活』みすず書房、1980 年）

ARMENGAUD, A., « L'attitude de la société à l'égard de l'enfant au XIXe siècle », *Annales de démographie historique*, 1973, pp.303-312.

AUBIN, Gérard, « Enfants assistés et finances départementales : l'exemple de la Gironde sous le Second Empire », *Colloque sur l'histoire de la sécurité sociale, Avignon, 1990*, 1991, pp.11-32.

BEC, Colette, *Assistance et République : La recherche d'un nouveau contrat social sous la IIIe République*, Paris, Les Editions de l'Atelier/Editions ouvrières, 1994.

BEC, Colette, « Deux congrès internationaux d'assistance (Paris 1889-1900) : Temps forts des rapports public-privé » in ARESPOS, *Philantropies et politiques sociales en Europe (XVIIIe–XXe siècles)*, Paris, Economica, 1994, pp.145-157.

BECCHIA, Alain, « Les milieux parlementaires et la dépopulation de 1900 à 1914 », *Communications*, 1986, n.4, pp.201-246.

BECQUEMIN, Michèle, *Protection de l'enfance : l'action de l'association Olga Spitzer, 1923-2003*, Ramonville Saint-Agne, Erès, 2003.

BOLTANSKI, Luc, *Prime éducation et morale de classe*, Paris, Ed. de EHESS, 1984 (1969).

BOURQUIN, Jacques, «René Bérenger et la loi de 1898 », *Revue d'histoire de l'enfance « irrégulière »* (version électronique du *Temps de l'histoire*), n.2, 1999, pp.59-68 (http://rhei.revues.org/31: 最終確認日 : 2016 年 11 月 1 日).

BOXER, Marilyn J., «Protective legislation and home industry: the marginalization of

women workers in late nineteenth-early twentieth-century France», *Journal of Social History*, v.20, n.1, 1986, pp.45-65.

BRUNET, Guy, *Aux marges de la famille et de la société :Filles-mères et enfants assistés à Lyon au XIXe siècle*, Paris, L'Harmattan, 2008.

BURDEAU, François, *Histoire de l'administration française du 18e au 20e siècle*, 2e éd., Paris, Monchrestien, 1994.

BURIEZ-DUEZ, Marie-Pascale, « Le mouvement de la population dans le département du Nord au XIXe siècle » in GILLET, Marcel (pré.), *L'homme, la vie et la mort dans le Nord au 19e siècle*, Lille/Paris, Université de Lille III/Editions universitaires, 1972, pp.15-39.

BUSSIERE, Eric (dir.), *Histoire des provinces françaises du Nord, t.5 : Le XIXe siècle (1815-1914)* (dirigée par Alain LOTTIN), Arras, Artois Presses Université, 2012.

CARLIER, Bruno, *Sauvageons des villes, sauvageons aux champs : Les prises en charge des enfants délinquants et abandonnés dans la Loire (1850-1950)*, Publications de l'Université de Saint-Etienne, 2006.

CATOIRE, Sergine, *Gustave Dron et la politique de la petite enfance à Tourcoing (Fin XIXème-1930)*, Mémoire de maîtrise, Villeneuve d'Ascq, Université de Lille III, 2000.

CECCALDI, Dominique, *Histoire des prestations familiales en France*, Paris, Comité d'histoire de la Sécurité sociale, 2005 (1957).

CHAUVIERE, Michel, LENOEL, Pierre et PIERRE, Eric et al., *Protéger l'enfant : raison juridique et pratiques socio-judiciaires XIXe –XXe siècle*, Rennes, PUR, 1996.

CODACCIONI, Félix-Paul, *De l'inégalité sociale dans une grande ville industrielle : Le drame de Lille de 1850 à 1914*, Lille/Paris, Université de Lille III/Editions universitaires, 1976.

COLE, Josua, *The Power of Large Numbers : Population, Politics and Gender in Nineteenth-Century France*, Ithaca, Cornell University Press, 2000.

CRISLER, Jane E., *« Saving the Seed ; », The Scientific Preservation of Children in France during the Third Republic*, Ph. D. diss., University of Wisconsin-Madison, 1984.

CRUBELIER, Maurice, *L'enfance et la jeunesse dans la société française 1800-1950*, Paris, A.Colin, 1979.

CUNNINGHAM, Hugh, *Children and Childhood in Western Society since 1500*, 2nd Edition, Harlow, Pearson Education Limited, 2005 (1995)（北本正章訳『概説子ども観の社会史　ヨーロッパとアメリカにみる教育・福祉・国家』新曜社、2013 年）.

DECHAMPS, Pierre et VANREMORTERE, Florent, «Un promoteur de l'action sociale collective dans le Nord : Gustave Dron», *Prevoyance sociale, passé et présent*, n.37, 1998, pp.3-19.

DE LUCA, Virginie, *Aux origines de l'Etat-providence : les inspecteurs de l'Assistance publique et l'aide sociale à l'enfance (1820-1930)*, Paris, INED, 2002.

DE LUCA BARRUSSE, Virginie, *Les familles nombreuses : Une question démographique, un*

enjeu politique France (1880-1940), Rennes, PUR, 2008.

DESSERTINE, Dominique, « Le service des enfants assités » in GARDEN, Maurice, DESSERTINE, Dominique et FAURE, Olivier, *Analyse quantitative de l'économie française, santé publique, hospitalisation et assistance (1800-1940)*, Rapport dactylographié au Ministère de la Recherche et de la Téchnologie, Lyon, Centre Pierre Léon, 1985, pp.169-202.

DESSERTINE, Dominique, « L'émergence de la politique sociale de l'enfance : Des enfants trouvés à l'enfance assistée (1780-1940) », *Cahiers de la Recherche sur le Travail Social*, 1990, n.3-4, pp.43-54.

DESSERTINE, Dominique, *La Société lyonnaise pour le sauvetage de l'enfance (1890-1960) : face à l'enfance en danger, un siècle d'expérience de l'internat et du placement familial*, Toulouse, Erès, 1990.

DEWAEPENAERE, Claude-Hélène, « L'enfance illégitime dans le département du Nord au XIXe siècle » in GILLET, Marcel (pré.), *L'homme, la vie et la mort dans le Nord au 19e siècle*, Université de Lille III- Editions universitaires, 1972, pp.139-176.

DICKINSON, Edward Ross, *The Politics of German Child Welfare from the Empire to the Federal Republic*, Harvard University Press, 1996.

DONZELOT, Jacques, *La police des familles*, Paris, Les Editions de Minuit, 1977（宇波彰訳『家族に介入する社会　―近代家族と国家の管理装置―』新曜社、1991 年）

DUPOUX, Albert, *Sur les pas de Monsieur Vincent : Trois cents ans d'histoire parisienne de l'enfance abandonnée*, Paris, Revue de l'Assistance publique à Paris, 1958.

DUPRAT, Catherine, *Usage et pratiques de la philanthropie : pauvreté, action sociale et lien social, à Paris, au cours du premier XIXe siècle*, v.2, Paris, Association pour l'étude de l'histoire de la Sécurité sociale, 1997.

ELLIS, Jack D., *The Physician-legislators of France : medicine and politics in the Early Third Republic, 1870-1914*, Cambridge University Press, 1990.

EWALD, François, *L'Etat providence*, Paris, Grasset&Fasquelle, 1986.

FAURE, Olivier, *Les français et leur médecine au XIXe siècle*, Paris, Bélin, 1993.

FAY-SALLOIS, Fanny, *Les nourrices à Paris au XIXe siècle*, Paris, Payot&Rivages, 1997 (1980).

FOUCAULT, Michel, *Histoire de la sexualité I :La volonté de savoir*, Paris, Gallimard, 1976（渡辺守章訳『性の歴史Ⅰ　知への意志』新潮社、1986 年）.

FUCHS, Rachel G., *Abandonned Children: Foundlings and Child Welfare in Nineteenth-Century France*, Albany, State University of New York Press, 1984.

FUCHS, Rachel G., «The Right to Life : Paul Strauss and the Politics of Motherhood» in ACCAMPO, Elinor A. et al., *Gender and the Politics of Social Reform in France, 1870-1914*, Baltimore and London, The John Hopkins University Press, 1995, pp.82-105.

GAILLAC, Henri, *Les maisons de correction, 1830-1945*, 2e édition, Paris, Cujas, 1991 (1970).

GUILLAUME, *Pierre, Un siècle d'histoire de l'enfance inadaptée : L'O. R. E. A. G. 1889-1989*, Paris, Expansion scientifique française, 1989.

HEYWOOD, Colin, *Childhood in Nineteenth-Century France: Work, Health and Education among the "Classes Populaires"*, Cambridge University Press, 1988.

HEYWOOD, Colin, *Growing up in France : From the* Ancien Régime *to the Third Republic*, Cambridge University Press, 2007.

HIGGINS, Joan, « Social Control Theories of Social Policy », *Journal of Social Policy*, 9-1, 1980, pp.1-23.

HILDEN, Patricia, *Working Women and Socialist Politics in France, 1880-1914: A Regional Study*, Oxford University Press, 1986.

IMBERT, Jean, *La protection sociale sous la Révolution française*, Paris, Association pour l'étude de l'histoire de la sécurité sociale, 1990.

JABLONKA, Ivan, *Ni père ni mère : Histoire des enfants de l'Assistance publique (1874-1939)*, Paris, Seuil, 2006.

JABLONKA, Ivan, *L'intégration des jeunes : Un modèle français (XVIIIe–XXIe siècle)*, Paris, Seuil, 2013 (2010).

JEORGER, Muriel, « L'évolution des courbes de l'abandon de la restauration à la première guerre mondiale (1815-1913) » in *Enfance abadonnée et société en Europe, XIXe-XXe siècles*, Colloque du 30 et 31 janvier 1987, Rome, Ecole française de Rome, 1991, pp.703-740.

JOSEPH, Isaac et FRITSCH, Philippe., *Disciplines à domicile : l'édification de la famille*, Fontenay-sous-Bois, Recherches, 1977.

KLAUS, Alisa, *Every Child a Lion : the Origins of Maternal and Infant Health Policy in the United States and France, 1890-1920*, Ithaca&London, Cornell University Press, 1993.

KNIBIEHLER, Yvonne (pré), *Nous, les assistantes sociales : naissance d'une profession : trente ans de souvenirs d'Assistantes sociales françaises (1930-1960)*, Paris, Aubier Montaigne, 1980.

KNIBIEHLER, Yvonne, *La Sauvegarde de l'enfance dans les Bouches-du-Rhône*, Rennes, Presses de l'EHESP, 2009.

KOVEN, Seth and MICHEL, Sonya, « Womanly Duties : Maternalist Politics and the Origins of Welfare States in France, Germany, Great Britain, and the United States, 1880-1920 », *American Historical Review*, v.95, n.4, 1990, pp.1076-1108.

KSELMAN, Claudia Scheck, *The Modernization of Family Law : The Politics and Ideology of Family Reform in Third Republic France*, Ph.D. diss., University of Michigan, 1980.

LAPLAIGE, Danielle, *Sans famille à Paris : Orphelins et enfants abandonnés de la Seine au XIXe siècle*, Paris, Paidos, 1989.

LE BOULANGER, Isabelle, *L'Abandon d'enfants : L'exemple des Côtes-du-Nord au XIXe siècle*,

Rennes, PUR, 2011.

LE BOULANGER, Isabelle, *Pupilles de l'Assistance : Destins croisés de pupilles de l'Assistance publique des Côtes-du-Nord (1871-1914)*, Rennes/Saint-Brieuc, PUR/SECA, 2013.

LESAEGE-DUGIED, Aline, « La mortalité infantile dans le département du Nord de 1815 à 1914 » in GILLET, Marcel (pré.), *L'homme, la vie et la mort dans le Nord au 19e siècle*, Universitéde Lille III- Editions universitaires, 1972, pp.79-137.

LETT, Didier, ROBIN, Isabelle et ROLLET, Catherine, « Faire l'histoire des enfants au début du XXIe siècle : De l'enfance aux enfants », *Annales de démographie historique*, n.129, 2015, pp.231-276.

LOTTIN, Alain (dir.), *Histoire de Tourcoing*, Dunkerque, Westhoek-Editions des Beffrois, 1986.

LYNCH, Katherine, *Family, Class, and Ideology in Early Industrial France : Social Policy and the Working-Class Family, 1825-1848*, Madison, University of Wisconsin Press, 1988.

MARCHAND, Philippe, *Le travail des enfants au XIXe siècle dans le département du Nord*, Lille, CNDP et CRDP de Lille, 1980.

MENAGER, Bernard, FLORIN, Jean-Pierre et GUISLIN, Jean-Marc (éds.), *Les parlementaires du Nord-Pas-de-Calais sous la IIIe République*, Villeneuve d'Ascq, CRHENO-Université Charles de Gaulle-Lille 3, 2000.

MEYER, Philippe, *L'enfant et la raison d'Etat*, Paris, Seuil, 1977.

MOREL, Marie-France, « Théories et pratiques de l'allaitement en France au XVIIIe siècle », *Annales de démographie historique*, 1976, pp.393-427.

MUSEE FLAUBERT ET D'HISTOIRE DE LA MEDECINE, *Les enfants du secret : Enfants trouvés du XVIIIe siècle à nos jours*, Paris, Magellan&Cie, 2008.

NORD, Philip, «The Welfare State in France, 1870-1914», *French Historical Studies*, v.18, n.3, 1994, pp.821-838.

NORD, Philip, *The Republican Moment : Struggles for democracy in Nineteenth-Century France*, Cambridge&London, Harvard University Press, 1998 (1995).

NORVEZ, Alain, *De la naissance à l'école : santé, modes de garde et préscolarité dans la France contemporaine*, Paris, PUF/INED, 1990.

Numéro Spécial « Gustave Dron (1856-1930) », *Tourcoing et le pays de Ferrain*, n.42, 2012.

PARENT, Annick, *Cent ans d'action et de réflexion en faveur de l'enfance, Paris*, Union Française pour le Sauvetage de l'Enfance, 1988.

PASSION, Luc, « Législation et prophylaxie de l'abandon à Paris du début du XXème siècle », *Histoire, Economie et Société*, 1983, a.2, n.3, pp.475-493.

PERROT, Michelle (dir.), *Histoire de la vie privée*, t.4 : *De la Révolution à la Grande Guerre*, Paris, Seuil, 1999 (1987).

PETER, Mathieu, *Les orphelinats du Tarn sous la Troisième République*, Albi, Presses du centre

universitaire Champollion, 2012.

PIERRARD, Pierre, *La vie ouvrière à Lille sous le Second Empire*, Condé-sur-Noireau, Charles Corlet,1991 (1965).

PIERRARD, Pierre, *La vie quotidienne dans le Nord au XIXe siècle : Artois-Flandre-Hainaut-Picardie*, Paris, Hachette, 1976.

PIERRARD, Pierre, *Enfants et jeunes ouvriers en France (XIXe-XXe siècle)*, Paris, Les éditions ouvrières, 1987.

PIERRE, Eric, « La loi du 19 avril 1898 et les institutions », *Revue d'histoire de l'enfance « irrégulière »*, n.2, 1999, pp. 113-127（http://rhei.revues.org/45 最終確認日：2016年 11 月 1 日）.

POLLET, Gilles, « La construction de l'Etat social à la française : entre local et national (XIXe et XXe siècles) », *Lien social et politique-RIAC*, 33, 1995, pp.115-131.

POLLET, Gilles, « Pouvoir municipal et Etat-Providence : Les « administrateurs » lyonnais du social (1880-1930) » in BIAREZ, Sylvie et NEVERS, Jean-Yves, *Gouvernement local et politiques urbaines*, IEP/CERAT, Grenoble, 1993, pp.303-318.

POTASH, Janet Ruth, *The Foundling Problem in France, 1800-1869 : Child Abandonment in Lille and Lyon*, Ph.D, diss., Yales University, 1979.

PRZYBOROWSKI, Maxence, *Inspecteurs et inspection du travail dans le Nord, 1874-1914*, Mémoire de maîtrise, Villeneuve d'Ascq, Université de Lille III, 2000.

PROST, Antoine, « L'évolution de la politique familiale en France de 1938 à 1981 », *Mouvement Social*, n.129, 1984, pp.7-28.

REID, Donald, «Putting social reform into practice : labor inspectors in France, 1892-1914», *Journal of Social History*, v.20, n.1, 1986, pp.67-87.

RENOUARD, Jean-Marie, *De l'enfant coupable à l'enfant inadaptée : le traitement social et politique de la déviance*, Paris, Centurion, 1990.

ROLLET, Catherine, « Nourrices et nourrissons dans le département de la Seine et en France de 1880 à 1940 », *Population*, 3, 1982, pp.573-604.

ROLLET, Catherine, « L'allaitement artificiel des nourrissons avant Pasteur », *Annales de démographie historique*, 1983, pp.81-91.

ROLLET, Catherine, « La petite enfance, un enjeu démographique pour la France (1870-1914) », in *Les âges de la vie (17e Colloque national de démographie)*, Paris, INED/PUF, 1983, t.2, pp.161-167.

ROLLET-ECHALIER, Catherine, *La politique à l'égard de la petite enfance sous la IIIe République*, Paris, PUF/INED, 1990.

ROLLET, Catherine, *Les enfants au XIXe siècle*, Paris, Hachette, 2001.

ROLLET, Cathrine, « Période contemporaine », *Annales de démographie historique*, n.102 (numéro spécial : Enfances, bilan d'une décennie de recherche), 2001, pp.32-46.

SAINFEL, Agathe, *Inspecteurs et inspection du travail de 1841 à 1874 dans le département du Nord*, Mémoire de maîtrise, Villeneuve d'Ascq, Université de Lille III, 2000.

SANDRIN, Jean, *Enfants trouvés, enfants ouvriers, XVIIe-XIXe siècle*, Paris, Aubier-Montaigne, 1982.

SCHAFER, Sylvia, *Children in Moral Danger and the Problem of Government in Third Republic France*, Princeton University Press, 1997.

SHORTER, Edward, *The Making of the Modern Family*, New York, Basic Books, 1977 (1975).（田中俊宏他訳『近代家族の形成』昭和堂、1987 年）

SIMON, Bruno, *Gustave Dron, 1856-1930, député-maire de Tourcoing, sénateur du Nord*, Mémoire de maîtrise, Villeneuve d'Ascq, Université de Lille III, 1988.

SMITH, Bonnie G., *Ladies of the Leisure Class : The Bourgeoises of Northern France in the Nineteenth Century*, Princeton University Press, 1981（井上堯裕／飯泉千種訳『有閑階級の女性たち　フランスブルジョワ女性の心象世界』法政大学出版局、1994 年）.

STEWART, Mary Lynn, *Women, work and the French State: Labour Protection and Social Patriarchy, 1879-1919*, McGill-Queen's University Press, 1989.

STEWART, Mary Lynn, « Setting the Standards; Labor and Family Reformers» in ACCAMPO et al., *Gender and the Politics of Social Reform in France, 1870-1914*, Baltimore and London, The John Hopkins University Press, 1995, pp.106-127.

SUSSMAN, George D., «The Wet-nursing Business in Nineteenth-Century France», *French Historical Studies*, 1975, v.9, n.2, pp.304-328.

SUSSMAN, George D., *Selling Mothers' Milk: The Wet-Nursing Business in France, 1715-1914*, Urbana, University of Illinois Press, 1982.

TAEGER, Angela, « L'Etat, les enfants trouvés et les allocations familiales en France, XIXe, XXe siècles », *Francia-19/20 Jahrhundert*, Bd. 16/3, 1989, pp.15-33.

TALMY, Robert, *Histoire du mouvement familial en France (1896-1939)*, 2 vols, Paris, Union natoinale des caisses d'allocations familiales, 1962.

TETARD, Françoise, « Fin d'un modèle philanthropique ? Crise des patronages consacrés au sauvetage de l'enfance dans l'entre-deux-guerres » in ARESPOS, *Philantropies et politiques sociales en Europe (XVIIIe–XXe siècles)*, Paris, Economica, 1994, pp. 199-212.

THEVENET, Amédée, *L'aide sociale en France*, « Que sais-je ? », 8e édtion, Paris, PUF, 2007 (1973).

TIGREAT, Hervé, PLANCHE, Pascale et GOASCOZ, Jean-Luc, *L'aide sociale à l'enfance de l'Antiquité à nos jours : Regards juridiques, philosophiques et psychologiques sur les enfants sans famille*, Boulogne-Billancourt, Tikinagan, 2010.

TOULEMONDE, Jacques, *Naissance d'une métropole : histoire économique et sociale de Roubaix et Tourcoing au XIXe siècle*, Tourcoing, Georges Frère, s.d (1966).

TRENARD, Louis (dir.), *Histoire d'une métropole : Lille, Roubaix, Tourcoing*, Tourlouse, Privat, 1977.

VASSEUR, Paul, *Protection de l'enfance et cohésion sociale du IVe au XXe siècle*, Paris, L'Harmattan, 1999.

VASSIGH, Denis Darya, « L'action juridique en faveur des enfants maltraités dans la deuxième moitié du XIXe siècle », *Trames*, n.3-4, 1998, pp.169-179.

VIET, Vincent, *Les voltigeurs de la République : l'inspection du travail en France jusqu'en 1914*, 2 vols, Paris, CNRS Editions, 1994.

WALLART, Claudine, *Le Nord en guerre, 1914-1918*, Lille, Archives départementales du Nord, 1998.

WEBER, Eugen, *Peasants into Frenchmen : The Modernization of Rural France, 1870-1914*, Stanford University Press, 1976.

WEISSBACH, Lee Shai, «*Oeuvre Industrielle, Oeuvre Morale* : The *Sociétés de Patronage* of Nineteenth-Century France », *French Historical Studies*, v.15, n.1, 1987, pp.99-120.

WEISSBACH, Lee Shai, *Child-Labor Reform in Nineteenth-Century France : Assuring the Future Harvest*, Baton Rouge & London, Louisiana State University Press, 1989.

WYTTEMAN, Jean-Pierre (dir.), *Le Nord de la Préhistoire à nos jours*, Saint-Jean-d'Angély, Editions Bordessoules, 1988.

YVOREL, Jean-Jacques, « La justice et les violences parentales à la veille de la loi de 1898 », *Revue d'histoire de l'enfance «irrégulière »*, n.2, 1999, pp.15-45（http://rhei.revues.org/30 最終確認日：2016 年 11 月 18 日）.

エスピン - アンデルセン著、岡沢憲芙・宮本太郎監訳『福祉資本主義の三つの世界　比較福祉国家の理論と動態』ミネルヴァ書房、2001 年（原著 1990 年）。

エレン・ケイ、小野寺信、小野寺百合子訳『児童の世紀』富山房、1979 年（原著 1927（初版 1900）年）。

パット・セイン著、深澤和子・深澤敦監訳『イギリス福祉国家の社会史　経済・社会・政治・文化的背景』ミネルヴァ書房、2000 年（原著 1996（初版 1982）年）。

C. ナーディネリ著、森本真美訳『子どもたちと産業革命』平凡社、1998 年（原著 1990 年）。

ミシェル・フーコー「統治性」同著、小林・石田・松浦編『フーコー・コレクション 6　生政治・統治』筑摩書房、2006 年（原著 1994 年）238 ～ 277 頁。

アラン・フォール、西岡芳彦訳「民衆生活とカルティエ　パリ、1860 ～ 1914 年」中野隆生編『都市空間の社会史　日本とフランス』山川出版社、2004 年所収、108 ～ 132 頁。

アンソニィ M. プラット著、藤本哲也・河合清子訳『児童救済運動　―少年裁判

所の起源―』中央大学出版部、1989年（原著1977（初版1969）年）。

ミシェル・ペロー、福井憲彦訳「私的領域と権力　―19世紀フランスの私生活と政治から―」『思想』第765号、1988年、25～39頁。

ミシェル・ペロー「私生活と政治　―家族・女・子供―」同著、福井憲彦／金子春美訳『フランス現代史のなかの女たち』日本エディタースクール出版部、1989年所収、1～26頁。

エリック・ホブズボーム著、河合秀和訳『20世紀の歴史　極端な時代』（上）、三省堂、1996年（原著1994年）。

フランソワーズ・ルークス、福井憲彦訳『〈母と子〉の民俗史』新評論、1983年（原著1978年）。

フランソワ・ルブラン、藤田苑子訳『アンシアン・レジーム期の結婚生活』慶應義塾大学出版会、2001年（原著1998（初版1975）年）。

マドレーヌ・ルベリウ「女工」ジャン＝ポール・アロン編（片岡幸彦監訳）『路地裏の女性史　19世紀フランス女性の栄光と悲惨』新評論、1984年（原著1980年）所収、69～92頁。

2．日本語文献

阿河雄二郎「共和国と「彫像狂」　―フランス第三共和政前半期における政治文化の一側面―」松田武・阿河雄二郎編『近代世界システムの歴史的構図』渓水社、1993年所収、34～59頁。

秋元美世『児童青少年保護をめぐる法と政策　イギリスの史的展開を踏まえて』中央法規出版、2004年。

浅井春夫・松本伊智朗・湯澤直美編『子どもの貧困　子ども時代のしあわせ平等のために』明石書店、2008年。

天野知恵子『子どもと学校の世紀　18世紀フランスの社会文化史』岩波書店、2007年。

天野知恵子『子どもたちのフランス近現代史』山川出版社、2013年。

稲本洋之助『フランスの家族法』東京大学出版会、1985年。

岩下誠「現代の子ども期と福祉国家　―子ども期に関する近年の新たな展開とその教育学的意義―」『教育研究』〈青山学院大学〉第53号、2009年、43～55頁。

岩下誠「福祉国家・戦争・グローバル化　―1990年代以降の子ども史研究を再考する」橋本伸也・沢山美果子編『保護と遺棄の子ども史』昭和堂、2014年、46～56頁。

上垣豊『規律と教養のフランス近代　―教育史から読み直す―』ミネルヴァ書房、2016年。

梅澤収「フランス第三共和政期における義務教育の導入論議　―議会法案と児童

労働法から―」牧柾名編『公教育制度の史的形成』梓出版社、1990 年所収、151 ～ 178 頁。

岡部造史「フランス第三共和政期の地方制度改革　―1884 年「コミューン組織法」の論理―」『史学雑誌』第 108 編第 7 号、1999 年、46 ～ 63 頁。

岡部造史「保育所の成立と発展に関する試論　―19 世紀フランスの事例から―」『生活科学研究』〈文教大〉第 30 集、2008 年、133 ～ 146 頁。

岡部造史「フランス義務教育における家族介入の論理（1882−1914 年）」『日仏教育学会年報』第 15 号、2009 年、93 ～ 102 頁。

岡部造史「「ベル・エポック」から第一次世界大戦へ」杉本淑彦／竹中幸史編『教養のフランス近現代史』所収、157 ～ 171 頁。

小田中直樹『フランス近代社会　1814 ～ 1852　―秩序と統治―　』木鐸社、1995 年。

小田中直樹『歴史学のアポリア　ヨーロッパ近代社会史再読』山川出版社、2002 年。

小田中直樹『19 世紀フランス社会政治史』山川出版社、2013 年。

重田園江『連帯の哲学Ⅰ　フランス社会連帯主義』勁草書房、2010 年。

金澤周作『チャリティとイギリス近代』京都大学学術出版会、2008 年。

河合務「フランス第三共和制前期における「父権」批判と児童保護政策　―Th. ルーセルと 1889 年児童保護法」『日本教育政策学会年報』第 8 号、2001 年、140 ～ 154 頁。

河合務「フランス第三共和制前期における児童保護政策の基本理念　―1898 年児童虐待防止法と監獄総協会―」『東京大学大学院教育学研究科紀要』第 41 巻、2001 年、97 ～ 106 頁。

河合務『フランスの出産奨励運動と教育　「フランス人口増加連合」と人口言説の形成』日本評論社、2015 年。

川越修『性に病む社会　ドイツ　ある近代の軌跡』山川出版社、1995 年。

川越修『社会国家の生成　20 世紀社会とナチズム』岩波書店、2004 年。

川越修「社会国家の世紀」同・辻英史編『社会国家を生きる　20 世紀ドイツにおける国家・共同性・個人』法政大学出版局、2008 年所収、3 ～ 33 頁。

木畑洋一『20 世紀の歴史』岩波書店、2014 年。

工藤光一『近代フランス農村世界の政治文化　噂・蜂起・祝祭』岩波書店、2015 年。

桑原洋子『英国児童福祉制度史研究　―足枷から慈悲そして福祉へ―』法律文化社、1989 年。

齊藤佳史「産業革命期フランス・アルザス地方における児童労働問題　―1841 年児童労働法と企業家―」『社会経済史学』第 64 巻第 5 号、1999 年、57 ～ 84 頁。

齊藤佳史『フランスにおける産業と福祉　1815−1914』日本経済評論社、2012 年。

阪上孝『近代的統治の誕生　―人口・世論・家族―』岩波書店、1999 年。

桜井哲夫『知識人の運命　主体の再生に向けて』三一書房、1983 年。

桜井哲夫『「近代」の意味　制度としての学校・工場』日本放送出版協会、1984 年。

白川耕一「子どもに注がれる視線　―1960 ～ 70 年代の西ドイツにおける子育て」辻英史・川越修編『歴史のなかの社会国家　20 世紀ドイツの経験』山川出版社、2016 年所収、223 ～ 248 頁。

清水克洋「19 世紀末フランスにおける労働監督官制度と労働市場　―V・ヴィエの議論の検討を中心に―」『商学論纂』〈中央大〉第 42 巻第 5 号、2001 年、255 ～ 291 頁。

高田実「「福祉国家」の歴史から「福祉の複合体」史へ　―個と共同性の関係史をめざして―」社会政策学会編『「福祉国家」の射程』ミネルヴァ書房、2001 年所収、23 ～ 41 頁。

高田実「「福祉の複合体」史が語るもの」『九州国際大学経営経済論集』第 13 巻第 1・2 合併号、2006 年、83 ～ 121 頁。

高田実「「福祉の複合体」の国際比較史」同・中野智世編『近代ヨーロッパの探究 15　福祉』ミネルヴァ書房、2012 年所収、1 ～ 23 頁。

高田実・中野智世編『近代ヨーロッパの探究 15　福祉』ミネルヴァ書房、2012 年。

高村学人『アソシアシオンへの自由　〈共和国〉の論理』勁草書房、2007 年。

田澤あけみ『20 世紀児童福祉の展開　イギリス児童虐待防止の動向から探る』ドメス出版、2006 年。

田中拓道『貧困と共和国　社会的連帯の誕生』人文書院、2006 年。

田中拓道「ヨーロッパ貧困史・福祉史研究の方法と課題」『歴史学研究』第 887 号、2011 年、1 ～ 9, 29 頁。

田中直康「ローヌ県衛生評議会　―19 世紀フランスの衛生行政―」『早稲田大学大学院文学研究科紀要』第 48 号第 4 分冊、2002 年、29 ～ 40 頁。

田中通裕『親権法の歴史と課題』信山社、1993 年。

谷川稔『十字架と三色旗　もうひとつの近代フランス』山川出版社、1997 年。

中野隆生「フランス繊維業におけるストライキ運動　―リール、1893-1914 年―」『史学雑誌』第 92 巻第 2 号、1983 年、54 ～ 78 頁。

二宮宏之「七千人の捨児　―18 世紀パリ考現学―」同『全体を見る眼と歴史家たち』木鐸社、1986 年所収、233 ～ 273 頁。

野口理恵「フランス第三共和政前期における女子援助修道会の役割　―法的立場の確認と児童保護施設の運営―」『寧楽史苑』第 60 号、2015 年、52 ～ 67 頁。

長谷川貴彦「メイクシフト・エコノミー論の射程　―「福祉」への全体史的アプローチ―」『歴史と経済』第 226 号、2015 年、33 ～ 39 頁。

服部春彦『フランス産業革命論』未来社、1968 年。

林信明『フランス社会事業史研究　―慈善から博愛へ、友愛から社会連帯へ―』ミネルヴァ書房、1999 年。

原聖「ブルトン語の抑圧と擁護　―フランス第三共和制期の公教育体制と少数派言語運動―」『思想』第 697 号、1982 年、27 ～ 44 頁。

姫岡とし子「近代家族モデルの成立」『岩波講座世界歴史 17　環大西洋革命』岩波書店、1997 年所収、215 ～ 234 頁。

平体由美『連邦制と社会改革　20 世紀初頭アメリカ合衆国の児童労働規制』世界思想社、2007 年。

廣澤孝之『フランス「福祉国家」体制の形成』法律文化社、2005 年。

深澤敦「フランス家族政策の歴史的展開　家族手当を中心に」『経済』第 170 号、2009 年、141 ～ 159 頁。

深澤敦「フランスにおける家族手当制度の形成と展開　―第一次世界大戦後のパリ地域補償金庫を中心として―」（上）（下）『立命館産業社会論集』第 43 巻第 4 号、2008 年、23 ～ 46 頁、第 44 巻第 2 号、2008 年、13 ～ 46 頁。

深澤敦「フランスにおける人口問題と家族政策の歴史的展開　―第一次世界大戦前を中心として―」（上）（下）、『立命館産業社会論集』第 50 巻第 3 号、2014 年、83 ～ 101 頁、第 50 巻第 4 号、2015 年、53 ～ 74 頁。

福井憲彦『世紀末とベル・エポックの文化』山川出版社、1999 年。

福井憲彦編・綾部恒雄監修『アソシアシオンで読み解くフランス史〈結社の世界史 3〉』山川出版社、2006 年。

福島都茂子『フランスにおける家族政策の起源と発展　第三共和制から戦後までの「連続性」』法律文化社、2015 年。

藤田苑子『フランソワとマルグリット　18 世紀フランスの未婚の母と子どもたち』同文館、1994 年。

前田更子『私立学校からみる近代フランス　19 世紀リヨンのエリート教育』昭和堂、2009 年。

松原健彦「リール繊維工業地帯における機械化過程の諸特質」『福岡大学経済学論叢』第 11 巻第 1 号、1966 年、29 ～ 42 頁。

松原建彦「フランス産業革命期における人口動態と労働事情　―リール繊維工業地帯について―」『福岡大学経済学論叢』第 12 巻第 2・3 合併号、1967 年、393 ～ 432 頁。

松原健彦「19 世紀フランスにおける企業者活動　―リール繊維業について―」『福岡大学創立 35 周年記念論文集・経済学編』、1969 年所収、211 ～ 265 頁。

宮澤康人「アリエスの近代と子ども・家族・学校　―『〈子供〉の誕生』を超えるまえに」同編『社会史のなかの子ども　アリエス以後の〈家族と学校の近代〉』新曜社、1988 年所収、1 ～ 98 頁。

本池立「19 世紀フランス都市労働者と捨子　―綿工業都市ルーアンの労働者」『比較家族研究』〈岡山大〉、2003 年、21 ～ 43 頁。

■著者略歴
岡部　造史（おかべ　ひろし）

1968年　埼玉県生まれ
1991年　金沢大学文学部史学科（西洋史学履修コース）卒業
1999～2002年　フランス・リール第三大学DEA（博士準備）課程及び博士課程に留学
2004年　東京都立大学大学院人文科学研究科史学専攻博士課程単位取得満期退学
現在、熊本学園大学社会福祉学部准教授　　博士（史学）

主要業績：『近代ヨーロッパの探究15　福祉』（共著、ミネルヴァ書房、2012年）
『保護と遺棄の子ども史』（共著、昭和堂、2014年）
『教養のフランス近現代史』（共著、ミネルヴァ書房、2015年）

フランス第三共和政期の子どもと社会―統治権力としての児童保護

2017年３月30日　初版第１刷発行

著　者　岡　部　造　史
発行者　杉　田　啓　三
〒606-8224　京都市左京区北白川京大農学部前
発行所　株式会社　昭和堂
振替口座　01060-5-9347
TEL（075）706-8818　FAX（075）706-8878

印刷所　亜細亜印刷

ISBN978-4-8122-1616-3
乱丁・落丁本はお取り替えいたします。
Printed in Japan